Haag / Elliger · Zur Liebe befreit

Herbert Haag / Katharina Elliger

Zur Liebe befreit

Sexualität in der Bibel und heute

Benziger Verlag Zürich und Düsseldorf

Die Deutsche Bibliothek – CIP-Einheitsaufnahme

Haag, Herbert:
Zur Liebe befreit : Sexualität in der Bibel und heute / Herbert Haag / Katharina Elliger.
– Zürich ; Düsseldorf : Benziger, 1998
ISBN 3-545-20149-X

Satz: Jung Satzcentrum, Lahnau
Druck und Bindung: Grafo
ISBN 3-545-20149-X

Inhalt

Vorwort

Eigentlich sollte nur unser vergriffenes Buch «Stört nicht die Liebe» ([2]1986) neu aufgelegt werden. Bald stellte sich jedoch heraus, daß eine gründliche Bearbeitung nötig war. Zuviel hat sich verändert: Die Sexualwissenschaft hat neue Ergebnisse vorgelegt. Die kulturelle und gesellschaftliche Einschätzung von Sexualität, zum Beispiel bei sexuellem Mißbrauch und sexueller Gewalt, hat sich gewandelt und vor allem das Zusammenleben von Mann und Frau außerhalb und innerhalb der Ehe.

Auch unser Blickwinkel hat sich verändert. Ging es uns vor zehn Jahren vor allem darum, die Kluft zwischen der kirchlichen Sexualmoral und den biblischen Aussagen zur Sexualität deutlich zu machen, so steht nun der Mensch von heute im Vordergrund, sein Leben, seine Probleme, seine Wirklichkeit. Und von ihm aus stellt sich dann die Frage, worin die Bibel in Sachen Sexualität hilfreich sein kann. Die biblischen Aussagen des früheren Buches werden im wesentlichen beibehalten, ihr Verständnis ist nur in Nuancen korrekturbedürftig.

1. Worum es geht

Zur Lage

Es ist offensichtlich, daß sich die Kirche in einer schweren Krise befindet. Der Ruf nach Reformen wird immer lauter. In einem seiner fünf Punkte fordert das KirchenVolks-Begehren von 1995 eine andere Sexualmoral. Dabei geht es, zusammengefaßt, um die Anerkennung der selbstverantworteten Gewissensentscheidung (zum Beispiel bei der Empfängnisregelung, die von der Abtreibung zu unterscheiden sei), um eine differenzierte Bewertung (zum Beispiel von vorehelichen Beziehungen und Homosexualität) statt Pauschalverurteilungen, um weniger Fixierung auf die Sexualmoral zugunsten einer positiven Bewertung der Sexualität als Teil des von Gott geschaffenen und bejahten Menschen.

Aber diese Mahnung wird nicht gehört. Immer mehr verliert die Kirche an Glaubwürdigkeit, wie schon in früheren Auseinandersetzungen mit den Naturwissenschaften, etwa in der Evolutionsfrage, wo sie unter dem Druck der wissenschaftlichen Erkenntnisse das von ihr verteidigte Gelände Zoll um Zoll preisgeben mußte. Zwischen der Behauptung alter Werte und der Anpassung an den Geist der Zeit hat die katholische Kirche sich inzwischen so sehr verirrt, daß sie zu sinnvoller Richtungweisung kaum noch fähig ist.

Unser Konzept

Kein Wunder, daß auch die gläubigen Christen orientierungslos sind, sollten doch Religion (und Theologie) grundsätzlich von jeher der Lebenshilfe dienen. Ob es sich nun um magische oder animistische Vorstellungen der Naturvölker, um spirituelle Formen, etwa im Buddhismus und in anderen asiatischen Kulturen, oder um dogmatisch-normative Sätze des Christentums handelt: Immer ist Religion ein Mittel zum richtigen und guten, das heißt dem Wesen des Menschen entsprechenden, Leben. Hier aber werden die Menschen von ihrer Kirche im Stich gelassen.

Gerade am Thema Sexualität wird die Kluft zwischen der heutigen Wirklichkeit und den Forderungen der Kirche (vor allem seit der Enzyklika *Humanae vitae,* 1968) deutlich. Insbesondere die katholische Kirche vermittelt den Eindruck, als sei Gott lust- und lebensfeindlich und die Liebe zu Gott mit der Liebe zu einem Menschen nicht vereinbar, als sei Sexualität schlecht oder doch gefährlich und Enthaltsamkeit der höhere Wert.[1] Junge Menschen sagen, eine Institution, die so lebensferne Ansichten vertritt, könnten sie auch in anderen Bereichen nicht mehr ernst nehmen. So verspielt die Kirche immer mehr ihre moralische Autorität.[2] Schein und Wirklichkeit, Gebote und konkrete Lebensführung lassen sich kaum noch zusammenbringen. Aber gibt es wirklich keine Möglichkeit für einen gläubigen Menschen, in seiner Kirche ein repressionsfreies Leben zu führen?

Wir möchten den Versuch machen, Sexualität, Liebe, Ehe und Partnerschaft so darzustellen, daß sie vom Menschen heute genauso in die eigene Verantwortung übernommen werden können wie einst vom biblischen Menschen. Dazu wollen wir die entsprechenden biblischen Perspektiven anbieten. Wir möchten die Bibel im Lichte der Wirklichkeit und die Wirklichkeit im Lichte der Bibel sehen. Das bedeutet konkret: Wir wollen die Situation der Jetztzeit ebenso ernst nehmen wie die Situation der biblischen Zeit. Und so haben wir ver-

1 Vgl. Th. Plankensteiner, Faszinierend und erschreckend, in: Liebe, Eros, Sexualität, hg. von der Plattform «Wir sind Kirche», Thaur [2]1996, 203–212, hier 206.

2 Nach einer EMNID-Umfrage vom Oktober 1994 unter 14–30jährigen über die Glaubwürdigkeit von Institutionen erreichte Greenpeace 64 Prozent, Amnesty International 50 Prozent; unter 10 Prozent folgten mit großem Abstand die Kirchen und Parteien (FAZ vom 4. 11. 1994).

sucht, auf der einen Seite den gesamten Komplex heutiger Erkenntnisse über Sexualität und sexuelles Verhalten zu berücksichtigen. Die Erfahrungen einzelner kommen da genauso zu Wort wie statistische Erhebungen, bei aller Distanz zu demoskopischen Trends. Soziologische, medizinische, psychologische und pädagogische Gesichtspunkte stehen nebeneinander, historische Rückblicke zeigen das Ausmaß der Variabilität und Entwicklung. Auf der anderen Seite stehen die Aussagen der Bibel, die wir möglichst umfassend erheben. Ihre philologische, theologische und kulturhistorische Deutung steht auf gesicherter wissenschaftlicher Basis; wir haben uns gleichwohl bemüht, sie allgemeinverständlich darzustellen.

Was sagen die Moraltheologen?

Die Moraltheologie, dem kirchlichen Lehramt unterstellt, ist bis heute ein Hemmschuh auf dem Weg zu einer freieren Sexualmoral. Solange gilt, daß jede geschlechtliche Vereinigung auf Zeugung ausgerichtet sein muß, weil sonst ihrer sittlichen Würde etwas Wesentliches fehle[3], so lange die Sexualmoral auf den zwei Pfeilern steht: Sexualität hat ihren legitimen Ort nur in der Ehe, und diese Ehe ist unauflöslich, solange bleiben die Fronten zwischen Theorie und Wirklichkeit verhärtet. Muß nicht, so fürchtet das Lehramt nach wie vor, das ganze Gebäude einstürzen, wenn an einem der beiden Pfeiler gerüttelt wird? Lange haben sich die Moraltheologen mit diesem Einwand auseinandergesetzt. Schon vor dreißig Jahren hat Franz Böckle darauf geantwortet: «Wir sind, offen gestanden, nicht dieser Meinung. Im Gegenteil, wir hegen die Befürchtung, daß ein Festhalten an bestimmten historisch bedingten Interpretationen der Sexualität unsere Aussagen nicht nur unglaubhaft macht, sondern uns zudem der besten Chancen berauben würde, unserer jungen Genera-

3 «Jeder eheliche Akt (muß) von sich aus *(per se)* auf die Erzeugung menschlichen Lebens ausgerichtet bleiben» (Enzyklika *Humanae vitae,* 1968, Nr. 11, unter Berufung auf das 2. Vatikanum [*Gaudium et spes* Nr. 49]).

tion den Weg zu einem sinnerfüllten sittlichen Leben zu weisen» (1967, 25). Insgesamt klammerten die Moraltheologen jedoch diese Fragen aus, «weil hier theoretisch nicht weiterzukommen ist ... Hier gibt es fast so etwas wie eine tabuisierte Verhärtung, die das Gespräch blockiert und aus der zur Zeit nicht herauszukommen ist»[4].

Inzwischen hat sich jedoch in der Grundtendenz einiges geändert. Als Wendepunkt mag man die Enzyklika *Humanae vitae* (1968) nehmen. Hatte sich Paul VI. mit ihr schon über das ablehnende Votum einer von ihm selbst eigens einberufenen internationalen Kommission aus Theologen und Humanwissenschaftlern hinweggesetzt, so wuchs die Unruhe seit ihrer Veröffentlichung noch erheblich an, bedingt vor allem durch die immer stärkere Fixierung vatikanischer Äußerungen auf sexualmoralische Fragen, was den Anschein erweckt, es handle sich hier um das größte theologische und kirchliche Problem überhaupt. Immer drängender mahnen Moraltheologen seitdem die Gewissensentscheidung des einzelnen an[5], immer deutlicher verschiebt sich das moraltheologische Denken vom Kasuistisch-Normativen hin zu einer Verantwortungsethik.[6] Exemplarisch hierfür kann Dietmar Mieth stehen. Er weist darauf hin, daß die neuere Philosophie inzwischen längst die «Strebensethik» rehabilitiert habe, das heißt eine Ethik «der angestrebten Haltungsbilder, der biographischen Zielsetzungen, der Einbettung in sozial verankerte Sehnsüchte»[7]. Ihr muß zum Wohle der Menschen auch die Moraltheologie folgen.

Die klassische Philosophie und in ihrem Gefolge die traditionelle kirchliche Morallehre hat, so D. Mieth, spätestens seit Thomas von Aquin (1225/26–1274) den Akzent auf das Sollen, die Pflicht und das Nicht-Dürfen gelegt. Die Menschen aber wollen nicht mehr wissen, was sie wann mit wem wo tun dürfen, sondern was sie tun kön-

4 A. Auer, Geschmack an der Freiheit vermitteln, in: HK 39, 1985, 165–170, hier 166.

5 Vgl. Mieth 1990, bes. 27–63.

6 Siehe z. B. Auer, Fraling, Langer, Rotter, Bartholomäus.

7 D. Mieth, Sind Liebe und Erotik noch zu retten?, in: Publik-Forum, 11. 4. 1997, 6–8, hier 8.

nen, damit ihr Leben glückt. Und entsprechend lautet ihre Frage: «Wie kann ich erreichen, was ich möchte?» Diese Könnens- oder Strebensmoral gilt auch im Bereich der Sexualität, und das bedeutet, daß sexuelles Verhalten keinen anderen Maßstäben und Kriterien unterworfen sein darf als anderes menschliches Handeln.[8]

Dies sind letztlich dieselben allgemeinen ethischen Grundprinzipien, die auch in den Menschenrechten ihren Niederschlag gefunden haben. Die «Goldene Regel» bringt sie auf den Punkt: «Was du nicht willst, das man dir tu', das füg auch keinem andern zu!» (vgl. Tob 4,15). Positiv und biblisch formuliert: «Alles, was ihr wollt, daß man euch tue, das tut auch anderen» (vgl. Mt 7,12; Lk 6,31). Darin ist alles enthalten, was für das zwischenmenschliche Zusammenleben wichtig ist. Und dazu gehört es, auf der Basis der Selbstachtung den anderen in seinen Rechten und Pflichten zu respektieren, ihm nicht zu schaden, ihn nicht zu verletzen, sondern ihn zu stützen sowie Verantwortung für die Folgen des eigenen Handelns zu übernehmen.

Wandelbarkeit der Normen

Wir haben Verantwortung, im persönlichen Bereich für uns selbst und für unsere Beziehungen, aber auch für unsere Umwelt, für unsere Zeit und unsere Zukunft. Das ist, anthropologisch und philosophisch gesehen, evident. Niemand wird bestreiten, daß jedes Zusammenleben ethischer Prinzipien bedarf. Normen schaffen Vertrauen und Verläßlichkeit und verleihen dem persönlichen Entscheidungsprozeß Orientierung. Sie zeichnen sich aus durch Verbindlichkeit, die von der Mehrheit akzeptiert sein muß. Aber obwohl Normen immer konservativ sind – schließlich sollen sie ja Zustände, Besitzver-

8 «Die Sexualität kann im moralischen Bereich nicht mit Sondernormen versehen werden. Vielmehr gelten im Bereich der Sexualität keine anderen Normen, Kriterien und Prinzipien als sonst überall im Bereich verantwortlichen menschlichen Handelns. Das verantwortliche menschliche Handeln sucht nach dem Guten und Richtigen, das heißt: Es beabsichtigt, das Richtige in der besten Absicht zu tun» (Mieth 1995, 71).

hältnisse, Zusammenleben und Fortbestand einer Gemeinschaft schützen und bewahren –, sind sie doch zugleich immer der Veränderung unterworfen. Das liegt daran, daß auch die Werte, die von den Normen geschützt werden sollen, sich ständig verändern. Schauen wir uns in unserem eigenen Umfeld um. Da erleben und beobachten wir, daß das, was uns noch vor ein paar Jahren wichtig war, heute an Bedeutung verloren hat. Und umgekehrt: Was vor kurzem noch gar nicht ins Blickfeld kam, ist uns lebensnotwendig geworden. So geht es dem einzelnen: Was ihm wichtig ist, dafür wird er eintreten, das wird er verteidigen. Was ihm nichts wert ist, wofür es nicht lohnt, sich einzusetzen, das wird er aufgeben. Und genauso ist es in der Gesellschaft. Die Einschätzung von privaten, gesellschaftlichen, religiösen und politischen Gütern und Lebensqualitäten ist es, die sich laufend ändert, und entsprechend verändern sich auch die Normen, die sich auf das modifizierte Bewußtsein beziehen. Das ist ein spiralförmiger Prozeß. Normen wandeln sich immer langsamer als die Wirklichkeit, als die Einschätzung der Wirklichkeit und als das sittliche Bewußtsein; sie agieren nicht, sondern sie reagieren sozusagen auf Veränderungen – doch sie müssen reagieren. So dient die Norm zwar als Maßstab des Handelns, aber dieser Maßstab ist immer wieder korrekturbedürftig. Wird die Norm nicht korrigiert, dann wird sie funktionslos und hinfällig. Sie wird nicht mehr beachtet, das Leben geht an ihr vorbei, wie wir es am Scheidungsverbot und in der Abtreibungsdiskussion sehen können.

Die gesellschaftliche und kirchliche Diskussion leidet heute unter der Vermischung von juristischen und ethisch-moralischen Argumenten. Doch ebensowenig wie der Staat moralische Forderungen gesetzlich durchsetzen darf, darf die Kirche den Staat vor ihren Wagen spannen, um ihre Moralvorstellungen allen Bürgern aufzuzwingen. Diese haben ein Recht auf Mitsprache, wenn es um ihre persönlichen Werte geht. Zum anderen: Wie soll man den massiven Einsatz der Kirche gegen die Abtreibung ernst nehmen, solange sie jede Art der Empfängnisverhütung ohne Angabe theologischer oder philosophischer Gründe zum Gegenstand des natürlichen Sittengesetzes erhebt und mit absolutem Verbot belegt? War doch von jeher die Abtreibung de facto eine verspätete Geburtenkontrolle! Hier wird die Kirche nicht nur unglaubwürdig, sie macht sich auch schuldig, und das nicht nur am ungeborenen Leben, sondern auch an den Tausenden verhungernder und chancenloser Kinder auf dieser Welt.

Keine rechtliche oder sittliche Ordnung kann Bestand haben, wenn ihr der Bezug zur Wirklichkeit fehlt. Deshalb müssen Normen vernünftig begründet sein. Was dann unter den gegebenen Umständen vernünftig und lebensgerecht ist, das ist auch sittlich gut.[9]

Normen sind also dafür da, daß Leben gelingt, daß es sicher und geschützt gelebt werden kann. Die Normen sind für den Menschen da und nicht, wie die traditionelle kirchliche Lehre es dargestellt hat, der Mensch für die Normen. Und erst recht gilt es, jene Gefahr zu vermeiden, der christliche Exegeten vielfach erliegen, indem sie an alttestamentliche Texte neutestamentliche Wertmaßstäbe anlegen, um so uns fremd gewordenes Denken zu rechtfertigen und hoffähig zu machen. Oft werden dann israelitische Verhaltensweisen nach einer «Zwar-Aber-Beurteilung» harmonisiert und verharmlost.

Preisgabe der Naturrechtslehre

Die Behauptung, die Lehre der Kirche und mit ihr die Sexualmoral müsse immer die gleiche bleiben, ist also nicht haltbar. Aber auch das Naturrecht, bei dem die Moraltheologie solange Zuflucht gesucht hat, steht heute nicht mehr zur Verfügung, denn es gehört längst zu den anerkannten Einsichten der Humanwissenschaften, daß es die Natur nur in ihrer kulturellen Bedingtheit gibt. «Nüchtern betrachtet aber ist ‹natürliche› Sexualität tierisch, nichts als Reflex, Instinkt, Verschlingung: ein Inbegriff des Schreckens» (Sigusch 9). Der Begriff «Natur» ist, philosophisch gesehen, eine Leerformel, denn er ist ähn-

9 Grundlegend für diese Sicht ist die Lehre des Thomas von Aquin, wonach sittlich gut ist, was vernünftig ist («Illi mores dicuntur boni, qui rationi congruunt, mali autem, qui a ratione discordant»: S. Th. I–II, 100, 1).

lich vieldeutig wie «Freiheit» oder «Gerechtigkeit» und kann mit geradezu widersprüchlichen Inhalten gefüllt werden. Wer der «Mutter Natur» vertraut, findet einen Platz an der Sonne, doch wer ihr anheimfällt, erfriert in der Wüste. Für Aristoteles (vgl. S. 79, 81) waren Sklaven «von Natur aus» Sklaven und das Weibliche «von Natur aus» geringer als das Männliche. Aus der Beobachtung seiner eigenen gesellschaftlichen Zustände zog er wertende, normative und allgemeingültige Schlüsse. Und so kommt es dann dazu, daß die «natürliche» Lust nicht «natürlich» gelebt werden darf.

«Argumentationen, in denen ‹Natur› und ‹natürlich› das letzte Wort haben, entpuppen sich deshalb vielfach als bloße Scheinargumentationen.»[10] Daß etwas so ist, wie es ist, heißt nicht, daß es so gut ist und so sein soll und bleiben muß. «Biologischer Faktizität als solcher kommt normalerweise ... noch keine ethische Dignität zu» (Fraling 205). Der Mensch ist – daran wird in diesem Buch mehrfach erinnert – nie reines Naturwesen, sondern immer schon von der Kultur geprägt. Er hat keine unveränderliche Substanz, er findet vielmehr sich selbst und damit seine Natur erst, indem er gestaltend mit ihr umgeht. Kein lebendiges Wesen existiert für sich allein, es ist vielmehr eingegliedert in ein System und somit der Veränderung unterworfen. Es ist also nicht ethische Pflicht des Menschen, instinktiv der Natur zu folgen, sondern sie kulturell zu gestalten. Er formt, beherrscht und schützt sie auch. Und deshalb kann er verantwortlich bestimmen, was er für natürlich hält und nach welcher Ordnung er leben will.

Für Thomas von Aquin allerdings, der die Lehre des sogenannten Naturrechts zur Erkenntnis des sittlich Gebotenen entwickelt hat, war die Natur die Norm und letzte Instanz des Handelns, denn er hatte ein statisches Bild von der Welt und dem Menschen. Der Mensch, so wie er sich ihm darstellte, in seinem Denken, Fühlen und

10 D. Birnbacher, «Natur» als Maßstab menschlichen Handelns, in: Birnbacher (Hg.), Ökophilosophie, Stuttgart 1997, 217–241, hier 220. Mittelalterlicher und frühneuzeitlicher Theologie gelang es sogar, die Sklaverei und die Folter zur Geständniserpressung «naturrechtlich» zu begründen; vgl. Schockenhoff 50.

Empfinden, ja in seinem ganzen Wesen galt ihm als unabänderliche Gegebenheit. Der Mensch – so meinte Thomas – ist als fest umrissene und definierte Größe, als statische Seinswirklichkeit in die Natur eingeordnet. Und aus dieser Sicht resultiert auch eine statische Ethik. Denn wenn der Mensch über Jahrhunderte von Natur aus immer gleichbleibt, müssen auch die ethischen Normen und Gebote immer die gleiche Gültigkeit behalten.[11] Thomas von Aquin sah nicht, daß die Natur nur in geringem Maß zielgerichtet zu Werke geht und daß es schließlich auch eine Evolution zum Schlechteren gibt.

Wie aber kann der Mensch unter solchen Voraussetzungen zu einer konkreten Entscheidung kommen? Wie trifft er das Naturgemäße? Dafür, so meinte Thomas von Aquin, muß sich der Mensch nach der Vernunft richten. Das heißt, das eine Mal dienten Thomas die naturhaften Gegebenheiten als Grund für die Urteilsfindung, das andere Mal jedoch die abwägende Reflexion, man kann auch sagen: das eigene Gewissen. Und diese beiden unterschiedlichen Argumentationsketten werden bis heute in der Moraltheologie beibehalten. Wobei es sehr zu denken gibt, daß die Argumentation mittels der Natur nur noch in ganz wenigen Fällen angewandt wird, speziell in der gesamten Sexualmoral, während sich sonst die andere Argumentationsweise, eben die von der Vernunft her, durchgesetzt hat. So meint Joseph Fuchs, daß man zum Beispiel «in der traditionellen und auch heute offiziell vertretenen Moraltheologie den einzelnen ‹unreifen› sexuellen Akt der Masturbation für sittlich absolut – das heißt aus welchen Gründen auch immer vollzogen – unzulässig und für eine ‹schwerwiegende› Unordnung hält …, während man die Tötung eines Menschen unter bestimmten Umständen für sittlich vertretbar erachtet»[12]. In sorgfältiger Argumentation weist Fuchs nach, daß es sich bei der Begründung von der Natur her um einen Fehl-

11 So bezeichnet Papst Paul VI. die von ihm in der Enzyklika *Humanae vitae* getroffene Entscheidung als Deutung der «göttlichen Norm» und des «göttlichen Planes» (Ansprache Castel Gandolfo 31. 7. 1968).

12 J. Fuchs, Naturrecht oder naturalistischer Fehlschluß?, in: StZ 206, 1988, 407–423, hier 408.

schluß handelt. Dieser Fehlschluß hat die Kirche in die Notlage gebracht, in der sie sich heute angesichts der geringen Überzeugungskraft ihrer sexualmoralischen Normen befindet. Der kirchliche Naturbegriff ist zu eng, zu steril, zu unbeweglich, und er trifft den Menschen in seinem Wesen nicht. Denn Natur läßt nur Fakten und Funktionen verstehen, sie kann aber keine Kriterien für konkrete Entscheidungen liefern. Wir müssen sogar angesichts der Herausforderung durch die Gentechnik neu definieren, was der Mensch und was Leben ist. Als «natürlich» gilt also heute für den Menschen, was seine Möglichkeiten verwirklicht und was die Voraussetzungen dafür schafft. Obwohl dieser neuzeitliche Naturbegriff inzwischen in allen Wissenschaften Einzug gehalten hat, schreckt die Kirche immer noch vor seiner Anwendung auf die Sexualmoral zurück und argumentiert weiterhin mit dem alten Naturbegriff.[13]

Umgang mit der Bibel

Die Bibel ist die Grundlage des christlichen Glaubens. Es ist deshalb legitim und notwendig, die heutige kirchliche Sexualmoral an ihr zu messen. Dabei zeigt sich freilich in beinahe entmutigender Weise, wie schwierig es ist, aus der Bibel verbindliche Normen für konkretes sittliches Verhalten, insbesondere im Sexualbereich, zu gewinnen. Grundsätzlich gilt, daß viele Forderungen der Bibel für uns nicht mehr nachvollziehbar sind, weil sie uns kulturell und bewußtseinsmäßig überholt erscheinen. Über Partnerschaft, Liebe, den patriarchalischen Hintergrund und die ganze Entwicklung der Sozialstrukturen enthält sie, nicht zuletzt wegen ihrer tausendjährigen Entstehungsgeschichte, bereits in sich selbst unterschiedliche, ja bisweilen konträre Positionen. Umgekehrt allerdings können Freiheiten, die in der Bibel toleriert werden, nicht ohne weiteres auch für unsere Zeit in An-

13 «Überholte Vorstellungen von der ‹Natur› des Menschen und seiner Geschlechtlichkeit führen nicht zu einer wirklichen Humanisierung, sondern zur Unterdrückung, kurz gesagt: in die Irre» (W. Langer, in: Liebe, Eros, Sexualität, vgl. Anm. 1, 195).

spruch genommen werden. Heutige Vorstellungen können freilich auch nicht ohne weiteres unter Berufung auf die Bibel bekämpft werden. So läßt sich zum Beispiel die Sündhaftigkeit nichtehelicher geschlechtlicher Beziehungen oder der Selbstbefriedigung nicht aus der Bibel begründen, ja nicht einmal die der Prostitution. Im Gegenteil, die Bibel betont die Sexualität als entscheidende Komponente des Menschen. Und umgekehrt: Daß in der Bibel Polygamie und Blutrache erlaubt sind, heißt noch nicht, daß diese Verhaltensweisen auch unserer Zeit angemessen wären.

Es muß auf etwas anderes ankommen als auf die in Sätze gefaßten Vorschriften der Bibel. Hinter diesen steht ein ethisches Konzept, das nur aus seinem religiösen und kulturellen Kontext erhoben werden kann. Wir müssen die Bibel anders lesen, denn unsere Wirklichkeit ist eine andere. Doch auch für uns gilt ihre Verheißung. Um das Vergangene zu verstehen, darf man also nicht auf Übereinstimmung aus sein. Wo diese hergestellt wird, ist eher etwas vereinnahmt als verstanden worden. Zum Verstehen gehört Verschiedenheit ebenso wesentlich wie Gemeinsamkeit. Die heute empfundene Fremdheit biblischer Texte – so der Alttestamentler Erich Zenger – ist sogar notwendig. Sie ist, «wenn man die neuere hermeneutische Diskussion bedenkt, zunächst einmal die Voraussetzung, um überhaupt in eine Auseinandersetzung mit den Texten geraten zu können»[14]. Wenn wir also die biblischen Texte befragen, gelingt das nur in einer vergleichenden Gegenüberstellung der damaligen und heutigen Verhältnisse. Aus dieser Distanz klärt sich unser Standpunkt. Durch ein dogmatisch enges Verständnis von «Inspiration» als «irrtumsloses Wort Gottes» (definierte Glaubenslehre DS 3006) hingegen geriet die Bibel in die Rolle eines autoritären Über-Ichs.[15]

14 Interview mit E. Zenger, «Das Alte Testament ist eindeutig gewaltkritisch», in: HK 47, 1993, 505–511, hier 507.

15 Die Lehre von der absoluten Irrtumslosigkeit der Bibel wurde vom 2. Vatikanischen Konzil dahingehend relativiert, daß die Bücher der Schrift «sicher, getreu und ohne Irrtum die Wahrheit lehren, die Gott um unseres Heiles willen in heiligen Schriften aufgezeichnet haben wollte» (Dei verbum 11).

Die Bibel läßt sich auf sehr unterschiedliche Weise lesen: natürlich als Wort Gottes, aber darüber hinaus auch als Geschichtsbuch oder als Weltliteratur (zu der zum Beispiel Goethe das Hohelied rechnete). Sie enthält moralische Anweisungen für ihre Zeit, Mythen und Geschichten, Dichtung, aber auch gesellschaftskritische Texte. Und ebenso vielfältig sind die exegetischen Methoden. Besonders wichtig wurde die historisch-kritische Methode. Sie hat sich seit ungefähr 200 Jahren unschätzbare Verdienste erworben. Ihrer mühsamen Pionierarbeit verdanken wir die Kenntnisse zur Entstehungszeit, zum Ort und Anlaß biblischer Texte sowie zu deren historisch gewachsener Gestalt, Gattung und Form. Die historisch-kritische Methode ist bis heute für jede wissenschaftliche Arbeit unentbehrlich. Sie ist aber nicht die einzige Methode der Deutung. Wenn Schriftauslegung sich nicht darin erschöpfen will, den literarisch ursprünglichen Sinn zu erschließen und die historischen und religionsgeschichtlichen Zusammenhänge herauszuarbeiten, braucht es vielfältige und immer wieder neue Deutungsansätze, um die biblische Sprache mit der heutigen Zeit zu versöhnen. Hierzu zählen die Tiefenpsychologie, die Textlinguistik und die Soziologie, wobei natürlich nicht alle diese Zugänge auf derselben Ebene liegen. Wichtig bleiben die Fragen: Was soll mit der Bibelauslegung erreicht werden? Was ist ihre Absicht, ihr Ziel? Und: Es kommt doch auf die historischen, anthropologischen und gesellschaftlichen Kriterien an. Denn gerade die biblischen Texte sind oft recht vielschichtige und komplizierte Gebilde. Es gibt «keine einheitliche Sicht der Bibel» (Fraling 109), und es gibt keine Eindeutigkeit der einzelnen Auslegung.

Die Pluralität der Theologie

Indem wir die modernen Erkenntnisse und Verhaltensweisen den biblischen gegenüberstellen, möchten wir die Leser ermutigen, sich selbst ein Urteil zu bilden. Das Alte Testament ist ein Versuch, die Welt und den Menschen von Gott her zu deuten. Wir haben heute in manchen Dingen aufgrund unserer Einsichten und wissenschaftlichen Forschungsmöglichkeiten andere Angebote. Das heißt jedoch nicht, daß uns die Bibel nichts mehr zu sagen hätte. Aber das Entscheidende sind nicht ihre größtenteils kulturbedingten Inhalte, sondern die Art und Weise, wie der israelitische Mensch sich zum Leben einstellte und wie er seine Erfahrungen, ob persönliche, gesellschaftliche oder nationale, von Gott her begriff.

Letztlich geht es also darum, die Wandelbarkeit der Glaubensaussagen und der ethischen Vorstellungen sichtbar zu machen und den Leser zu ermutigen, bei aller Pluralität der Theologie für unsere Zeit die richtigen Formen zu suchen, das heißt von einer quantitativen («je weniger Sexualität, desto besser») zu einer qualitativen Moral zu kommen: zu einem verantworteten sexuellen Verhalten. Das wären zukunftsweisende Perspektiven.

Das Prinzip Verantwortung

«Stört nicht die Liebe, bis sie selbst es will!» – so beschwört im Hohenlied (2,7; 3,5; 8,4) die liebende junge Frau ihre Umwelt. Die Liebe hat ihre Eigengesetzlichkeit. Deshalb hat nicht sie sich den Gesetzen anzupassen, sondern die Gesetze müssen sich nach den Erfordernissen und Spielregeln der Liebe richten. Für die Bibel ist das Leben das höchste aller Güter. Gut ist, was dem Leben dient, und böse oder sündhaft, was sich gegen das Leben richtet. Deshalb wird die Bibel nicht müde, an die Verantwortung gegenüber dem Leben zu appellieren. Da nun Liebe und Sexualität, ganzheitlich verstanden, das Leben des Menschen in besonderer Weise bestimmen, muß sich auch die Verantwortung in diesen Bereichen besonders bewähren.

2. Sexualität – was ist das eigentlich?

Ein breites Spektrum

Das Sexualverhalten kennt heute eine viel weitere Bandbreite als jemals zuvor. Sie reicht von äußerster Freizügigkeit (promiskuitives Verhalten), die bisweilen sogar skrupellos ausgelebt wird (Gewalt, Pornographie, Kinderprostitution, Perversion), über die monogame Ehe bis zur überzeugten Enthaltsamkeit (Zölibat) und zur religiös geprägten Tabuisierung. Den Maßstab bildet immer weniger die überlieferte Norm und immer mehr die persönliche Entscheidung, die sexuelle Selbstbestimmung.

Widersprüchliche Ansichten und Überzeugungen gelten inzwischen gleichzeitig nebeneinander. Mit einem Orts-, Religions- oder Kulturwechsel verändern sich nicht nur Zusammenhänge, sondern auch Einsichten. Vorbilder und Modelle lösen einander viel schneller ab als früher. Alles wird beliebig und kurzlebig. Wie die Mode, so wechselt der persönliche Lebensstil. Flexibilität heißt das neue Zauberwort.

Unterschiedlich sind auch die Erwartungen. Sexualität soll glücklich machen und befreiend wirken, sie soll entspannen und das seelische Gleichgewicht wiederherstellen, viele suchen in ihr Nähe und Geborgenheit. Aber oft ist sie auch voller Illusionen und romantischem Verlangen nach Lust, wiederum auch angstbesetzt und egoistisch, und vielfach gequält von Eifersucht und Machtausübung. Und nicht selten fungiert sie als Ersatz für Defizite in anderen Bereichen. Deshalb kann sie viel Leid über Menschen bringen. Entsprechend positiv oder kritisch wird sie auch von Kirche und Gesellschaft eingeschätzt, als Ausdruck selbstloser Liebe oder als Bedrohung und Gefahr.

Durch die Sexualität wird Menschsein auf intensive Weise verwirklicht. Aber sie ist nicht streng aufzuteilen in eine männlich-aggressive und eine weiblich-sanfte. Jeder kann sie anders leben, anders verstehen und mit anderen Erfahrungen und Erwartungen füllen. Sexualität ist ein Grundbedürfnis, das befriedigt werden muß, will der Mensch körperlich, geistig und seelisch gesund bleiben. Intelligenz, Vitalität, Phantasie, Einfühlung, Fähigkeit zur sinnenhaften nonverbalen Selbstmitteilung, Kreativität, Intensivierung der Gefühle, tiefe Liebe zum Partner, Lust, Entspannung und In-Besitz-Nehmen, aber auch Sich-Hingeben, spirituelles, ja transzendierendes Glückserlebnis, Preisgabe bis zur Todeserfahrung – all das sind Stichworte, die den Komplex Sexualität umschreiben.

Beginnende Sexualwissenschaft

Schon ist deutlich, wie vielschichtig und problematisch Sexualität ist. Jedes Volk entwickelte seine eigenen Vorstellungen und Normen, jede Zeit veränderte diese nach ihrem Verständnis, jede Religion erließ eigene Gebote oder Verbote zum Wohl der Gemeinschaft und zum Schutz des einzelnen. Und jeder einzelne Mensch wiederum füllt die vorgegebenen gesellschaftlichen Denkstrukturen nach eigener Einsicht mit seinen persönlichen Entscheidungen aus. So fällt es noch heute schwer, eine verbindliche Erklärung des Begriffs «Sexualität» zu finden.

Erst seit Ende des 19. Jahrhunderts kann man von einer wissenschaftlichen Beschäftigung mit dem Phänomen «Sexualität» sprechen. Zuvor wurden sexuelle Fragen nur unter dem Aspekt der Fortpflanzung behandelt, wobei die kirchliche Morallehre den Ton angab. Unter ihrem Einfluß interessierten sich im 17. und im 18. Jahrhundert die Pädagogen überraschend vor allem dafür, wie man die Selbstbefriedigung bekämpfen könnte (vgl. S. 153f.). Erst um 1800 setzte sich der Begriff «Sexualität» (von lat. secare: zerschneiden, teilen, trennen) durch. Er wurde ausschließlich für die biologische Tatsache der Zweigeschlechtlichkeit verwendet. Der Anstoß für eine umfassendere Sicht ging von der Psychiatrie aus (Richard v. Krafft-Ebing, Psychopathia sexualis, 1882). Aber nun standen die normabweichenden Spielarten des Sexualverhaltens im Vordergrund des Interesses. Sigmund Freud (1856–1939) schließlich führte bei seinen Analysen der Persönlichkeitsstruktur psychische Krankheiten auf eine frühkindliche Verdrängung des Sexualtriebs zurück. Die von Freud angestoßene Sexualforschung, von Iwan Bloch, Max Marcuse und vor allem Magnus Hirschfeld an einem eigenen Institut in Berlin als Sexualwissenschaft fortgeführt, fiel der nationalsozialistischen Herrschaft zum Opfer. Seit dem 2. Weltkrieg spielen die Vereinigten Staaten in der Sexualwissenschaft die führende Rolle. Die aufsehenerregenden Forschungsergebnisse von Kinsey sowie von Masters und Johnson haben hier völlig neue Wege gewiesen.

Die Überraschung war groß, als Kinsey seine Epidemiologie des männlichen und weiblichen Sexualverhaltens veröffentlicht hatte. Ein so großes Ausmaß an Homosexualität, Ehebruch und Selbstbefriedigung hätte man bei «Normalbürgern» nie erwartet. Nachdem dieses Ergebnis bekannt geworden war, brauchte niemand mehr Schuldgefühle gegenüber einem vermeintlichen Tabubruch zu haben, denn er konnte jetzt selbst die «Normalität» seines sexuellen Verhaltens einschätzen.

Von nun an richtete sich das Augenmerk der Forschung auf die sexuellen Verhaltensweisen. Alles, was auffällig war, geriet ins Blickfeld der Verhaltenstherapeuten. Masters und Johnson selbst schlugen zum Beispiel Verhaltenstherapien gegen Funktionsstörungen vor. Von dieser empirisch ausgeprägten amerikanischen Forschung war die deutsche Sexualwissenschaft lange Zeit abhängig oder doch beeinflußt (z. B. Haeberle). Heute haben wir eigenständige sexualwissenschaftliche Schulen, die sich immer mehr von der psychologischen Schuld- und Ursachenforschung abwenden und statt dessen mit Soziologen und Medizinern zusammenarbeiten.

Neuer Stellenwert

In den sechziger Jahren setzte mit der Studentenbewegung ein Liberalisierungsschub ein, in dem die Sexualität von vielen Zwängen und Normen befreit wurde. Es ging die Maxime um: Man geht nicht zweimal mit demselben ins Bett. Durch die «Pille» wurde die Frau unabhängig, der Kuppeleiparagraph wurde abgeschafft, das Verbot der Homosexualität aufgehoben, die traditionelle Ehemoral geriet ins Wanken, Ehescheidungen stiegen bis auf ⅓ (in Städten sogar auf 50%), die Sex-Welle überbordete Medien, Werbung und Alltag. Sexualität war nicht mehr nur Ausdruck der Liebesbeziehung, sondern wurde auch zur Erlebnismöglichkeit ohne Verbindlichkeit. Treue wurde ihr nachgeordnet. Gleichzeitig allerdings geriet die Freizügigkeit zur Tyrannei. Besonders die Frau geriet mehr und mehr unter einen Orgasmuszwang. Immer verfügbar, war sie sozusagen zu sexuellen Leistungen verpflichtet. Und so setzte das Verlangen nach Intimität, verbunden mit romantischen Illusionen, beide Partner immer mehr unter Druck.

Der Gegenschlag des Pendels blieb nicht aus. Die Frauen wehrten sich entschieden. Sie schlossen sich zusammen, in Alltag und Berufsleben, aber auch in Wissenschaft und Forschung. Der Feminismus konstituierte sich, Ende der siebziger Jahre auch in seiner theologischen Spielart. Frauen verweigerten sich männlichen Ansprüchen und Vorstellungen. Sie zogen sich zurück. Die hohen Erwartungen der sechziger Jahre hatten sich nicht erfüllt. Die immer gleichen Diskussionen begannen zu langweilen, frustriert wandte man sich ab. Der Sexualforscher Sigusch spricht davon, daß inzwischen der König Sex vom König Anti-Sex abgelöst worden sei (Sigusch 18), und nach seinem Kollegen Schmidt zeigen die Studien über das Sexualverhalten von Männern und Frauen in allen westlichen Industrieländern ein «karges» Sexualleben (Schmidt 17). Er stellt fest: «... klagten sie (die Patienten) früher, vor dreißig Jahren, sehr oft über ein Zuviel an Triebspannung, über quälende, beunruhigende sexuelle Wünsche, mit denen sie nicht wußten, wohin, so klagen sie heute vor allem über ein Zuwenig an Triebspannung, über Lustlosigkeit und sexuelle Langeweile» (45). Wohin allerdings das «karge Sexualverhalten» heutiger Menschen und die ihm zugrundeliegende Lustlosigkeit sich weiterentwickeln, ist schwer zu sagen. Schon spricht man von der Auflösung der Kategorie «Geschlecht». Entspricht das auch einer gesellschaftlichen, einer sozialen Impotenz, in der Egoismus die Solidarität abgelöst hat? Die Absage an die sexualfeindliche Vergangenheit ist nicht gelungen, der Befreiungsschlag nicht geglückt. Zwar war nun alles erlaubt, aber man konnte sich der Erlaubnis nicht recht freuen.

Schließlich begegnet einem in den Medien heute kaum noch die glückvolle, positive Seite der Sexualität. Vielmehr werden ihre bedrohlichen und gefährlichen Anteile in den Vordergrund gerückt. Da ist hauptsächlich von Gewalt und Mißbrauch, Vergewaltigung, Pornographie, Prostitution, Aids und sexueller Belästigung am Arbeitsplatz die Rede. Damit sind die Männer zu Tätern geworden. Das gesellschaftlich Böse wird nun dem Mann angelastet. Unter dem Begriff «Geschlecht» kann alles kritisiert werden: Krieg, Gewalt, Umweltzerstörung, Rationalität, Kapitalismus.[1] Frauen begegnen Männern mit Angst und Vorsicht, während sie selbst oft die Rolle der Retterin übernehmen. Befreiung von alten Zwängen auf der einen Seite, Unbehagen und Skepsis auf der anderen – die Sexualität ist in eine neue Ambivalenz geraten.

Hervorgerufen wurde diese Situation nach Meinung Siguschs (18–21) durch eine immer größere Dissoziation der sexuellen Sphäre. Den Anfang machten technische Errungenschaften. Durch sie wurde es möglich, Schwangerschaft und Geburt von der Sexualität zu trennen. Dann wurden Zeugung und Fortpflanzung isoliert und aus dem Körper der Frau ausgelagert. Die heutigen Genuntersuchungen und die Abtreibungsdebatte sind Resultate dieser Instru-

1 O. König, Geschlechterdiskurs und Kulturkritik, in: G. Völger (Hg.), Sie und Er. Frauenmacht und Männerherrschaft im Kulturvergleich, Rautenstrauch-Joest-Museum Köln 1997, Bd. 1, 63–68, hier 63f.

mentalisierung des weiblichen Körpers. Der Fötus hat ein Eigenleben bekommen und wird zur Disposition gestellt.

Gleichzeitig geriet die psychoanalytische Triebtheorie in den Hintergrund. Das zeigt sich schon rein pragmatisch darin, daß – wie auch in der heutigen Literatur durchweg üblich – das biologische Geschlecht (sex) vom sozialen Geschlecht (gender) und das Geschlechtsrollenverhalten (gender role) von der Geschlechtsidentität (gender identity) unterschieden wurden.

Eine weitere Dissoziation betrifft das sexuelle Erleben, das nun von der sexuellen Stimulation getrennt werden kann. Das heißt, Sexualität wird entleiblicht. Der Mensch, vor allem der Mann, kann sexuell funktionieren ohne körperlichen Kontakt. Telefonsex und Computersex sind Beispiele dafür. Sie werden in einer künstlich geschaffenen Isolation ausgeübt.

Die letze Trennung schließlich scheidet die libidinöse von der destruktiven Sexualtiät. Die aggressive trennende Seite der Sexualität verselbständigt sich und löst die zärtliche beglückende Seite ab. Angst, Ekel, Scham- und Schuldgefühle dehnen sich so sehr aus, daß man in der Öffentlichkeit Sexualität kaum noch positiv versteht. Die bereits erwähnte Vorsicht der Frauen gegenüber den Männern sowie die affektive und effektive Ablehnung der Frauen durch die Männer (s. Vergewaltigung) machen schließlich deutlich, daß die Sexualität in eine Asymmetrie geraten ist.

Zugegeben, das ist das pessimistische, fast schon ein wenig zynische Bild eines heutigen Sexualwissenschaftlers, der vor etlichen Jahren noch hoffnungsvollere Erwartungen äußerte. Man hat den Eindruck, daß die Postmoderne auch in die Postsexualität führt. Sexualität ohne Kultur, von Egoismus und «Selbstoptimierung» gesteuert, führt ins Verderben. Andererseits ist ein großes Bemühen zu verzeichnen – das ist die übereinstimmende Erfahrung in allen Beratungseinrichtungen und therapeutischen Praxen –, Beziehungen zu erhalten und zu sanieren.

Es ist deshalb auch unter diesem Aspekt geradezu grotesk, daß die christlichen Kirchen Sexualität immer noch durch Normen und Verbote regeln und mit Sünden- und Höllenstrafen bedrohen, während die Menschen selbst soviel Mühe haben, Sexualität überhaupt gut und menschlich zu leben. Doch das zeigt, wie weit wir noch entfernt sind von dem ganzheitlichen Menschenbild des Alten Testaments.

3. Sexualität im Alten Testament

Welches Sexualverhalten, welche Erwartungen und Einschätzungen von Sexualität begegnen uns in der Bibel? Gewiß machen die Menschen, alle Menschen, ihrem Wesen nach immer und überall die gleichen Grunderfahrungen, zum Beispiel mit Trauer, Tod, Liebe und Freude. Aber sie bringen sie auf unterschiedliche Weise zum Ausdruck. Und so ist es kein Wunder, daß die Israeliten auch in dieser Thematik ihre eigenen Schwerpunkte setzten.

Die sexuellen Götter, der widersprüchliche Jahwe

Um zu erfahren, wie der alttestamentliche Mensch Sexualität verstanden und gelebt hat, sind wir zunächst auf die biblischen Geschichten und Berichte angewiesen sowie auf die Gesetze und Gebote, die erlassen wurden, um das menschliche Zusammenleben und den Fortbestand des Volkes zu gewährleisten. Eine zweite wichtige Quelle aber stellt die Umwelt Israels dar, denn erst vor ihrem Hintergrund zeigt sich die singuläre Einschätzung der Sexualität des israelitischen Volkes. Als die israelitischen Stämme im 13./12. Jahrhundert v. Chr. in Palästina seßhaft wurden, kamen sie in ein Land, dessen Bewohner und Nachbarn ein vielfältiges religiöses Leben pflegten. Und Sexualität spielte hierbei eine große Rolle. Mit dem Jahresrhythmus der Natur verbanden sie die Verehrung von Göttern und Göttinnen, die Zeugung und Geburt personifizierten. Wie sonst, wenn nicht von göttlichen Kräften angestoßen, sollten Menschen, die ohne jede wissenschaftliche Kenntnis von und in der Natur lebten, sich das Wiedererwachen der Lebenskräfte und die Fruchtbarkeit von Pflanze, Tier und Mensch vorstellen? In Babylon feierte der König in jedem Frühjahr mit der obersten Priesterin im Tempel die Heilige Hochzeit, um für sein Land in einem symbolischen Akt den Segen der Fruchtbarkeit zu erwirken. In Kanaan gab es eine Vielzahl sexueller Riten, Gebräuche und Kulte. Wiederholt wird in der Bibel (v.a. bei Hosea) vor dem Gott Baal gewarnt, einem durch den Stier symbolisierten Fruchtbarkeitsgott, und vor seiner Frau Aschera sowie ihrer Verwandten Astarte (Ischtar). Und wie wir der Polemik der Propheten gegen die Kulthöhen entnehmen können, wurde in den Höhenheiligtümern kultische Prostitution betrieben (s. S. 164–167).

Entsprechend ihrer eigenen Lebensform ließen sie auch ihre Götter zusammenleben, heiraten und Kinder haben. Polytheismus bestimmt alle antiken Religionen. Um so mehr überrascht es jedoch, daß der israelitische Gott Jahwe von jeder Sexualität freigehalten wurde. Er hat keine Frau und keine Kinder, und obwohl Fruchtbarkeit auch in Israel für das Überleben wichtig war, wird sie kaum oder doch nur sehr abstrakt und indirekt mit Jahwe in Verbindung gebracht. Jahwe ist ein geistig-männlicher Gott, der vor den Kriegern in die Schlacht zieht, vorwiegend mit Männern verhandelt, ihnen Verheißungen macht, absoluten Gehorsam verlangt, Ungehorsam aber mit dem Tod bestraft, ein Gott, der keine Götter und schon gar keine Göttinnen neben sich duldet. So lautet denn auch Israels Glaubensbekenntnis: «Höre, Israel! Jahwe, unser Gott, ist ein Einziger» (Dtn 6,4). Die Scheu, ihn in irdische Bereiche herunterzuholen, die Furcht, ihn zu vermenschlichen, verboten es den Israeliten sogar, sich ein wie auch immer geartetes Bild von ihm zu machen. Erst auf dem Hintergrund der von Fruchtbarkeitsriten bestimmten Religionen der Umwelt vermag man den Monotheismus Israels richtig einzuschätzen.

Um so erstaunlicher, ja geradezu widersprüchlich ist es, daß vor allem bei den Propheten genau dieser Jahwe mütterliche und frauliche Züge annimmt, barmherzig und verständnisvoll, mitleidend und sanft erscheint. Und auch die sexuelle Komponente, die man sonst so peinlich vermeidet, wird nicht ausgeschlossen, wenn Jahwe als Ehemann oder Geliebter dargestellt wird, der sich Israel zur Braut erkoren hat und sich dem Gespött aussetzt, um sie zurückzugewinnen, der sie an die Zeit der ersten Liebe erinnert und an ihrem Verrat leidet (Jes 54,5f.; 62,4f.; Hos 2,4–10; Jer 2,32f.; 3,1–5; Ez 23,2.4 u. ö.). Befremdend und dazu im Widerspruch steht allerdings seine Rolle als herrschender Ehemann, der seine Frau demütigt und verstößt. Es ist wohl nicht ganz klar, wie dieser Widerspruch aufzulösen ist. Wahrscheinlich schimmern hier zwei verschiedene uralte Gottesvorstellungen durch: Frauenverachtende männliche Herrschaft steht sensibler Liebe gegenüber. Näher an der eigenen Wirklichkeit war sicherlich der menschliche Gott in seiner Ambivalenz, die der Beziehung von Mann und Frau im realen Leben der Israeliten entspricht. Diese enge Verknüpfung von Jahwe und Liebe läßt aber auch verstehen, warum Götzendienst (wir würden heute sagen Unglaube) und Unzucht synonyme Begriffe sind. Die Verehrung anderer Gottheiten war wohl wegen ihrer sexuellen Freizügigkeit auch für die Israeliten immer wieder attraktiv. Die Gleichsetzung von Unzucht und Götzendienst findet sich noch bei Paulus (vgl. 1 Kor 6,9).

Sexualität für den biblischen Menschen selbstverständlich

Die Wirklichkeit Israels war trotz eindeutig patriarchalischer Prägung bestimmt von einem einheitlichen Menschenbild, aus dem die Sexualität nicht ausgeschlossen war. Eine Ablehnung der Sexualität, wie sie in der Qumransekte und in den frühchristlichen bis mittelalterlichen Ordensgründungen praktiziert wurde, gab es bei den Israeliten nicht. Der Gedanke, daß Sexualität die Beziehung zu Gott hindern oder trüben könnte, wäre Israel absurd vorgekommen. Ebensowenig wurde Sexualität abgespalten oder zum Selbstzweck erhoben. Was wir heute alles erleben: daß eine Frau ein Kind, aber keinen Mann haben möchte; daß man in der Sexualität Geborgenheit und Nähe sucht und dafür den Partnerwechsel akzeptiert; daß man sich zwar liebt und miteinander schläft, sich aber vor einer dauerhaften Bindung fürchtet; daß Sexualität als Bedürfnisbefriedigung oder als psychisches Machtmittel mißbraucht wird –, das wäre einem israelitischen Menschen unvorstellbar gewesen. Zwar gab es auch abgelehnte Formen der Sexualität wie Vergewaltigung, Sodomie und Homosexualität. Aber wenn nach der Darstellung der biblischen Urgeschichte die Menschen, kaum aus dem Paradies vertrieben, zum erstenmal die geschlechtliche Hingabe vollziehen (Gen 4,1), so soll damit gewiß ausgedrückt werden, daß die Sexualität zum Normalzustand des Menschen gehört und daß sie ihm in der rauhen Wirklichkeit dieses Lebens Trost und Geborgenheit schenkt. Im Glück des Paradieses scheinen die beiden Menschen gar nicht auf diesen Gedanken gekommen zu sein. Jetzt, wo es ihnen schlechtgeht, finden sie zueinander.

Nach dem Alten Testament sind die Sehnsucht und das Verlangen nach dem Partner bereits in der Schöpfung angelegt. Und deshalb sind auch alle Dinge, die mit Sexualität zu tun haben, selbstverständlich. Sexualität ist Ausdruck warmer menschlicher Beziehung (vgl. Spr 5,15–19; Hld), und sie verheißt deshalb Genuß und Freude. Und so bestimmt sie zum einen das «weltliche» und ganzheitliche Menschenbild des Alten Testaments, zum anderen wird sie aber auch nur von diesem Menschenbild her verständlich.

Das alttestamentliche Menschenbild

Es sollte uns nicht schwerfallen, zu diesem Menschenbild einen Zugang zu finden, zumal die modernen Anthropologen, Mediziner und Psychologen den Menschen heute wieder als psychosomatische Einheit verstehen. Alles Geistige, alle Gefühle und sittlichen Wertungen sind demnach nur im Gefüge des menschlichen Körpers denkbar. Sie beruhen auf einem chemo-elektrischen Informationsaustausch der Nervenzellen und sind biochemischen Vorgängen unterworfen wie z. B. den vegetativen Stoffwechselprozessen. Und sowenig wir heute noch den lebenden Menschen als ein Kompositum aus Leib und Seele (oder Geist) verstehen können, so unvorstellbar ist uns der

Gedanke, daß der Mensch im Tod in seine Bestandteile zerfällt. Er stirbt als Mensch.

Dieses moderne Verständnis vom Menschen als psychosomatische Einheit entspricht in erstaunlicher Weise dem Denken des Alten Testaments. «Und Jahwe, Gott, formte den Menschen aus Staub von der Ackererde, und er blies in seine Nase den Odem des Lebens, und so wurde der Mensch zu einer lebenden Seele» (Gen 2,7). Dies ist die wörtliche Übersetzung jenes bekannten Satzes aus der Schöpfungsgeschichte, mit dem der Mensch auf der Erde eingeführt wird. Was uns verwundert, ist nicht so sehr, daß Gott wie ein Künstler den Körper des Menschen aus Erde formt und ihn dann mit seinem Atem belebt – daß Gott sich wie ein Mensch verhält, zeigt uns die Bibel auf Schritt und Tritt, und die Erschaffung des Menschen aus Erde ist ein Motiv, das im Vorderen Orient verbreitet war –, verwunderlich ist vielmehr, daß die Tonfigur durch den Hauch Jahwes zu einer «lebenden *Seele*» wird. Das erscheint unserem Empfinden paradox: Durch die Belebung wird der Leib nicht zu einem lebendigen Leib, sondern zu einer lebendigen Seele.

Leib und Seele sind eben für den Hebräer etwas anderes als für uns. Das zeigt sich schon daran, daß er gar kein Wort für Körper oder Seele allein kennt. Er unterscheidet zwar zwischen Leib und Seele des Menschen, aber nicht im Sinne einer Zweiteilung, sondern einer in sich gegliederten Einheit. Leib und Seele sind verschiedene Aspekte einer psychosomatischen Ganzheit. Und wie der ganze Mensch «Seele» ist, das heißt lebendiges Wesen, so ist auch der ganze Mensch «Fleisch», das heißt hinfälliges Wesen. Daher kann der ganze Mensch als Seele oder als Leib bezeichnet werden (Ps 44,26; Hld 3,1 ff.; Mt 6,22 f.), und deshalb können die Hebräer sagen: Der Mensch, die Seele, das Fleisch denkt, hofft, wünscht, lebt und stirbt. Von hier aus gewinnt auch das Wort «und sie werden zu *einem* Fleisch (Leib)» (Gen 2,24), das die Zusammengehörigkeit von Mann und Frau begründen will, eine neue Dimension.

Ebenso haben die *Körperteile* neben ihren körperlichen Aufgaben auch psychische Funktionen zu erfüllen. Besonders die dem Menschen verborgenen inneren Organe wie Herz, Leber und Nieren interessieren den alttestamentlichen Menschen brennend, allerdings weniger im physiologischen als im psychologischen Sinn. Diese «Dunkelkammern» werden von Jahwe erforscht (Spr 20,27). Die Nieren sind der Sitz des Gewissens. So wirft Jeremia den Gottlosen vor, sie redeten nur von Gott, aber ihre inneren Entscheidungen dürfe er nicht beeinflussen (Jer 12,2: «Du bist nur ihrem Munde nahe, aber fern ihren Nieren»), und oftmals ist Jahwe derjenige, der Herz und Nieren des Menschen prüft (Ps 7,10; 26,2; Jer 11,20 u. ö.). Die inneren Organe sind Träger seelischer Regungen und ethischer Entscheidungen. Aber auch den Gliedmaßen werden Gefühle und Empfindungen zugesprochen. Nach Ps 51,10 «jauchzen die Knochen», die zerschlagen waren, über Jahwes Vergebung. So dienen die Körperteile dazu, seelische Vorgänge zu bezeichnen.

Deshalb ist für den alttestamentlichen Menschen der Leib auch unentbehrlich, um Gott zu loben. Er lobt ihn mit den Lippen, erhebt die Augen und Hände zum Gebet, senkt das Haupt, preist Gott mit Mund und Zunge, erhebt das Herz zu ihm. Der ganze Leib ist am Gebet beteiligt, und bis zum heutigen Tag geben die Juden diesem Bedürfnis Ausdruck, indem sie beim Gebet wippende Bewegungen machen. «Setze, Herr, eine Wache meinem Mund und eine Hut der Tür meiner Lippen» (Ps 141,3), so bittet ein Mensch, der in Versuchung ist und offenbar fürchtet, er könnte in seiner Not und Angst vor den Menschen, die ihm übelwollen, Unwahres und Böses sprechen. Was immer der Mensch tut, denkt und fühlt, er erlebt sich ganzheitlich.

Es wäre deshalb für den alttestamentlichen Menschen undenkbar gewesen, seinen Leib zu vernachlässigen. *Körper- und Schönheitspflege* waren eine Selbstverständlichkeit. Zum einen war es im heißen Orient ein dringendes Bedürfnis, sich zu baden. Das geschah nach Möglichkeit am Fluß, aber auch im Garten oder auf dem Dach des Hauses, und zwar ohne jede Prüderie, sonst hätte David Batseba nicht so ungeniert beim Baden beobachten können. Aber man legte auch sonst Wert auf Hygiene. Das zeigt der geradezu verschwenderische Umgang mit Salben, Parfüms und stark duftenden Kräutern. Was wir heute aus der Psychologie wissen, das wußten die antiken Orientalen aus ihrer Lebenserfahrung: Wenn jemand festlich gestimmt und voll Freude ist, dann legt er auch Wert auf eine gute Erscheinung. Ist er aber traurig und niedergedrückt, vernachlässigt er seinen Körper mehr und mehr.

Das Baden, Parfümieren und Salben erhöht das Lebensgefühl, ist Ausdruck von Zufriedenheit und Wohlergehen. Unerläßlich jedoch wird die Körperpflege vor einer intimen Begegnung. Davon gibt das Hohelied Zeugnis (Hld 1,3 u. ö.), aber auch die Geschichte von Ester, die sich ein Jahr lang mit Myrrheöl, Balsam und Duftkräutern auf die Begegnung mit dem König vorbereitete (Est 2,12).

Für ein positives Lebensgefühl sorgten auch die ausgeprägte Freude am Schönen und die Selbstverständlichkeit von Liebe, Erotik und Sexualität. Die *Schönheit* ist offenbar das auslösende Moment für die Liebe. Während das Neue Testament an den Frauen nur ein blasses Interesse zeigt und schon gar nie von einer Frau sagt, sie sei schön gewesen (auch nicht von der Mutter Jesu), weiß das Alte Testament immer wieder von der Schönheit und Anmut israelitischer Frauen und Mädchen zu erzählen, so bei Sara, Rebekka, Rahel, Batseba, Judit, Ester. Aber auch von Männern wie Josef, David, Abschalom wird ausdrücklich betont, sie seien schön gewesen. Am anschaulichsten aber ist im Hohenlied von der Schönheit des Geliebten die Rede. Die Freundinnen fragen das Mädchen: «Was hat dein Geliebter anderen Männern voraus?» Da läßt das Mädchen im Geist seinen Blick vom Kopf bis zu den Füßen des Geliebten gleiten, beschreibt ihn in einer Kette von erotischen Vergleichen, um schließlich festzustellen: «Das ist mein Geliebter, das ist mein Freund» (Hld 5,9–16). Die Menschen Israels stehen vor uns als Wesen aus Fleisch und Blut. Die Frauen wissen um ihre körperlichen Reize, schrecken vor Ironie und Intrige nicht zurück, suchen mit Leidenschaft die Gunst der Männer und wünschen sich sehnsuchtsvoll Kinder. Sexualität war für den alttestamentlichen Menschen nicht ein abgespaltener Teilbereich, sie war in seine Persönlichkeit integriert, ohne sie war er nicht Mensch.

Vokabular

Dieser Eindruck wird allerdings relativiert, wenn wir uns die Begriffe anschauen, die die Bibel im Sexualbereich verwendet. Von den Vorgängen um Zeugung und Geburt wird sehr offen gesprochen. In der Regel geht eine geschlechtliche Vereinigung vom Mann aus. Es gibt dafür allein fünf verschiedene Ausdrücke, die einen jeweils anderen Akzent setzen. Die häufigste Ausdrucksweise ist, daß der Mann die Frau «erkennt» (hebr. *jāda*ᶜ, Gen 4,1 u. ö.; vom homosexuellen Verkehr unter Männern Gen 19,5). Mit «erkennen» ist im Hebräischen nicht in erster Linie die intellektuelle Erkenntnis oder Einsicht gemeint, sondern das umfassende Verstehen. Der ganze Mensch ist beteiligt: Herz, Geist und Sinne. Man müßte also eher von einem Erfahren, einem Erfassen oder Vertrautsein sprechen, das auf einer ganz persönlichen Beziehung beruht, von einem Entdecken des Partners als Mann und Frau. «Erkennen» umfaßt Sexualität und Liebe, zwei Begriffe, die wir heute voneinander trennen.

Dann heißt es oft, daß der Mann zu der Frau «kommt» (hebr. *bā'*, Gen 16,2 u. ö.), daß er sich zu ihr «legt» (hebr. *šākab*, Gen 26,10 u. ö.; gelegentlich «legt» sich auch die Frau zum Mann: Gen 19,32ff.; 2 Sam 13,11; vom homosexuellen Verkehr unter Männern: Lev 18,22). In der Sexualgesetzgebung wird für den Geschlechtsverkehr der Ausdruck «die Blöße der Frau aufdecken» (Lev 18,6ff.; 20,11ff.; Ez 22,10) oder auch «die Blöße sehen» (Lev 20,17) gebraucht.

Für den Akt der Zeugung im eigentlichen Sinn hat die hebräische Sprache kein eigenes Wort; sie verwendet dafür vor allem die Kausativform des Verbs «gebären» *jālad*, buchstäblich also «zum Gebären bringen» (Gen 5,4 u. ö.); für die weibliche Tätigkeit des Gebärens steht die Grundform dieses Verbs *(jālad)*. Die unmittelbare Folge der Zeugung aber ist, daß die Frau «schwanger wird». Erkennen, schwanger werden, gebären – das ist die Abfolge, die im Alten Testament geradezu stereotypen Charakter hat: «Er wohnte ihr bei, sie ward schwanger und gebar einen Sohn» (Gen 4,1; 1 Sam 1,19f. u. ö.). Die Geburt erfolgt unter Schmerzen, ein in der Bibel häufig wiederkehrendes Thema (schon Gen 3,16; Joh 16,21), das in seiner Unverständlichkeit und Belastung als Strafe Gottes für die Ursünde erklärt wird. Daß die Mutter das Kind dann stillt, ist eine Selbstverständlichkeit (1 Sam 1,21 ff. u. ö.), gelegentlich wurde auch der Dienst einer Amme in Anspruch genommen (Gen 24,59; Ex 2,7 ff. u. a.). Der Stillprozeß dauerte bis zu drei Jahren (2 Makk 7,27): eine natürliche Geburtenregelung; er wurde mit einem Fest beschlossen (Gen 21,8).

Das männliche Geschlechtsorgan hat keinen eindeutigen Namen. Es wird mit Fleisch (*bāśār:* Lev 15,2 ff.; Ez 16,26; 23,20), Lenden (*ḥeleṣ:* Gen 35,11 u. a.), Hüfte (*jārēk:* Gen 24,2.9; 47,29; siehe auch Gen 46,26; Ex 1,5; Ri 8,30), Knie (*birkajim:* Gen 48,12), Hand (*jād:* Jes 57,8.10), Füße (*raglajim:* Ex 4,25; Jes 7,20) umschrieben; ausnahmsweise wird von Schamteilen (*mᵉbūšîm:* Dtn 25,11) oder einfach von Blöße (*ᶜerwāh:* Gen 9,22 f.; Ex 28,42) gesprochen. Dieses Wort ist das geläufigste für die Geschlechtsteile der Frau (Ez 16,8.36; 23,18; Hos 2,11), deshalb die Redewendung «die Blöße aufdecken» (s. o.). Daneben gibt es mehrere nur vereinzelt gebrauchte Wörter. Wie das männliche Glied werden auch die weiblichen Geschlechtsteile Fleisch (*bāśār:* Lev 15,19) genannt, aber auch Schande (*ḥerpāh:* Jes 47,3, parallel zu *ᶜerwāh*) und Schimpf und Schande (*ḳālōn:* Nah 3,5), Scham (*nablūt:* Hos 2,12).

Eine ganze Anzahl von Ausdrücken steht zur Verfügung für das Innere des Mutterschoßes: Bauch (*beṭen:* Gen 25,23 f. u. ö.), Eingeweide (*mēᶜîm:* Gen 25,23 u. ö.), Inneres (*ḳereb:* Gen 25,22), Mutterleib (*reḥem:* Gen 49,25 u. ö.; Jer 1,5 u. ö.; der Plural *raḥamīm* bedeutet abgeleitet «Erbarmen, erbarmende Mutterliebe»), Durchbruch[-sort] *(mašbēr)* wird der Muttermund genannt (2 Kön 19,3; Jes 37,3; Hos 13,13). – Immer wieder werden die Brüste erwähnt, nicht nur in ihrer Funktion für die Ernährung des Säuglings (Jes 28,9; Ps 22,10; Joel 2,16; Ijob 3,12; Hld 8,1, vgl. Lk 11,27), mehr noch wegen der faszinierenden und erregenden Wirkung, die sie auf den Mann ausüben (Ez 23,3.21 und vor allem Hld 4,5; 7,4.8 f.). Die körperliche Entwicklung des Mädchens von der Geburt über die Pubertät bis zur reifen Frau wird in Ez 23,1–8 anschaulich geschildert. Das Verständnis geht vom Konkreten zum Abstrakten, vom physischen Organ zur psychischen Denkweise, als Adjektiv «barmherzig», «gnädig» wird es nur von Jahwe gebraucht.

So nüchtern diese Wörtersammlung auch erscheinen mag (vgl. Schroer/Staubli), so gibt sie doch einen guten Einblick, was die Israeliten über Sexualität gedacht haben. Hervorzuheben ist:

1) Daß die Geschlechtsteile nie mit einem eindeutigen Begriff benannt werden: Liegt das daran, daß man gar keinen eindeutigen Begriff kennt, oder scheut man sich, Geschlechtsteile und sexuelles Verhalten beim Namen zu nennen? Die biblischen Bezeichnungen für das Geschlechtliche sind euphemistisch, verharmlosend, ablenkend und bewußt unklar. Es wird von einer Frau in der Menstruation gesagt: «Es erging ihr, wie es den Frauen ergeht» (Gen 18,11; 31,35). Wir kennen das wohl zum Teil noch aus unserer eigenen Erziehung. Da wagten oft die Eltern keine sachliche und nüchterne Aufklärung. Eine Atmosphäre des Geheimnisvollen und Verbotenen umgab alles, was mit Liebe und Sexualität zu tun hatte. Man begnügte sich mit Andeutungen, Zwielichtigkeiten und Witzen und ließ den jungen Menschen absichtlich im unklaren. Und diese Unklarheit bewirkte Angst. Heute lernen die Kinder schon mit dem Sprechen die richtigen Begriffe. Aber wir dürfen nicht vergessen, daß sexuelle Vorgänge bei allen Völkern und Menschen mit Tabus belegt waren (s. u. S. 47–51).

2) Trotz großer Unbefangenheit im allgemeinen scheute sich der biblische Mensch, sich nackt zu zeigen. Nacktheit galt als abstoßend und wurde für beide Geschlechter als entehrend angesehen. Vor allem die Frau hatte ein großes Bedürfnis, sich zu verhüllen. Es konnte ihr keine größere Schmach widerfahren, als ausgezogen zu werden. Wohl deshalb sind die Begriffe Blöße, Scham, Geschlechtsteil synonym und, abgesehen vom neutralen Wort Fleisch *(bā'sār)*, negativ. Darf man daraus auch schließen, daß der Geschlechtsverkehr für sie etwas war, dessen sie sich schämen mußte? Zudem kommen diese Begriffe in einem Zusammenhang vor, wo die Frau als Beispiel für Untreue und Abfall von Gott genannt wird: in den Drohreden der Propheten. Deuterojesaja sagt Babels Fall voraus mit den Worten: «Weg mit dem Schleier! Heb deine Schleppe hoch, entblöße die Beine und wate durchs Wasser. Deine Scham wird entblößt, man sieht deine Schande» (Jes 47,2f.). Nahum kündigt mit ähnlichen Worten den Untergang Ninives an (3,5), Hosea droht damit dem Volk Israel (2,12). Allerdings darf nicht unerwähnt bleiben, welch

ungeheuerliche Projektion hier vorliegt! Der männliche Schriftsteller stellt allen Unglauben, alles Fehlverhalten – und es muß sich in der damaligen Gesellschaftsstruktur doch in erster Linie um männliches Fehlverhalten gehandelt haben – im Bild der Frau dar und weidet sich dann noch, fast möchte man es sexistisch oder gar sadistisch nennen, an ihrer Bestrafung, die sie ausgerechnet in ihrem Intimbereich trifft. Sie wird als sexuell haltlos und untreu diffamiert, und das in einer geradezu pornographischen Sprache. Assoziationen zu den Hexenbeschuldigungen drängen sich auf.

3) Anders ist es mit den Ausdrücken für die inneren weiblichen Geschlechtsorgane. «Bauch», «Inneres», «Mutterleib», «Durchbruch» sind sehr präzise und neutrale Bezeichnungen. Und das Wort Mutterleib für «Erbarmen» weist ähnlich wie «Erkennen» in einen emotional-geistigen Bereich. Der Mutterleib wird zum Symbol der erbarmenden Mutterliebe. Rein vom Sprachlichen her wird also deutlich, daß das Erbarmen – auch das Erbarmen Gottes – eine genuin frauliche Eigenschaft ist.

Unsicherheit im Neuen Testament

Für die Leibfeindlichkeit, Prüderie und sexuelle Verklemmung vieler Christen wird zum Teil mit Recht das Neue Testament verantwortlich gemacht. In der Tat sind viele seiner Aussagen, vor allem bei Paulus und in den Pastoralbriefen, schockierend sexual- und frauenfeindlich (auf Einzelheiten kommen wir laufend in den folgenden Kapiteln zu sprechen). Aber genauso gibt es jenen Grundtenor, der die positive Einschätzung des Alten Testaments fortführt. Auch für das Neue Testament sind Mann und Frau gleichermaßen von Gott geschaffen, und zwar nicht zuerst als neutrale Menschen, sondern von Anfang an in ihrer geschlechtlichen Identität als Mann und Frau. Zweimal (vgl. Mk 10,6; Mt 19,4) beziehen sich die Evangelien darauf. Dabei findet sich kein Hinweis darauf, daß die Frau mehr zur Sünde neigt, daß der Mann besser ist oder gar daß Sexualität als

Folge einer Ursünde aufgefaßt wird. Und auch für die sexuelle Bedürftigkeit des Menschen wird das Alte Testament zitiert (Mt 19,5). Die Sexualität, das Hindrängen zum Partner, wird also weder verherrlicht noch verteufelt, sondern als das genommen, was es ist: ein den Menschen in seinem Wesen bestimmender, ihn als Mensch konstituierender Faktor.

Im übrigen erfahren wir im Neuen Testament wenig zu diesem Thema. Offenbar war das für die Menschen damals kein Problem. Selbst über Ehe, Ehebruch und Scheidung sind die Aussagen spärlich. Und was zum Thema Sexualität und Partnerbeziehung zu finden ist, ist nicht eindeutig, oft widersprechen sich die Autoren selbst. So mißt Paulus mit verschiedenem Maß, wenn er einerseits verlangt, daß bei den Christen alles in Liebe geschehen soll (1 Kor 16,14; Röm 13,8 ff.), andererseits aber dem zölibatären Leben ethisch den höchsten Wert beimißt (1 Kor 7,8) und damit Sexualität abwertet, weil offenbar Sexualität und Liebe nichts miteinander zu tun haben können. Das Fatale war nur, daß man sich auf die sexual- und frauenfeindlichen Textstellen im Laufe der Jahrhunderte mehr stützte als auf die anderen.

4. Die Ambivalenz der Sexualität

Gefährliche Sexualität

Die Problematik und die Ambivalenz der Sexualität sind in der Natur des Menschen begründet. Nimmt man diesen anthropologischen Aspekt ernst, dann ist es eigentlich unverständlich, daß die Sexualität so sehr verteufelt wurde. Der Mensch ist seinem Wesen nach zwiespältig im Denken, Fühlen und Erleben seiner selbst sowie seiner Umwelt. Wie sollte es dann auf dem besonders sensiblen Spannungsfeld «Sexualität» anders sein, wo doch jeder Mensch hier besonders verletzbar ist? Hier wird er am tiefsten enttäuscht, hier fürchtet er am meisten den Verlust seiner Selbständigkeit. Aber nicht weil die Sexualität selbst gefährlich oder schlecht wäre, sondern weil die Probleme, die sie ins Bewußtsein hebt – Abhängigkeit, eigene Bedürfnisse, Angst vor Verlassenwerden, Balance zwischen Nähe und Distanz –, alte Erfahrungen aufleben lassen. Es ist doch offensichtlich, daß die Menschen deshalb immer Probleme hatten, ihre Sexualität in ihre Persönlichkeit zu integrieren und sie in einer Partnerschaft zu leben. Das war in allen Hochkulturen so, es spiegelt sich vor allem in der christlichen Ethik, und es ist bis heute so geblieben, trotz aller modernen wissenschaftlichen Erforschung und liberalen, ja zum Teil geradezu utopischen Einschätzung der Sexualität.

Das häufige Mißlingen der Integration hat seinen Grund darin, daß der Mensch die geschlechtliche Lust zwiespältig erlebt. Einerseits verlangt sie als ein immer wieder faszinierendes Erlebnis mit höchstem Glücksgefühl nach Erfüllung und Dauer. Andererseits aber verweist sie den Menschen auf seine Abhängigkeit von irrationalen Kräften. Denn sie ist fast nur in Rausch und Ekstase erfahrbar und mit starken Emotionen verbunden, die eine komplizierte Skala widersprüchlicher Affekte umfaßt: Neugier, Verwunderung, Scheu, Angst und Abwehr stehen Verlangen, Leidenschaft, Ehrfurcht, Dankbarkeit und Freude gegenüber, wobei jeweils das eine oder andere stärker hervortritt. Die Sexualität läßt den Menschen die Vergänglichkeit des Glücks, ja des Lebens überhaupt erfahren. Gefährdend muß er es empfinden, wenn seine sonst vorhandene Überlegenheit, Würde und Entscheidungsfreiheit von unbeherrschbaren Gefühlen überwältigt werden und das orgiastische Lustempfinden ihn Grenzbereiche seiner Existenz erfahren läßt. Es ist wohl diese Angst vor dem Verlorengehen, vor dem Absturz, die schließlich aus der Sexualangst eine Sündenangst gemacht hat. In der Tat stört Sexualität die Ordnung, nicht nur die eigene, sondern durchaus auch die gesellschaftliche. Nicht umsonst werden in Mythologie und Dichtung Liebe und Tod in engem Zusammenhang gesehen.

Weil der Mensch die Kraft der Sexualität so ambivalent und deshalb als nicht ungefährlich erlebt, mußte er von jeher vorsichtig mit ihr umgehen. Mit Recht bezeichnet Pfürtner (84) «numinös-magische Besetzungen und animistische Ängste als den eigentlichen Ursprung dieses ganzen Komplexes». Von Urzeiten an ist im Menschen das Bewußtsein verankert, daß der ganze Bereich des Geschlechtlichen mit dem Heiligen unvereinbar sei. Alle antiken und primitiven Kulturen kannten und kennen mehr oder weniger ausgeprägte Sexualtabus. Für Israel gilt hier dasselbe wie für die Völker seiner Umgebung. Durch Gebote und Verbote sucht man sich vor der Verletzung der Tabus zu schützen. Dennoch gelingt das nicht immer. Gewisse Übertretungen sind unausweichlich, so der Umgang mit Toten und mit Kranken; außerdem mit Tieren – die bei einigen Völkern als ekelerregend empfunden werden oder bei anderen Völkern «heilig» sind wie Hase oder Schwein, die Kühe bei Hindus, die Pferde bei den Germanen –, auch mit Göttlichem und mit allem, was mit dem Geschlechtsleben zu tun hat. Tabus sind ansteckend und bewirken Unreinheit. Wegen der schlimmen Folgen, die ihre Übertretung nach sich ziehen kann, ist es notwendig, diesen Zustand durch bestimmte Mittel und Riten schnell wieder zu beheben.

Reinheitsgesetze der Bibel

In der Bibel fanden die Schutzmaßnahmen, die daran hindern sollten, die Tabus überhaupt zu verletzen, wie auch die Möglichkeiten, den Zustand der Reinheit wiederzuerlangen, ihren Niederschlag in den sogenannten Reinheitsgesetzen, die hauptsächlich im Buch Levitikus Kap. 11–15 gesammelt sind. Unreinheit wird dort allerdings, im Unterschied zu unserem Verständnis, weder physisch noch moralisch verstanden, sondern ausschließlich kultisch. Das sieht man schon daran, daß sie nirgendwo als Sünde oder Schuld gewertet wird – zu häufig sind die notwendigen, unabsichtlichen, ja unbewußten Verletzungen. Ebenso hat die biblische Unreinheit nur bedingt etwas mit Hygiene zu tun, sonst müßten auch ganz andere Dinge unrein machen. Unreinheit ist also eine religiöse Kategorie und Reinheit eine Bedingung, die erfüllt sein muß, wenn man sich dem heiligen Gott nähern will. Letztlich gehen die Reinheitsvorschriften auf uralte magische Bräuche und Vorstellungen zurück, deren Sinn wir nur noch erahnen und aus vergleichenden ethnologischen Studien erschließen können. Vermutlich bildeten die Tabuvorschriften sogar die Grundlage des gesamten sozialen Lebens.

Daß in der Bibel auch das Geschlechtsleben den Reinheitsvorschriften unterworfen ist, hat vor allem zwei Gründe. Der erste Grund liegt «in der Scheu vor dem Geheimnis der bei diesen Vorgängen zutage tretenden Sekrete»[1]. Es ist jedoch, wie die Textzusammenhänge zeigen, keineswegs die Sexualität selbst, die unrein macht. Vielmehr geht es zunächst um Absonderungen vom Körper, wie sie auch bei Aussatz und anderen Hautkrankheiten vorkommen, zum Beispiel bei Furunkel, Fistel, eitrigen Entzündungen, Geschlechtskrankheiten (Lev 12–15). Nur weil Samenerguß und Menstruation Körpersekrete sind, machen auch sie unrein. Die strenge Sanktion für Geschlechtsverkehr während der Menstruation (Lev 20,18) hat ihren Grund wohl darin, daß hier eine doppelte Unreinheit provo-

1 K. Elliger, Leviticus, Tübingen 1966, 157.

ziert wird. Prinzipiell steht der Geschlechtsverkehr jedoch völlig außerhalb moralischer Wertungen; er zählt vielmehr zu den lebenserhaltenden Funktionen des einzelnen und des Volkes, gemäß dem Auftrag in der Genesis: «Seid fruchtbar und mehret euch» (1, 28).

Der zweite Grund für die «Unreinheit» des Geschlechtslebens liegt darin, daß die Fortpflanzung und alle damit verbundenen Vorgänge mit dämonischen Kräften in Zusammenhang gebracht wurden. Diese bedrohen vor allem die Übergänge. Flußfurten waren gefährlich, wie beim Kampf Jakobs am Jabbok deutlich wird (Gen 32,23–33). Ein Weidewechsel wurde nur nach entsprechenden Vorsichtsmaßnahmen vollzogen.[2] Wenn die Sonne auf- und unterging, aber auch wenn sie den Zenit überschritt, verhielten sich die Menschen möglichst still und unauffällig, um nicht die Dämonen zu wecken. Mond- und Jahreswechsel wurden mit besonderen Opfern bedacht, Türschwellen mit apotropäischen Zeichen versehen. Denn es entstand Angst vor etwas Unvorhergesehenem in Räumen, Zeiten oder Situationen des Nicht-mehr-Hier und Noch-nicht-Dort. Dem Herrschaftsbereich des einen Schutzgottes enthoben, war man sich des neuen noch nicht sicher. In dieser Ungesichertheit haben die Dämonen leichtes Spiel. Deshalb ist besondere Vorsicht geboten, und spezielle Sicherheitsvorkehrungen müssen getroffen werden. Auch Geburt und Tod sind solche Übergänge, die mehr als andere unheimlich und undurchschaubar sind. Hinzu kommt die Vorstellung, daß der Mann mit dem Samen Lebenskraft einbüßt. Bei so geschwächtem Zustand aber haben die Dämonen einen leichteren Zugang zum Menschen. Das gilt noch mehr für die Frau, die bei der Geburt und bei der Menstruation Blut verliert.[3] Blut bedeutet nämlich in einem noch viel größeren Ausmaß Leben. Schon immer sah man in der engeren Nähe der Frau zum Lebensgrund eine urhafte Bindung des Weiblichen an mythisch-magische Mächte der Nacht, wodurch sie

2 Deshalb die Vorschrift, am Pesach, dem Frühlingsfest des Weidewechsels, die Pfosten des Zeltes mit Blut zu bestreichen, um die Dämonen abzuwehren (Ex 12,7).

3 Auch bei den Griechen und Römern herrschte der Glaube, daß Same und Blut die bösen Geister anziehe und den Menschen unfähig mache, in die Nähe der Gottheit zu treten.

dem Mann geheimnisvoll überlegen ist, eine Vitalität, mit der sie ihm angst macht. Ein Grund mehr für den Mann, in sie alles Bedrohliche und Böse zu projizieren und sich selbst als etwas Besseres von ihr abzusetzen.

Kultische und moralische Unreinheit

Wie heikel die Sexualität für den antiken Menschen auch war, niemals ist dabei eine moralische Wertung festzustellen. Dies gilt vor allem für das Alte Testament. Aber schon in der Zeit nach dem Exil, etwa seit dem 5. Jahrhundert v. Chr., setzen Tendenzen ein, die immer stärker leib-, frauen- und sexualfeindliche Elemente aufweisen. Das jüdische Volk hatte seine Unabhängigkeit verloren. Es war nun gezwungen, sich mit anderen Kulturen, besonders der persischen und der griechischen, auseinanderzusetzen. Es mußte seine Identität in einer geistig-geistlichen Zusammengehörigkeit finden. Die religiösen Vorschriften wurden strenger, auf ihre Einhaltung wurde größter Wert gelegt. Im rabbinischen Schrifttum wurde festgelegt, wie die Tradition zu verstehen sei, es wurde viel systematisiert, reflektiert, theologisiert. Der Grundstein für einen rigorosen Formalismus, wie ihn zur Zeit Jesu die Phärisäer vertraten, war gelegt. Auch die gesellschaftlichen Strukturen und die Geschlechterbeziehungen waren davon betroffen. Die Frau verlor an Selbständigkeit und wurde mehr und mehr auf das Haus und die Kindererziehung verwiesen. Sie büßte soziales Ansehen ein und konnte sich einer Abwertung nicht mehr entziehen. Die Erfahrung, daß ein Mann an einer Frau scheitern kann, findet nun (im 3. Jh. v. Chr.) ihren verzweifelten, ja geradezu nihilistischen Ausdruck beim skeptischen «Prediger» Kohelet (7,26: «Bitterer als der Tod ist die Frau ... Wer Gott wohlgefällt, der entkommt ihr»). Daß eine Frau auch von ihrem Mann enttäuscht sein kann, kommt ihm gar nicht in den Sinn. Die Warnung vor der Bosheit der Frau, die der Weisheitslehrer namens Jesus ben Sirach niederschreibt, geht so weit, daß er sie sogar für Sünde und Tod in der Welt verantwortlich macht (Sir 25,13–26); ein Motiv, das 1 Tim 2,12 wieder aufgreift.

Die Spruchsammlung, aus welcher der Text über die böse Frau stammt, wurde um 180 v. Chr. niedergeschrieben, in einer Zeit, als sich alle möglichen Religionen, Konfessionen und philosophischen Lehren ohne jede innere Beziehung vermischten. Pessimistische Auffassungen über den Menschen verbanden sich mit Endzeiterwartungen. Hellenistisch-stoische Lehren konkurrierten mit den Zölibatsbestrebungen der Essener und der Qumransekte. Deren grundsätzliche Ablehnung der Ehe zog notwendig eine Abwertung der Frau nach sich, die wiederum mit einer größeren sexuellen Triebhaftigkeit und ihrer Unfähigkeit zur Treue begründet wurde. Wichtig war sie als Gebärerin und als Garantin der Nachkommenschaft, aber ihre persönliche Eigenständigkeit und Wertschätzung, die sie im Alten Testament selbstverständlich besaß, hatte sie eingebüßt. Hinzu kommt, daß sich in einem Schwall von apokrypher und pseudoepigraphischer Literatur eine geradezu abstruse Engel- und Dämonenlehre ausbildete, die auf die Geschlechterbeziehungen und die Sexualität entscheidenden Einfluß nahm.[4]

4 Vgl. dazu H. Haag (Hg.), Teufelsglaube, Tübingen [2]1980, 218–246.

5. Christliche Sexualfeindlichkeit

Von Jesus zu Paulus

Dem Christentum ist es von Anfang an nicht gelungen, der menschlichen Sexualität gerecht zu werden. Und das, obwohl ihm im Alten Testament das Zeugnis einer menschenfreundlichen Sexualethik vorgegeben war und obwohl Jesus selbst außer zur Ehe nichts zu diesem Thema gesagt hat (s. u. S. 239, 259f.). Die Erfüllung des Gesetzes und damit auch der Reinheitsvorschriften sieht bei Jesus völlig anders aus als bei den gesetzestreuen Juden seiner Zeit. Sie ist umgewandelt zu einer geistigen Haltung. Der Reinheitsbegriff ist transzendiert. Unrein ist jetzt nur noch, was aus dem («unreinen») Herzen kommt, daß heißt, was sich in der Gesinnung zeigt (Mk 7,21–23). Und da ist es nur konsequent, wenn Jesus Frauen gleichberechtigt in seinen Freundeskreis einbezieht (s. u. S. 75f.).

Aber diese neue Sicht der Frau geht bei Paulus bereits wieder verloren, und auch die Sexualität wird von ihm massiv abgewertet. Es ist hier nicht der Ort, den Gründen hierfür nachzuspüren. Sie mögen in seiner eigenen Biographie zu finden sein, aber auch im Einfluß antiker Philosophien, für die Leidenschaft etwas Unwürdiges war und die den Körper dem Geist unterwerfen wollten. Vor allem war Paulus der Überzeugung, daß das Ende der Welt nahe und Kinderzeugung deshalb bedeutungslos geworden sei. So gibt er den Rat: «Den Unverheirateten und Witwen sage ich: Es ist gut, wenn sie so bleiben wie ich (nämlich unverheiratet). Wenn sie sich aber nicht enthalten können, sollen sie heiraten. Es ist besser zu heiraten, als zu brennen» (1 Kor 7,8f.). Gibt es ohnehin für Paulus nur zwei Möglichkeiten, mit Sexualität umzugehen, nämlich Enthaltsamkeit oder Ehe, so hat sogar die Ehe aus seinem zölibatären Verständnis heraus nur Sinn als «remedium concupiscentiae», als Heilmittel gegen die Begierlichkeit, als Konzession an die menschliche Schwäche, zur Verhütung von «Unzucht». Auch wenn man sehr wohl berücksichtigen muß, daß das, was Paulus unter «Unzucht» versteht, in engem Zusammenhang mit dem Lebensstil der Heiden und ihrem Götzendienst zu sehen ist (s. dazu S. 129–134), wird hier die negative Beurteilung der Sexualität im Christentum grundgelegt. Sexualität hat etwas mit dem Teufel zu tun (1 Kor 7,5b), und sie spielt als solche für Paulus überhaupt keine Rolle.

Wie weit sind wir entfernt von dem unkomplizierten erotischen und vitalen Leben der alttestamentlichen Menschen, die ganzheitlich lebten und keine asketischen und lebensfeindlichen Einschränkungen kannten! Was nach jüdischem Verständnis kultische Unreinheit war, wurde nun im Christentum zur moralischen Unwürdigkeit, zur sittlichen Schuld, zur Sünde. Von nun an wird von Kirchenvätern und Theologen genau festgelegt, was Unzucht ist, was erlaubt und was verboten ist. Die Sexualität ist versachlicht. Es wird dem Menschen unmöglich gemacht, seiner Liebe auch mit Hilfe der Sexualität ihr eigenes, unverwechselbares Gesicht zu geben. Begriffe, die sich fortan durch die Sexualmoral der Jahrhunderte ziehen, sind Lust, Begierde, Trieb. Und bald schon sind sie nur noch negativ besetzt und verschwinden deshalb mehr und mehr aus unserem Wortschatz.

Lustgenuß und Lustunterdrückung

Normalerweise suchen Menschen, die sich lieben, die intime Begegnung, um ihre sexuellen Bedürfnisse zu befriedigen. Sie suchen das Erlebnis der Lust. Dies ist ganz und gar legitim und natürlich. So wie der Mensch Hunger und Durst stillt und dabei Lust empfindet, so gibt er auch dem Wunsch und Drang nach sexueller Befriedigung nach und ist immer wieder von der sexuellen Erfüllung fasziniert. Die Lusterfahrung ist dabei keineswegs auf den Körper beschränkt, sondern sie umfaßt, entsprechend der Ganzheitlichkeit des Menschen, auch Seele und Geist. In ihr erfährt der Mensch einen Moment des Glücks, der Kraft, Vitalität und Lebensfreude. Deshalb ist der Mensch als einziges Lebewesen fähig, sein sexuelles Verhalten – ähnlich wie sein Eßverhalten, seinen Spieltrieb oder seine Wißbegier – zu kultivieren.

Merkwürdigerweise haben die Menschen zur sexuellen Lust kaum je ein vorbehaltloses Verhältnis finden können. Entweder wurde sie abgelehnt, ja geradezu verteufelt, oder sie wurde als höchster Wert gepriesen. Die negative wie die positive Einstellung zur Lust läßt sich bis ins Altertum zurückverfolgen. In seiner Schrift «Phaidon» referiert Platon die Vorstellung, wonach der Körper ein Gefängnis der Seele sei und Lust und Begierde den geistigen Teil des Menschen schwächen. Diese Tendenz wurde, wie wir noch sehen werden, im Christentum fortgesetzt.

Andererseits möchte der Mensch die Lust genießen. Deshalb behaupteten die Hedonisten aller Zeiten und Schattierungen, der Mensch sei auf Glück angelegt, er solle so viele lustvolle Erfahrungen machen wie möglich. Von den angelernten Bedürfnissen aber, die ihn dabei stören, solle er sich befreien. So forderte die Generation der «Achtundsechziger» eine repressionsfreie Sexualpädagogik. Repressionsfrei hieß natürlich auch: unbeeinflußt von kirchlicher Moralpraxis. «Make love (not war)», «learning by doing», solche und ähnliche Parolen sollten einen von Angst, Unsicherheit und Schuldgefühlen befreiten sexuellen Genuß verheißen.

Diese beiden Tendenzen, Lustgewinn und Lustunterdrückung, beherrschen nicht nur den einzelnen, sondern auch die Völker und Kulturen. In der Geschichte der Menschheit kann man durchgängig beobachten, daß zum Beispiel die Bedürfnisse nach Besitz und Nachkommenschaft Regelungen erforderlich machen, die die Geschlechterbeziehungen normieren, daß aber aus einer Unzufriedenheit mit den instituierten Normen auch immer wieder Durchbrüche in eine größere Freizügigkeit im Umgang mit der Sexualität versucht werden. Denn Sexualität und Norm schließen sich aus (s. o. S. 17–19).

Es wäre zu einfach, der einen oder der anderen Seite recht zu geben. Denn Gefährdungen durch die Sexualität sind in beiden Fällen gegeben: Die rigorose Forderung nach einem asketischen, streng normierten Sexualverhalten läßt den Menschen verkümmern und schädigt ihn in seiner psychischen Erlebnisfähigkeit. Die libertinistische Forderung nach unbegrenzter Lust- und Glückserfahrung leugnet nicht nur die Notwendigkeit der Verantwortung, sondern auch die Möglichkeit des Scheiterns.

Die Kirchenväter trauern dem Paradies nach

Daß die Kirche sich nie zu einem ausgewogenen, ganzheitlichen Verständnis von Sexualität durchringen konnte, mag ein Abriß der Geschichte zeigen. Gleich zu Beginn steht das Christentum unter dem prägenden Einfluß geistiger Strömungen wie Neuplatonismus, Gnosis und Manichäismus, die in einem dualistischen Verständnis von Leib und Seele den Leib abwerten und die Sexualität verwerfen. Der erste Kirchenvater, den wir nach Paulus in diesem Zusammenhang nennen müssen, ist der Apologet *Athenagoras* (ca. 180). Er vertritt die offenbar verbreitete Ansicht, Geschlechtsverkehr (und einen solchen kann sich der Kirchenvater von vornherein nur in der Ehe vorstellen) sei ausschließlich zur Zeugung erlaubt. Das sittliche Ideal des Christen aber ist Virginität und sexuelle Enthaltsamkeit. Das alternative Leben der asketischen Einsiedlermönche hat hier seinen Ursprung. *Origenes* (185–254) trauert dem Paradies nach. Dort war der Mensch den Engeln gleich, ohne Leib, und es gab keine Ehe. Nach dem Sündenfall erst habe der Tod die Fortpflanzung nötig gemacht. Beim Geschlechtsverkehr ist aber der Heilige Geist nicht da, die Geburt ist etwas Unreines, Sinnlichkeit ist Sünde, die Materie eine Erscheinung des Bösen, woraus Origenes für sich persönlich die radikale Konsequenz zieht, sich selbst zu entmannen (Müller, M. 10–13). Und er hofft auf die Endzeit, in der es wieder sein werde wie im Paradies.

Gregor von Nyssa (334–394) verschärft den Ansatz des Origenes, wenn er erklärt, Geschlechtlichkeit gehöre gar nicht zum Menschen, sie passe nicht zur Ebenbildlichkeit Gottes, vielmehr sei sie etwas Tierisches, das dem Menschen nur in Voraussicht des Sündenfalls verliehen wurde. Im Paradies habe der Mensch kein Bedürfnis nach sexueller Befriedigung gehabt. Deshalb habe es dort auch keine Ehe gegeben, der Mensch hätte sich, wie die Engel, ohne Ehe vermehrt (Müller, M. 13–16). Vom römisch-rechtlichen Naturverständnis und vom stoischen Ideal der Mäßigung und Enthaltsamkeit (s. u.) ausgehend, hatte schon *Klemens von Alexandrien* (140/50–216/17) vom Tier her argumentiert. Er verlangt, daß, wenn in der Natur die Begattung nur zu bestimmten Zeiten erfolge, dies beim Menschen nicht anders sein dürfe. Zwar gilt ihm die Zeugung von Kindern als vaterländische Pflicht. Indes dürfe der Geschlechtsverkehr in der Ehe aber nur der Zeugung dienen, und auch dann sei er ohne Leidenschaft zu vollziehen.

Zum eigentlichen Begründer des Sexualpessimismus wird jedoch *Augustinus* (354–430). Nach längerem Zögern gibt er zwar zu, daß auch die ersten Menschen im Paradies geschlechtlichen Umgang hatten, aber dieser, so meint er, geschah ohne jede Erregung (also auch ohne «Lust»?) und unter vollkommener Willenskontrolle. Erst nach dem Sündenfall war der Mensch nicht mehr Herr seiner Sinne und wurde von der Begierde (concupiscentia) überwältigt. Auch Augustinus denkt vom Paradies her, auch er stellt ein ersehntes Ideal gegen die Wirklichkeit. Und auch für ihn ist Sexualität deshalb gefährlich, weil sie den Menschen überwältigt und er dabei die Kontrolle über sich verliert. Man erinnert in diesem Zusammenhang gern an das stoische Ideal der Seelenruhe und Leidenschaftslosigkeit (apatheia). Sicherlich waren die Kirchenväter von ihm beeinflußt. Zugleich aber haben sie es in ihrem Sinn umgedeutet. Für die Stoiker war die Vernunft das Höchste, durch sie nahm der Mensch teil an der Weltvernunft, einer Kraft, in der die Gottheit selbst sich äußert. Je vernünftiger also ein Mensch handelt, desto mehr stimmt er mit der Gottheit überein. Deshalb muß die Vernunft Herr bleiben über die Sinne, denn nur das richtige, das vernunft- und naturgemäße Begehren und Meiden, Tun und Lassen verbürgt das Glück des Menschen.

Aus dieser Beherrschung, das heißt dem richtigen Gebrauch der Sinne, und zwar aller Sinne, ist bei den Kirchenvätern eine Ablehnung des nur sexuellen Bedürfnisses überhaupt geworden. War das Ziel der Stoiker etwas Positives: die möglichst große Nähe zur Gottheit, so ist die Ablehnung der Sexualität im christlichen Denken reine Verneinung. Nach Augustins Überzeugung ist Lust Sünde, und zwar immer nur die geschlechtliche Lust. Damit verbietet er jede Freude aneinander und verordnet absolute Langeweile – den Tod jeder Beziehung. Andererseits ist die Lust ein Faktum, das nicht zu leugnen ist, vielmehr wohl oder übel in Kauf genommen werden muß. Also mußte man sich arrangieren. Die Lust ist zwar notwendig zur Erhaltung des Lebens, aber sie ist schlecht *(malum,* ja *peccatum).* Sie bleibt lediglich dann frei von Schuld, wenn der eheliche Verkehr zur Kinderzeugung ausgeübt wird, die Augustinus als den einzigen Zweck der Ehe ansieht.[1] Die Auffassung, Lust sei Sünde, verschärfte sich nach Augustinus noch. Man fand sogar einen Schriftbeweis dafür in Psalm 51,7: «Siehe, in Schuld bin ich geboren, in Sünde empfing mich meine Mutter.» In einem fälschlicherweise *Gregor dem Großen* (ca. 540–604) zugeschriebenen Brief wird rundweg erklärt: «Lust kann nicht ohne Schuld erfahren werden» (PL 96,65). Allerdings hat auch Gregor diese Ansicht tatsächlich vertreten. Es ging also schon längst nicht mehr um die Einschätzung von Sexualität überhaupt, vielmehr hatte sich ein Teilaspekt, die Lust, zum Hauptproblem entwickelt. Für die christliche Sexualmoral sollte dies bis in unsere Zeit schwerstwiegende Konsequenzen haben. Und bis heute bleibt die herkömmliche Sexualmoral unter Zugzwang. Denn jede Vorschrift, die Freude verbietet, bedarf der Rechtfertigung.

1 Müller 26–32; Cancik 362–366. Zu den drei Gütern der Ehe bei Augustinus: proles, fides, sacramentum, s. u. S. 246f.

Die großen Theologen schwanken

Erst nach tausend Jahren Christentum unterbricht der Theologe und Philosoph *Abälard* (1079–1142) dieses eindimensionale Schema, indem er erklärt, Lust sei keine Sünde und auch kein Übel, sie sei vielmehr naturgegeben.[2] Von nun an schwankte man zwischen totaler Ablehnung und Akzeptanz – wiederum nicht der Sexualität, sondern der Lust. *Albertus Magnus* (1193/1207–1280) zum Beispiel erkennt der Lust (delectabile) bei guter Absicht, und das heißt natürlich in der Ehe zum Zwecke der Zeugung, eine personale Bedeutung zu. Selbst wenn man ernüchtert feststellt, daß sich das delectabile nur auf geistige Freuden wie Treue und sakramentale Verbundenheit bezieht, so ist es doch ein Fortschritt, überhaupt von Freuden zu hören. *Thomas von Aquin* (1225–1274) hingegen warnt wieder vor der «Glut der Begierde» und hält sie mit der Würde des Menschen nicht für vereinbar. Für den Geschlechtsverkehr läßt er nur das Zeugungsmotiv und die Pflichtleistung gegenüber dem Ehepartner («um des Gatten willen») gelten. Alles andere ist der Diskussion nicht wert. Ebenso denkt *Bonaventura* (1221–1274). Für *Cajetan* (1469–1534) sind Zärtlichkeiten und Küsse der Beginn der geschlechtlichen Vereinigung (inchoatio concubitus), ja der Beginn der Pollution. Zärtlichkeit hat keinen Wert in sich, sie ist von vornherein auf Sexualität hingeordnet.

Alles ist schwere Sünde

Eine weitere Verschärfung erfährt die Sexualmoral durch die *Materia-gravis-Lehre.*[3] Sie bedeutet, daß alles, was auf sexuellem Gebiet an Ver-

2 Zu den 1141 von Papst Innozenz II. verurteilten Sätzen des geistreichen, aber anstößigen Abälard gehört der, daß weder die Begierde noch die von ihr bewirkte Lust eine Sünde sei und daß wir zu ihrer Unterdrückung nicht verpflichtet sind («quod ... neque concupiscentia neque delectatio, quae movet eam, peccatum sit, nec debemus velle eam exstingui»: DH 739).

3 Vgl. K. H. Kleber, De parvitate materiae in sexto, Regensburg 1970; P. J. Boyle, Parvitas materiae in sexto in contemporary catholic thought, Lanham MD 1987.

fehlung geschieht – und was Verfehlungen sind, bestimmt die traditionelle Lehre der Kirche –, mit einem besonderen Maßstab gemessen wird. Während bei allen anderen Verfehlungen zwischen schweren und läßlichen Sünden unterschieden wird, je nachdem, ob es sich um eine schwerwiegende oder geringfügige Sache handelt, sind alle sexuellen Verfehlungen ihrer Natur nach schwere Sünde.[4] Damit verselbständigt sich die Sexualmoral innerhalb der Moraltheologie, sie bekommt ein Eigengewicht, das ihr nicht zusteht. Sie löst bei Gläubigen und Theologen Fixierungen, Verdrängungen und Phobien aus, die absurde Formen annehmen, und sie führt nicht zuletzt zu einem erschreckenden Rigorismus. Jeder Sexualakt wird von der Person sowie ihren psychischen und menschlichen Bedingtheiten getrennt. Details lösen sich vom Ganzen. Sexualität wird grundsätzlich als böse oder doch wenigstens als bedrohend eingeschätzt. Von den Päpsten Alexander VII. (1665–1667) und Innozenz XI. (1676–1689) wird der allein aus Lust vollzogene eheliche Verkehr, ja der aus bloßer Lust gegebene Kuß als schwere Sünde deklariert (DH 2060; 2109). Woran die Gravitas-Lehre letztlich krankt, ist nicht nur die Überdimensionierung eines Teilaspekts, sondern die zugrundeliegende Überzeugung, Sexualität sei eine feste, objektiv meßbare und deshalb in ein System zu zwingende Größe. Diese Auffassung fördert das Bedürfnis, alle Möglichkeiten vollständig zu erfassen und kasuistisch zu fixieren.

Erst seit der Mitte dieses Jahrhunderts räumt die Moraltheologie ein, daß es auch geringfügige Verstöße (parvitas materiae) gegen das 6. Gebot gibt. So schreibt J. Stelzenberger: «Parvitas materiae ist nach der Lehre der Tradition möglich. ... Alle neuzeitlichen Moraltheologen vertreten klar, daß es läßliche Sünden bei geschlechtlichen Verfehlungen gibt.»[5]

4 Die traditionelle Moraltheologie unterscheidet zwischen Sünden, die von ihrem *Wesen* her immer schwer sind (peccata gravia ex toto genere suo), und solchen, deren Schwere von der Bedeutung des *Objekts* abhängt (z. B. Diebstahl von großem oder geringem Wert). Zur ersten Gruppe, die keine Geringfügigkeit (parvitas materiae) zuläßt, werden alle Verfehlungen gegen das «6. Gebot» gerechnet.

5 Lehrbuch der Moraltheologie, Paderborn ²1965, 250.

Sein Fachkollege Bernhard Häring (1903–1998) vollzog nach seiner ursprünglichen Befürwortung der Gravitas-Lehre 1980 eine gründliche Kehrtwendung. Nun stellt er fest: «Im Sprechen über Sünden gegen die Keuschheit sollte man die gleiche Ausgeglichenheit zeigen wie bei anderen Sünden und hier in ganz besonderer Weise die Ergebnisse der Humanwissenschaften berücksichtigen ... wenn es allgemein gilt, daß Sünden mehr oder weniger schwer, mehr oder weniger gefährlich sind, dann gilt das auch von Verstößen in Fragen der Sexualmoral. Für die Frage nach dem Versagen, ob man wohl den Gnadenstand verloren hat oder nicht, gelten im Grund die gleichen Kriterien wie in allen Gebieten» (II, 522).

Die Katechismen fixieren die Sexualangst

Aber wie ging es in der Geschichte seit dem 16. Jahrhundert weiter? Der Buchdruck gestattete der Kirche eine ganz neue Einflußnahme auf die Gläubigen. Die große Zeit der Katechismen begann. Ursprünglich waren diese ein Hilfsmittel für die Hand des Lehrers. Deshalb sind die ersten Katechismen breit angelegt und auf Vollständigkeit bedacht. Es ist nicht uninteressant, an ihnen die Entwicklung der Sexualerziehung zu verfolgen.[6]

Sie geben nicht nur die herrschende Lehrmeinung wieder, sondern spiegeln zugleich das Wechselspiel von profaner und religiöser Geisteshaltung. Von Anfang an konzentriert sich hier die Behandlung sexueller Fragen auf das 6. Gebot. Während sich jedoch die ältesten Katechismen in der Formulierung an die biblische Überlieferung halten und eine sachgemäße, offene Sprache sprechen, verändert und verengt sich die Redeweise immer mehr, bis in der Mitte des 19. Jahrhunderts das Geschlechtliche völlig tabuisiert wird.

Schon der *Catechismus Romanus* (1566) behandelt das 6. Gebot sehr breit. Er legt Wert darauf, vor der Gefahr der Unkeuschheit zu

6 Vgl. zu diesem Abschnitt vor allem Bartholomäus 1987 und M. Langer.

warnen, und nennt in diesem Zusammenhang Müßiggang, Trunkenheit, Wollust der Augen, «zierlichen Aufputz, weichliche und üppige Gesänge und Tänze, unkeusche und verliebte Bücher, Bilder und Gemälde». Hat sich die Scheu davor in frommen oder pietistischen Kreisen nicht bis heute erhalten? *Bellarmin* klassifiziert dann zusätzlich die sündhafte Begierde in Einflüsterung (natürlich des Teufels), Wohlgefallen und Einwilligung. Diese Einteilung ist bis heute gültig. Die *Aufklärung,* die ja die Mündigkeit des Menschen nicht mit seinem Mensch- oder Personsein begründet, sondern mit seiner Vernunft und seinem Verstand, macht überraschend die *Selbstbefriedigung* (s. u. S. 149–156) zum Thema sexueller Erziehung, was sich in der Folge überdimensioniert und minutiös auch in den Katechismen niederschlägt.

Einen neuen pädagogischen Ansatz finden wir beim schlesischen Abt und Schulreformator J. I. Felbiger (1776). Dieser ignoriert die Selbstbefriedigung und paßt die Behandlung des 6. Gebots stufenweise dem Reifestand des Jugendlichen an. In der Folge aber wurde die Erziehung zur Schamhaftigkeit wieder stark betont, die schon von Bellarmin erstmals ins Spiel gebracht worden war. Damit nahm man das äußere Verhalten wichtiger als das sexuelle. Die eigentlich geschlechtlichen Probleme blieben verdeckt und durch massives Entgegenwirken und durch Abschreckung unterdrückt. Dies führte bald zu jener dualistischen Leibfeindlichkeit, die bis heute weithin christliches Denken bestimmt. Der spätere Reformer B. H. Overberg (1754–1826) führt für die Geschlechtsteile die Bezeichnung «unehrbare Teile» ein.[7] Damit sind sie und alles, was mit Sexualität zusammenhängt, endgültig als unrein und ungut erklärt. Kein Wunder, daß in der *Romantik* die Parole ausgegeben wird, die Jugend möglichst unaufgeklärt, in Unwissenheit, im «Ungefähren» zu lassen oder sie durch schaurige Beispiele abzuschrecken. Weniger beabsichtigt war wohl, daß damit das Gegenteil erreicht wurde. Denn Neugierde

7 B. Overberg, Anweisungen zum zweckmäßigen Schulunterricht für den Schullehrer im Fürstenthum Münster, Münster ^{8}1844.

und Verdrängung führten dazu, daß das Sexuelle erst recht interessant wurde.

Der spätere Overberg und J. B. Hirscher (1788–1865) versuchten dann, die geschlechtliche Erziehung in die Gesamterziehung zu integrieren.[8] Das läßt eine völlig neue Einschätzung der Sexualität vermuten: ein Ansatz, sie nicht mehr isoliert zu betrachten, sondern sie in Verbindung mit dem ganzen Menschen zu sehen. Diese Tendenz setzte sich jedoch nicht durch. Der böhmische Pfarrer F. Ehmig (1853) plädierte zwar – gegen die Moraltheologen der Romantik – für eine geschlechtliche Aufklärung; denn ohne sie sei Keuschheit gar nicht möglich. Die Art und Weise aber, die er vorschlug, war eher abstoßend. Aufklärung geschieht bei ihm vom Tier her. Personale Werte wie Liebe und Treue werden gar nicht gesehen.

Ihren absoluten Tiefpunkt erreicht die Einschätzung der Sexualität dann in der Mitte des 19. Jahrhunderts. Für diese Entwicklung zeichnet der Name des Jesuiten J. Deharbe. Er schreibt für das 6. Gebot die schon früher auftauchende Formulierung «Du sollst nicht Unkeuschheit treiben» fest, wodurch der Bezug auf die Ehe verlorengeht. Außerdem ist der Begriff «Unkeuschheit» völlig vage. Wer bestimmt seinen Inhalt? All das Gelernte über Schamhaftigkeit, Unehrbarkeit und Laster, alle Appelle, sich vor sexuellen Handlungen zu hüten, all die Warnungen vor den Gefahren verursachen in den Köpfen der Gläubigen die Vorstellung von etwas Unheimlichem und Gefährlichem. Sexualität macht angst, und diese Sexualangst wird von der Kirche zur Sündenangst umfunktioniert. Die Interpretation, was unkeusch ist, bleibt jedoch völlig im Subjektiven, und sie bleibt den Moraltheologen und Beichtvätern überlassen, die nun die letzte Autorität sind. Das Geschlechtliche wird mehr und mehr mit der Unkeuschheit identifiziert. Seine Abwertung wird so groß, daß man sich schämt, die Dinge beim Namen zu nennen. So schließt sich der Teufelskreis: Je mehr man die Sexualität verhüllte und tabuisierte, um so schwieriger wurde die Aufklärung.

8 Zur Sexualpädagogik Hirschers s. Bartholomäus 1985, 37–39; 1987, 71–73.

6. Frauen in Israel

Sexualität spielt sich in der Regel zwischen zwei Menschen ab. Wenden wir uns also der Beziehung zwischen Mann und Frau zu, der Verteilung ihrer gesellschaftlichen Rollen, ihrer Abhängigkeiten und Selbständigkeiten. Wenn dabei mehr von der Frau als vom Mann die Rede ist, dann deshalb, weil sie einmal vom sexuellen Bereich mehr betroffen ist als der Mann, und zum anderen, weil sich Rolle und Funktion des Mannes immer noch weitgehend von selbst verstehen, die der Frau jedoch einem großen Wandel unterzogen wurde.

Die freie Frau

Im alten Israel spielte sich das Leben der Frau im häuslichen Bereich ab. Wir erfahren jedoch wenig über das Alltagsleben: Wir wissen nichts vom Tagesrhythmus einer Familie, von ihren Essens-, Schlaf- und Freizeitgewohnheiten, ob die Frau ein Haushaltsgeld bekam, über das sie verfügen konnte, wieweit sich die Familien selbst versorgten, wieweit die Frau selbst oder ihre Sklavin auf dem Markt einkaufte oder Handel trieb. Auf jeden Fall darf man annehmen, daß es, seitdem die Israeliten seßhaft wurden und Ackerbau und Viehzucht betrieben, auch die Gewaltenteilung gab: Der Mann arbeitete außerhalb des Hauses, die Frau war für die Hauswirtschaft und für die Erziehung der Kinder, speziell der Töchter, zuständig. Wie das konkret aussah, zeigt die hübsche kleine Szene, wie drei Fremde auf das Zelt Abrahams zukommen und er sie einlädt, bei ihm unter der Terebinthe Rast zu machen. Er läuft ins Zelt – denn dort hält sich seine Frau Sara auf – und fordert sie auf, schnell einen Kuchen zu backen. Vom Innern des Zeltes aus lauscht dann Sara dem

Gespräch der Männer und verrät sich durch ihr ungläubiges Lachen (Gen 18,1–16). Innerhalb des häuslichen Bereichs allerdings scheint die Frau uneingeschränkte Herrscherin gewesen zu sein. Wir hören nie davon, daß ein Mann sich da eingemischt hätte. Sie konnte frei schalten und walten, wie es der große Lobpreis der Frau im Buch der Sprüche (31,10–31) zeigt. Da ist nicht nur von ihren häuslichen Beschäftigungen wie Spinnen, Nähen, Stricken, Kochen und Vorräte-Anschaffen die Rede. Vielmehr kann sie auch Kaufverträge abschließen über so große Projekte wie Felder und Weinberge, und zwar mit selbsterwirtschaftetem Geld. Man spürt den Stolz und das Selbstbewußtsein der Frau, die mit beiden Beinen im Leben steht: «Kraft und Hoheit ist ihr Gewand, und sie lacht des kommenden Tages» (V. 25).

Selbstbewußtsein und Selbständigkeit zeichnen viele Frauen im Alten Testament aus. Da ist etwa die Geschichte, wie *Rebekka* ihrem Lieblingssohn Jakob mit List zum Erstgeburtsrecht verhilft (Gen 27,1–29) und ihn vor Esaus Rache schützt (27,41–28,5). Auf diese List stützt sich letztlich die ganze weitere Heilsgeschichte, denn Jakob und nicht der erstgeborene Esau wird zum Stammhalter Israels. Da ist *Abigajil,* die ihren bösartigen Mann vor der Rache Davids rettet (1 Sam 25,14–42). Dieser ist so fasziniert von ihrem Charme und ihrer Klugheit, daß er ihretwegen nicht nur dem geizigen und ungerechten Nabal vergibt, sondern sie nach dessen Tod eilends als seine Frau in sein Haus holen läßt. Abigajils Lebensklugheit hebt sich vor der Folie des nichtswürdigen Mannes besonders ab. Auch an anderen Stellen der Bibel gewinnt man den Eindruck, daß der Mann nur genannt wird wegen der Frau. So ist der Mann in der Gemeinderatssitzung Spr 31,23 sicher wegen der Persönlichkeit der Frau geachtet, anders hätte seine Erwähnung hier keinen Sinn. Und der Kleiderverwalter Schallum wird nur deshalb erwähnt (2 Kön 22,14), weil er der Mann der Prophetin Hulda ist.

Einer recht emanzipierten Frau begegnen wir auch in 2 Kön 4,8–37. Zwar wissen wir nicht einmal ihren Namen, denn die ganze Geschichte wird eigentlich wegen des Propheten Elischa erzählt. Aber genaugenommen ist die vornehme *«Frau aus Schunem»* die Akteurin. Sie lädt Elischa zuerst zum Essen ein, und als er immer öfters des Weges kommt, richtet sie ihm ein Dachzimmer in ihrem Haus ein. Der häufige Gast möchte sich revanchieren und verspricht der bis dahin kinderlosen Frau einen Sohn. Jahrelang gehen die Beziehungen zwischen der Schunemiterin und dem «Gottesmann» so weiter, bis der inzwischen herangewachsene Junge stirbt. In dieser Krise läßt sie, statt sich um die Beerdigung zu kümmern, ihren Esel satteln, um zu ihrem Gottesmann zu reiten. Der Ehemann, der in der Geschichte bis jetzt keine Rolle spielte, wundert sich nicht darüber, daß seine Frau in dieser unpassenden Situation zu Elischa reitet, sondern er staunt darüber, daß sie zu ihm will, obwohl doch weder Neumond noch Sabbat sei. Offenbar war es ihre Gewohnheit, ihm an Feiertagen einen Besuch zu machen. Und sie gibt ihm auch keine rechte Antwort. «Schalom», sagt sie, «behüt dich Gott», und reitet los. Sie hält es offenbar für überflüssig, ihn aufzuklären, denn er begreift doch nichts von dem, was ihr wichtig ist (s. u. S. 252).

Aber nicht nur in ihrem häuslichen Bereich konnte die Frau, wenn sie es verstand, schalten und walten. Die Bibel kennt genug Beispiele, wo Frauen in der Öffentlichkeit eine hervorragende Rolle spielten und für das nationale Interesse von großer Bedeutung waren. Denken wir an die Königin *Ester.* Ihrer Schönheit, Klugheit und Fürsprache gelingt es, die drohende Verfolgung ihres Volkes abzuwenden (Est 5–7). Da ist die reiche und schöne Witwe *Judit,* die den Mut hat, durch eine List den feindlichen Feldherrn zu töten und damit ihr Volk zu retten. Zwar handelt es sich hier um eine beispielhafte Legende, die das jüdische National- und Glaubensbewußtsein stärken soll. Daß es aber eine Frau ist, die diesen Mut und diesen Glauben aufbringt, zeigt doch, welchen Spielraum Frauen hatten, die ihr von der Gesellschaft gesetzten Grenzen zu durchbrechen. Auch die prophetische Beschreibung der genußsüchtigen, geputzten, parfümierten und auf den Hauptstraßen flirtenden Damen Samarias und Jerusalems (Am 4,1 ff., Jes 3,16) läßt die Frauen nicht als entrechtete Menschen zweiter Ordnung erscheinen.

Eine der ganz großen Frauengestalten der Bibel aber ist *Debora* (Ri 4f.). Sie war für Israel das, was wir heute eine Nationalheilige nennen würden. Denn sie brachte die israelitischen Stämme, die sich nach langen mühsamen Wanderungen als Kleinviehnomaden im palästinischen Bergland angesiedelt hatten, dazu, sich einer Koalition von kanaanäischen Stadtstaaten, die sie hart bedrängten und unterdrückten, in einer Entscheidungsschlacht zu stellen und sich gegen sie zu behaupten. Diesem Sieg verdankt Israel wahrscheinlich seine völkische Identität und seine Existenz. Von einer Frau ging die Initiative aus, und zwar zu einer Zeit, als das Patriarchat in Israel seine höchste Ausformung zeigte. Ihrer Persönlichkeit war es zu verdanken, daß Israel gerettet wurde. Dieses Charismatische an der Persönlichkeit Deboras war es wohl, was ihr die Titel «Prophetin» und «Richterin», ja sogar «Mutter in Israel» eintrug. Und niemand nahm Anstoß daran, zumindest nicht in der Frühzeit, als dieses Ereignis stattfand.

Die unfreie Frau

Die Funktionen des Mannes verstehen sich in der Bibel von selbst. Sie sind breit gefächert, ziemlich eindeutig festgelegt und über die Zeiten hinweg weitgehend gleichbleibend. Der Mann gibt den Ton an, das ganze Leben ist von ihm geprägt. Er vertritt seine Familie in der Öffentlichkeit, er nimmt die kriegerischen und wirtschaftlichen Belange wahr, ihm gehört Haus- und Grundbesitz, er hat Sitz und Stimme im Ältestenrat oder in der Ratsversammlung im Tor. Die ganze Bibel ist ein eindrückliches Zeugnis männlicher Vorherrschaft. Über die Frau hingegen wird viel weniger gesagt. Sie muß, wie wir sahen, schon in irgendeiner Weise herausragen, damit von ihr berichtet wird. Aber das unterstreicht ja gerade, daß sie normalerweise unbedeutend ist. Kein Wunder, daß das, was von ihr erwähnt wird, sehr unterschiedlich, ja widersprüchlich sein kann. Es richtete sich ja nicht nur nach ihrer gesellschaftlichen und familiären Stellung, sondern auch nach der Zeit, in der die Begebenheit spielte und in der sie aufgeschrieben wurde, und nicht zuletzt nach der Meinung, die der männliche Schriftsteller von der Frau hatte.

Ein patriarchalisches Gesellschaftssystem setzt die Verfügungsgewalt des Mannes über die Frau voraus. Im Alten Testament ist dies in allen Bereichen mühelos festzustellen. So gehört die Frau zur beweglichen Habe des Hausherrn. In den Zehn Geboten wird sie in einem Atem mit den Haustieren genannt: «Du sollst nicht begehren deines Nächsten Haus. Du sollst nicht begehren deines Nächsten Weib, Knecht, Magd, Rind, Esel noch alles, was deinem Nächsten gehört» (Ex 20,17). Dasselbe Besitzdenken kommt zum Ausdruck in den Bezeichnungen «Herr» und «Gebieter» für den Ehemann (hebr. *ba^{c}al:* Ex 21,3 oder *‘adon:* Gen 18,12; Ri 19,26 u. ö.), «Herr werden» für heiraten und «Beherrschte des Herrn» *(b^{ec}ulat ba^{c}al:* Dtn 22,22) für die Ehefrau. Das bedeutet ja nichts anderes, als daß der Mann die Frau unter sein Hab und Gut aufnimmt. Selbst wir sagen noch heute vom Mann, er nimmt sich eine Frau, aber nicht umgekehrt. Das «Herr werden» oder Heiraten geschieht in Israel durch einen privaten Kaufvertrag zwischen den Vätern der jungen Leute. Der Vater des jungen Mannes verhandelt für seinen Sohn mit dem Vater der Braut und zahlt diesem den geforderten Brautpreis. Das wird, zieht man die orientalische Mentalität in Betracht, wohl meistens nicht ohne Werten und Feilschen abgegangen sein. Wie dramatisch das zugehen konnte, sehen wir an Jakobs Werbung um Rahel (Gen 29,15–30). Nach seinem Zerwürfnis mit Esau ist er in Mesopotamien in den Dienst seines Onkels Laban getreten. Schon bei der ersten Begegnung hat ihm dessen Tochter Rahel gefallen, bald liebt er sie und macht mit Laban ein Geschäft. Er bietet ihm an, sieben Jahre um Rahel zu dienen. Sieben Jahre sind eine lange Zeit, Rahel muß es wert gewesen sein. Aber am Morgen nach der Hochzeitsnacht stellt er fest, daß ihm sein Schwiegervater am Abend vorher nicht Rahel, sondern ihre wenig attraktive ältere Schwester untergeschoben hatte. Auf die Vorwürfe Jakobs gibt Laban als Begründung für den Betrug an, daß es nicht üblich sei, die jüngere Tochter vor der älteren zu verheiraten. Also dient Jakob noch einmal sieben Jahre um Rahel. Reine Geschäftssache also, deren Opfer nicht immer nur das Mädchen sein muß. Auch der junge Mann kann dabei hereinfallen. Der Umstand, daß Jakob Rahel liebt, erschwert seine Lage nur. Laban kann ihn leichter für sich ausnutzen.

Einen nicht weniger hinterlistigen Umgang mit dem Brautpreis pflegt Saul, nachdem er gemerkt hat, daß David seine jüngere Tochter Michal liebt (1 Sam 18,17–30). Zunächst läßt er seine Bediensteten David einreden, er habe gute Chancen, sein Schwiegersohn zu werden. Damit bringt er David in größte Verlegenheit, denn als Sohn eines Hirten ist er niemals in der Lage, den Brautpreis zu zahlen, der für eine Königstochter natürlich sehr hoch ist. Aber Saul weiß Rat. Er schlägt David vor, sich Michal zu verdienen. Es steht gerade ein Kampf gegen die immer wieder drohenden Philister an. Wenn David ihm als Brautpreis «hundert Vorhäute der Philister» (und das ist wörtlich gemeint) bringt, kann er Michal haben. Es muß ein tollkühner Kampf gewesen sein. Saul hoffte, der ihm verhaßte David werde fallen. Aber dieser gewinnt die Schlacht und bekommt Michal. Sauls Berechnung geht nicht auf, aber es war eine Rechnung mit der Liebe zweier Menschen, und nur die juristische Abhängigkeit der Tochter vom Vater hatte diese Intrige ermöglicht.

Für unser Empfinden aber geradezu unbegreiflich und empörend sind jene zwei Fälle von Verfügungsgewalt, in denen ein Vater seine ausdrücklich als jungfräulich bezeichneten Töchter einer wilden Horde geiler Männer preisgibt, um männliche Gäste vor ihrer Brutalität zu schützen (Gen 19,1–11; Ri 19,22–30). Doch davon soll in einem anderen Zusammenhang die Rede sein.

Das Gesetz unterwirft die Frau dem Mann

Was wir aus den Erzählungen wissen, ist auch gesetzlich abgesichert. Von den vielen Bestimmungen, die von der Frau handeln, seien drei Beispiele erwähnt. Sie betreffen die schlechtere Position der Frau gegenüber dem Sklaven, ihre totale Unmündigkeit und schließlich ihre strafrechtliche Wehrlosigkeit.

Im sogenannten Bundesbuch (Ex 20,22–23,19), der ältesten Gesetzessammlung Israels – sie stammt im wesentlichen aus der Vorkönigszeit (11. Jh. v. Chr.) –, finden wir den befremdlichen Fall erörtert, was mit einem Mädchen geschieht, das der eigene Vater in die Sklaverei verkauft:

Verkauft jemand seine Tochter als Sklavin, so soll sie nicht entlassen werden wie die Sklaven. Gefällt sie ihrem Herren nicht, nachdem er ihr beigewohnt hat, so soll er sie loskaufen lassen; doch ist er nicht befugt, sie an fremde Leute zu verkaufen, indem er treulos an ihr handelt. Bestimmt er sie aber für seinen Sohn, so soll er sie nach dem Töchterrecht ausstatten. Nimmt er sich noch eine andere Frau, so soll er jener an Nahrung, an Kleidung und an ehelichem Umgang nichts entziehen. Erfüllt er ihr diese drei Pflichten nicht, so wird sie ohne weiteres frei, ohne Lösegeld (Ex 21,7–11).

Die Ungeheuerlichkeit dieser Vorschrift besteht für uns zweifellos darin, daß ein Vater seine Tochter als Sklavin verkaufen kann. Ein Mädchen scheint als Mensch überhaupt nicht zu zählen. Wenn der Vater sie schon nicht gegen einen entsprechenden Brautpreis verheiraten kann, so verkauft er sie eben als Sklavin – der Verkaufswert allein ist wichtig. Daß aber ein hebräischer Mann, der als Sklave gekauft wird, nach sechs Jahren freigelassen werden *muß* (Ex 21,2), während ein hebräisches Mädchen auch nach Jahren nicht in die Freiheit entlassen werden darf, erhellt die gesellschaftliche und juristische Situation der Frau noch mehr.

Das ist freilich nur der negative Aspekt des Gesetzes. Gleichzeitig ist es erfüllt von Sorge für die Zukunft der Tochter. Nicht immer war Geldgier der Grund, wenn ein Vater seine Tochter verkaufte. Vielleicht war er dazu gezwungen wegen einer zu hohen Steuer- oder Schuldenlast oder zu hoher eigener Ansprüche. Dann sollte die junge Frau doch wenigstens abgesichert sein. Der Käufer durfte sie nicht einfach auf die Straße setzen, denn eine Freilassung hätte die Frau recht- und schutzlos gemacht, weil sie dann keinen «Mund» mehr gehabt hätte, der sie vertrat. Entweder der Käufer selbst oder dessen Sohn mußten die Sorgepflicht für sie übernehmen. So war die Situation der Frau zwar miserabel, aber es mußte doch immer einen Mann geben, der für sie verantwortlich war.

Ein zweites Beispiel ist das sogenannte Eifersuchtsopfer (Num 5,11–31), jenes demütigende Ritual eines Zaubertranks, dem sich eine Frau zu unterwerfen hatte, die von ihrem Mann, sei es zu Recht oder zu Unrecht, des Ehebruchs verdächtigt wurde (s. u. S. 257 f.). Die Frau war dabei der willkürlichen Eifersucht ihres Mannes ausgeliefert, der in einem so dramatischen Prozeß auch noch eine Frau, deren er überdrüssig war, loswerden konnte. Ihn trifft keinesfalls Schuld, das wird ausdrücklich gesagt (V. 31), selbst wenn die Frau dabei zugrunde geht. Und die Frau ist hier völlig unmündig; sie hat nicht einmal die Möglichkeit, Einspruch zu erheben. Im Gegenteil, sie darf die Flüche des Priesters noch mit ihrem zweifachen Amen bestätigen.

Unser drittes Beispiel zeigt die Frau in so totaler Abhängigkeit vom Mann, daß er sogar noch ihre Gedanken und Gefühle kontrolliert (Num 30). Wenn eine Frau (oder Tochter) Gott ein Gelübde ablegt, dann hat es nur Gültigkeit, wenn der Mann (oder Vater) damit einverstanden ist, das heißt, wenn er mindestens dazu schweigt. Wenn er es jedoch verbietet, dann gilt es nicht.

Interessanterweise bilden die Witwen – und hier werden außerdem noch die von ihren Männern Verstoßenen genannt – eine Ausnahme: Ihre Gelübde behalten ihre Gültigkeit, offenbar weil es sich um Frauen handelt, die allein leben und selbständig sind, während die anderen unter der Hut, wir können auch sagen: unter der Vormundschaft der Männer stehen. Ihr Fehler wird darin gesehen, daß sie «unbedacht» oder «voreilig» (V. 7 u. 9) waren, das heißt, daß sie, ohne die Männer zu fragen, selbständig einen Entschluß gefaßt haben. Es wird in der Vorschrift eigens betont: «Ihr Mann kann jedes Gelübde und jeden Eid, der zu einer Enthaltung verpflichtet, anerkennen oder außer Kraft setzen» (V. 14). Das bedeutet nichts weniger, als daß die Frau selbst im privatesten Bereich, zu dem ja auch der Glaube gehört, nicht über sich verfügen kann.

Die Männer stehen Gott näher

Nach unserem letzten Beispiel erübrigt sich fast die Frage nach den religiösen Rechten und Befugnissen der Frau (s. bes. Winter 15–69). So wie der Mann in allen öffentlichen Belangen Frau und Kinder vertritt, so auch gegenüber Gott. Gewiß ist die Frau in das religiöse Leben des gesamten Volkes integriert, das sich in allen seinen Lebensäußerungen, seinen Erfahrungen, seiner Geschichte ganz von Gott her versteht. So nehmen die Frauen selbstverständlich teil an den großen Festen Pesach, Wochen- und Laubhüttenfest. «Du sollst an deinem Fest fröhlich sein, du und dein Sohn und deine Tochter, dein Knecht und deine Magd, der Levit, der Fremde, die Waise und die Witwe», lautet die Vorschrift (Dtn 16,14), in der immerhin die Ehefrau nicht genannt ist! Ursprünglich durften die Frauen auch im Heiligtum beten und Opfergaben einbringen.[1] Ergreifend ist die Geschichte von Hanna (1 Sam 1). Jahrelang wird sie von ihrer Nebenfrau gehänselt, weil sie keine Kinder bekommt. Als ihr Mann wieder einmal mit seinen beiden Frauen, seinen Söhnen und Töchtern nach Schilo zum Heiligtum gezogen ist und sie in der Halle gegessen und getrunken haben, steht Hanna plötzlich auf, tritt vor Gott hin, weint und betet verzweifelt um einen Sohn. Der Priester Eli, der auf seinem Stuhl an einer Tempelsäule sitzt, sieht Hanna zu, und weil sie nur stumm die Lippen bewegt, hält er sie für betrunken. Nachdem sich sein Irrtum aufgeklärt hat, spricht er ihr die Erfüllung ihrer Bitte zu. Nach Abschluß der Stillzeit kehrt Hanna zurück und übergibt den Sohn der Obhut des Priesters.

Streng geregelt war die Beziehung des Priesters zu den Frauen: Er darf keine Dirne, keine Schwangere, keine Geschiedene und keine Witwe heiraten, sondern nur eine Jungfrau (Lev 21,7.13–15), und wenn sich seine Tochter durch Unzucht vergeht, muß sie verbrannt werden, damit kein Schatten auf die Heiligkeit des Priesters fällt (Lev 21,9).

1 An zwei Stellen in der Bibel hören wir, daß Frauen am Eingang des heiligen Zeltes Dienst taten (Ex 38,8; 1 Sam 2,22). Aber das sind vermutlich Reste einer alten Überlieferung, die im realen Leben keinerlei Bestätigung mehr fand.

Diese Tendenz wird im jüdischen Denken noch verstärkt. Die Frau wird immer mehr ins Abseits gedrängt. Die jüdischen Schriftgelehrten und Torapriester errichten eine streng bewachte Männerreligion, zu der die Frau keinen Zugang mehr hat. Sie darf in der Synagoge höchstens von der Empore aus, zu völliger Passivität verurteilt, dem Kult der Männer zuschauen. Ein synagogaler Gottesdienst ist nur möglich, wenn mindestens zehn Männer (ein «Minjan») anwesend sind; die Zahl der Frauen spielt keine Rolle. Zur Zeit Jesu nehmen die Frauen im herodianischen Tempel in einem eigenen «Vorhof der Frauen» am Gottesdienst teil. Wo der Beginn dieser Entwicklung liegt, läßt sich nicht mit Sicherheit feststellen. Noch die Neh 8 beschriebene öffentliche Gesetzesverlesung (um 400 v. Chr.) läßt keine Trennung von Männern und Frauen erkennen. Am Ende des 1. Jahrhunderts jedoch ist die frauenfeindliche Tendenz fixiert. Das zeigen die rabbinischen Schriften in aller Deutlichkeit: «Wer seine Tochter die Thora lehrt, lehrt sie Ausschweifung» (90 n. Chr.) oder: «Besser verbrennt man die Thora, als daß man die Frauen darin unterweist.»[2]

2 Vgl. Joachim Jeremias, Jerusalem zur Zeit Jesu, Göttingen ³1962, 409–413.

7. Frauen in der Kirche

Jesus liebt die Frauen

Jesus, obwohl in die patriarchalische Struktur seiner Zeit eingebunden, nahm Mann und Frau in gleicher Weise ernst. Seine Weite und Unabhängigkeit zeigen sich in der Ablehnung von Geboten und Gesetzen, die dem Menschen von außen auferlegt sind (wie Kult-, Reinheits- und Sabbatvorschriften) und seinen Wert an seiner Leistung messen. Jesus schafft eine neue Qualität von Gottzugehörigkeit im barmherzigen Samariter (Lk 10,29–37), der in seiner Sorge für den Mitmenschen weder auf Rassen- noch Standes- oder Religionszugehörigkeit achtet. Jesu Denken umfaßt nicht nur seine Freunde, sondern gerade diejenigen, um die sich sonst niemand kümmert: Kranke, Zöllner, Sünder, Arme. Seine Menschlichkeit, seine Hilfe, sein Heilen bestehen zunächst darin, daß er den anderen Menschen sieht, ihm zuhört, ihn ernst nimmt, ihn versteht. Das gelingt ihm, weil er keine Vorbehalte, keine Vorurteile, Ängste und Minderwertigkeiten kennt, die seinen Blick trüben könnten. Dies wird nun besonders im Umgang mit den Frauen deutlich. Er wertet sie nicht ab, er kritisiert sie nicht, vielmehr reißt er die gesellschaftlichen und religiösen Schranken zwischen sich und den Frauen ein. Soweit unsere Quellen es erkennen lassen, war sein Verhalten zu den Frauen natürlich, frei und ungezwungen. So wie er andere heilte, so heilte er auch Frauen, zum Beispiel eine, die achtzehn Jahre lang krumm gewesen war (Lk 13,10–16), oder eine, die dachte, wenn sie nur sein Kleid anfassen könne, werde sie gesund werden (Mk 5,25–34). Frauen folgten ihm, unterstützten ihn finanziell, nahmen ihn bei sich auf. Die Evangelien nennen mehrere Freundinnen Jesu mit Namen: Maria und Marta von Betanien, Maria von Magdala, Johanna, Susanna und noch «viele andere» (Lk 8,1–3; 10,38–42). Jesus versteht, was in den Frauen vorgeht, die kostbare Salben und Öle für ihn verschwenden (Lk 7,36–50; Mt 26,6–13) und ihn lieben, spontan, unter Tränen, emotional bewegt. Daß er Maria, die ihm zuhört, vor ihrer Schwester begünstigt, die um sein leibliches Wohl besorgt ist (Lk 10,38–42), erscheint wie eine Ermutigung der Frau zu selbständigem Denken. Er läßt sich auch auf einen Disput mit einer Ungläubigen ein (Mt 15,21–28), und sie entscheidet ihn zu ihren Gunsten. Das Glaubensgespräch, das er mit einer Samariterin führt – obwohl die Weisungen der Jerusalemer Rabbinen das verboten, weil Samariter für Juden kein Umgang waren –, zeigt aber zugleich, wie Jesus die Frau auch in ihren geistigen Bedürfnissen respektiert. Ja, wichtige, wenn nicht die wichtigsten Glaubensinhalte teilt er gerade den Frauen mit. Der Samariterin gegenüber gibt er sich als Messias zu erkennen (Joh 4), Lazarus' Schwester verkündet er: «Ich bin die Auferstehung und das Leben» (Joh 11,25), Frauen sind die ersten Zeugen der Auferstehung (Mk 16,1–6; Mt 28,1–10). Jesus spricht nicht nur ihre Intelligenz, sondern auch ihr theologisches Verständnis an.

Trotzdem werfen die Jünger den von der Auferstehung berichtenden Frauen vor, das sei leeres Geschwätz, das sie nicht glauben könnten (Lk 24,11), Markus unterstellt ihnen, Furcht, Entsetzen und Feigheit hätten sie ganz schweigen lassen (Mk 16,8), und Paulus nennt sie schon gar nicht unter den Zeugen der Auferstehung (1 Kor 15,3ff.). Frauen waren nicht fähig, etwas zu bezeugen, dafür mußten erst die Apostel kommen. Jesus selbst aber hatte es offenbar anders gewollt.

Paulus drängt sie zurück

Auch in den Urgemeinden gab es keine Probleme mit der Stellung der Frau in der Kirche, wie die Apostelgeschichte mehrfach zeigt. Frauen waren am Pfingstfest dabei, sie redeten prophetisch, das heißt, sie waren in der Verkündigung aktiv (Lk 2,36; Apg 21,9; 1 Kor 11,5), sie waren in der Diakonie tätig (in der Empfehlung Röm 16,1–16 sind zehn Frauen genannt, die die gleichen Aufgaben haben wie die Männer). Lediglich das öffentliche Lehren in der Gemeinde und der Vorsitz bei der Eucharistie scheint ihnen immer versagt geblieben zu sein (vgl. Daniélou). Mit dem Einbezug der Frau in Gemeindearbeit und Gottesdienst durch Paulus ist freilich seine Forderung, die Frau habe beim Beten den Kopf mit einem Schleier zu bedecken (1 Kor 11,2–16), weil die Natur dies so lehre (V. 14), schwer vereinbar. Bereits hier manifestiert sich wohl eine Aversion des Apostels gegen die Gleichberechtigung der Frau, selbst wenn er dies auf eine Nebenfrage verlagert. Diese Tendenz verfestigt sich im Verlauf des 2. Jahrhunderts (späterer Einschub von 1 Kor 14,33b–36; 1 Tim 2,12; 1 Petr 3,1). Um die Mitte des 3. Jahrhunderts ist die Frau dann völlig aus dem kirchlichen Amt verdrängt (vgl. Thraede, bes. 231ff.), und so blieb es durch die Jahrhunderte. In der katholischen Kirche ist sie bis heute nicht zur Ordination zugelassen, und die Leitung einer Gemeinde bleibt ihr grundsätzlich versagt.

Frauen werden umgedeutet

Die zunehmende Abwertung, die der Frau im Verlauf der Jahrhunderte widerfuhr, läßt sich auch an der literarischen Überlieferung biblischer Texte ablesen. Mehrfach können wir nämlich beobachten, daß spätere Schriftsteller vorgefundene Überlieferungen in ihrem Sinne veränderten, und zwar auf Kosten der Frau. So gibt es zum Beispiel verschiedene Einschätzungen von *Mirjam.* Außerhalb der pentateuchischen Überlieferung (Mi 6,4) gilt sie als Führerin, und auch im Auszugsbericht Ex 15,20f. ist sie eine Prophetin, eine Führerin des Volkes wie Debora (vgl. auch Dtn 24,9). Wie diese singt sie nach dem Durchzug durchs Meer den Frauen ein Siegeslied vor. Später jedoch wird Mose an die Stelle Mirjams gesetzt. Nun ist er es, der das Siegeslied singt (Ex 15,1), während Mirjam zur Schwester von Mose und Aaron verblaßt (Num 26,59). Und nur sie wird mit Aussatz bestraft, obwohl Aaron doch auch Mose wegen dessen Heirat einer kuschitischen Frau Vorhaltungen gemacht hatte (Num 12).

Einen ähnlichen Fall haben wir im Neuen Testament in der Gestalt der Apostolin *Junia.* Paulus grüßt in seinem Empfehlungsschreiben Röm 16 viele seiner treuen Mitarbeiter. In Vers 7 nennt er Andronikus und Junia, angesehene Apostel, die schon vor ihm Christen waren. Bis zum Mittelalter bestand unter maßgeblichen Theologen wie Origenes, Johannes Chrysostomus, Hieronymus und Petrus Abälard kein Zweifel, daß es sich bei Junia um eine Frau handelt. Dann aber, mit Sicherheit bei Luther, wurde aus der Frau ein Mann namens Junias. Denn eine Frau konnte nun kein Apostel mehr gewesen sein. Und so wird heute in der Diskussion um die Zulassung der Frau zum kirchlichen Amt Röm 16,7 nicht mehr erwähnt; ebensowenig wie Röm 16,1, wo Phoebe, die eigentlich das Amt einer Diakonin bekleidete, nur noch als Dienerin der Gemeinde erscheint.

Die Frau: ein mißglückter Mann

Es fiel den christlichen Theologen nicht schwer, diese Geringschätzung der Frau aus der Bibel zu begründen.[1] Es geht vor allem um folgende Aussagen:

Eva ist aus der «Rippe» Adams gemacht, er nennt sie nach sich selbst «Männin»; Eva läßt sich von der Schlange verführen und verführt Adam; sie trifft der Fluch, vom Mann beherrscht zu werden. Das klingt überzeugend, ja entwaffnend. In der Tat: Versteht man diese Aussagen *wörtlich,* dann stellt Eva das negative Urbild der Frau dar. Daß sie aus der Rippe des Mannes genommen ist, bedeutet dann nichts anderes, als daß sie ein Teil Adams war, ein unwichtiger noch dazu, denn Adam kann gut ohne diese Rippe weiterleben. Er war zuerst da, Eva ist die zweite, ohne ihn gäbe es sie gar nicht. Sekundär ist

1 Zu dieser Thematik s. vor allem H. Schüngel-Straumann, Die Frau am Anfang. Eva und die Folgen, Münster [2]1997.

sie auch in ihrer Rolle und Funktion: eine Hilfe für Adam. Sie soll sein Defizit abdecken, ihm dienen, für ihn dasein, ihn ergänzen. Die Frau ist offenbar dazu da, die Bedürfnisse des Mannes zu befriedigen. Wer *ihre* Bedürfnisse befriedigt, davon ist keine Rede. Vorher hatte Adam schon den Tieren ihre Namen gegeben. Er, der Mann, ist es, der die geistige Leistung des Systematisierens und der Zuordnung vollbringt und dem einzelnen Lebewesen damit Individualität und Profil verleiht. Nun nennt er auch seine Frau nach sich selbst «Männin». Und so wie ihr Name von seinem abgeleitet ist, so auch ihre ganze Existenz (zu einem neuen Verständnis dieser Genesisstelle s. S. 98–100).

Katastrophal wirkte sich aus, daß *Thomas von Aquin,* philosophisch gesehen Aristoteliker, diese Auffassung theologisch begründete, indem er die Frau ein unvollkommenes Wesen nennt, mangelhaft und zufällig (aliquid deficiens et occasionatum), eine Mißbildung der Natur, eine Zwischenstufe zum Mann, ja einen mißglückten Mann (mas occasionatus)[2]. Damit war die Abwertung der Frau festgeschrieben.

Alles Böse kommt von der Frau

Die Auslegung der Paradieserzählung läuft in der Überlieferung so weiter: Eva übertritt als erste das Gebot Gottes. Sie läßt sich von der Schlange verführen. Neugier, Eitelkeit, Charakterschwäche und moralische Labilität müssen bei ihr vorgelegen haben. An Adam hätte sich die Schlange sicher nicht herangewagt, aber Evas schmeichlerischer Verführungskraft kann dieser nicht widerstehen. Sie reißt ihn ins Unglück mit hinein. Sehr bald wurde diese Beurteilung der Frau zur festen Überzeugung aller Theologen. Der Anfang liegt schon im

2 S. Th. I, q. 92, a. 3. Die Bezeichnung «mas occasionatus» findet Thomas bei Aristoteles, er zitiert sie jedoch in zustimmendem Sinn. Vgl. auch C. Gent. III, 123, wo er vom Mann sagt, er sei gegenüber der Frau «ratione perfectior et virtute fortior» (vollkommener an Verstand und stärker an Tugend).

frühen Judentum. Im 3. Jahrhundert v. Chr. schreibt der «Prediger» Kohelet:

Bitterer als der Tod ist das Weib. Sie ist ein Fangnetz, ihr Herz ist ein Garn, und ihre Hände sind Fesseln. Wer Gott gefällt, der entrinnt ihr, wer aber sündigt, wird von ihr gefangen. ... Was meine Seele immerfort suchte und was ich nicht fand, ist dies: unter tausend habe ich wohl einen Mann gefunden, aber ein Weib unter diesen allen fand ich nicht (Koh 7,27–29).[3]

Kein Wunder, daß auch die christlichen Schriftsteller folgten:

Eine Frau lerne still in der Unterordnung; zu lehren aber gestatte ich einer Frau nicht, auch nicht, sich über den Mann zu erheben, sondern ich gebiete ihr, sich still zu verhalten. Denn Adam wurde zuerst geschaffen, danach Eva. Und Adam wurde nicht verführt, das Weib vielmehr wurde verführt und ist in Übertretung geraten. Sie wird aber gerettet werden durch das Kindergebären (1 Tim 2,11–15).

Tertullian (ca. 160–220), der erste große abendländische Theologe, ruft aus:

Weißt du nicht, daß du Eva bist? ... Du bist die Pforte des Teufels, du bist die Verletzerin jenes Baumes (im Paradies), du bist des göttlichen Gesetzes erste Übertreterin, du bist es, die jenen (Adam) verführt hat, den anzugreifen der Teufel nicht stark genug war. ... Ob deiner Schuld ... mußte gar Gottes Sohn sterben (De cultu feminarum 1,1).

Und für Augustinus ist die Frau die Begierde (cupiditas) in Person, während dem Mann die Weisheit (sapientia) eigen ist. Er fordert auf:

Besiegen wir also dieser Begierde Lockungen und Lasten, unterjochen wir uns diese Frau, wenn wir Mannes genug sind! Wenn wir führen, wird auch sie besser sein und nicht mehr «Sinneslust», sondern «Mäßigung» heißen.

3 In allegorischer Sprechweise erscheint die verführerische Frau auch in Qumran als Inbegriff der Versuchung zum Bösen.

Folgen wir Christus, unserem Haupt, damit auch uns folge, wer uns zum Haupt hat! (De vera religione 78).

Die Frau ist nur insofern tauglich, als sie durch «Mannhaftigkeit» die «weiblichen Gelüste» (femineas voluptates) unterjocht.[4]

Als schlagender Beweis aber für die Unterordnung der Frau und für ihre Minderwertigkeit gilt die Androhung Jahwes nach dem Sündenfall: «Ich will dir viel Beschwerden machen in deiner Schwangerschaft, mit Schmerzen sollst du Kinder gebären! Nach deinem Mann sollst du verlangen, er aber soll dein Herr sein» (Gen 3,16). So ist es offenbar von Gott gewollt, daß die Frau nur nach ihren biologischen Funktionen beurteilt wird.[5] Geradezu tragisch mutet es an, daß die Frau sexuell vom Mann abhängig ist, dieser aber ihre Abhängigkeit ausnutzt. Triebhaft, naturhaft wird die Frau hier gesehen, von Ebenbürtigkeit, Kreativität und Eigenständigkeit keine Spur. Diese Strafandrohung für die Frau hat sich wohl mehr gesellschaftlich als theologisch ausgewirkt, dies aber in geradezu totalem Sinn. Noch heute müssen Frauen besser, fleißiger, hartnäckiger sein; sie sind mehr auf Glück und günstige Zufälle angewiesen; sie müssen gegen Vorurteile kämpfen, sie seien subjektiv, emotional; sie gelten mit vierzig Jahren als zu alt, während Männer dann in den «besten Jahren» stehen; sie sind mit der Familie belastet und deshalb nicht disponibel, während für den Mann das Gegenteil gilt: Er ist durch eine Familie stabiler, versorgt, gesichert.

4 Vgl. K. Thraede, Augustin-Texte aus dem Themenkreis «Frau», «Gesellschaft» und «Gleichheit»: JbAC 22, 1979, 70–97.

5 Biblisches Denken mit der Naturrechtslehre des Aristoteles kombinierend, spricht Augustinus von der «iusta dominatio» (gerechten Herrschaft) des Mannes über die Frau; eine Vorstellung, die im 12. Jahrhundert durch Gratian festgeschrieben wurde.

8. Geschlechterverständnis heute und in der Bibel

Typisch Mann, typisch Frau?

Noch nie ist die Beziehung zwischen Mann und Frau so offen und unbeschwert gewesen, aber auch noch nie so unübersichtlich und schwierig. Verschiedene Disziplinen versuchen, im Rahmen von «gender studies» festzustellen, ob und worin sich das Leben und Lebensgefühl der Frau von dem des Mannes unterscheidet. Sind die biologischen Unterschiede, daß nämlich die Frau dem Mann körperlich unterlegen und durch Schwangerschaft, Geburt und Kindererziehung in ihrer Bewegungsfreiheit stark eingeschränkt ist, so gravierend, daß sie als Grund für die Männerherrschaft ausreichen?

Jahrhundertelang hatten die Frauen die vorgefundene Situation akzeptiert, weil sie die ihnen zugedachte Rolle als naturgewollt und gottgegeben ansahen. Als sie aber erkannten, daß nicht die Biologie sie einengt und auf minderwertige Rollen festlegt, sondern die Männergesellschaft, forderten feministische Gruppen völlige Gleichheit. Doch diese Gleichheit war eine Anpassung an die Männer. Man wollte so sein wie sie, mit gleichen Rechten, Pflichten und Freiheiten, sah dabei aber nicht, daß man sich an den Normen maß, die von Männern für Männer gemacht waren. Auch der als «fortschrittlich» gepriesene Beruf der evangelischen Pfarrerin ist nichts anderes als die Angleichung an den Pfarrer.

Die Auflösung der Kategorie «Geschlecht»

Bereits die Anthropologin M. Mead (Mann und Weib, 1958) hielt die Zuweisung von «männlichen» und «weiblichen» Charaktereigenschaften für kulturbedingt. Sie wird von anderer Seite unterstützt. Auch die Psychologie weitet den Geschlechtsbegriff aus. «Männlich» und «weiblich» sind umfassendere Qualitäten, «als daß sie sich in beruhigender Eindeutigkeit Frauen oder Männern zuordnen ließen»[1]. Sie gehören zu jenen Begriffen, die gegensätzliche Prinzipien ausdrücken oder Polaritäten wie Tag und Nacht, Wasser und Land, Himmel und Erde oder, im alten China, die kosmischen Größen Yin und Yang, die sehr viel mehr beinhalten als das, was wir in unserer westlichen Kultur als «männlich» und «weiblich» bezeichnen. Daraus ergibt sich, daß der Symbolwert der beiden Pole «männlich» und «weiblich» von den konkreten männlichen und weiblichen Menschen zu unterscheiden ist. In der Tat kommt es heute – nach den Erfahrungen mit der Kriegskultur in unserer Vergangenheit und durch die Einsicht in die Härte, Durchsetzungs- und Gewaltbereitschaft unserer Zeit – mehr darauf an, die «weibliche» Seite im Menschen zu stärken, das heißt alles, was mit Gemüt, Emotion, Intuition, Ganzheitlichkeit und Kommunikation zu tun hat. Auf diese Weise könnte auch die theoretische, rationale, männliche Theologie aus ihrer Enge geholt werden. Das Bedürfnis, sich von beruflichen und gesellschaftlichen Zwängen zu befreien, ergreift ja in zunehmendem Maß auch den Mann, der unter dem menschlichen Defizit leidet, das ihm durch die moderne Industriegesellschaft auferlegt wird.

Aufgegeben hat man allerdings die Hoffnung, daß nach der Befreiung aus den bisherigen Rollenzuweisungen und nach der Abdankung der geschlechtsspezifischen Werte am Ende die «androgyne Persönlichkeit» stünde. Wir können nicht beide Möglichkeiten des Menschseins leben, wir sind nicht beide Geschlechter. Mann und Frau realisieren je andere Weisen des Menschseins.

Vor allem profane Feministinnen stellen jedoch die Kategorie «Geschlecht» überhaupt in Frage. «Geschlecht», so sagen sie, sei ein «diskursiv hergestelltes kulturelles Konstrukt»[2], bedingt durch die

1 H. Barz, Männersache. Kritischer Beifall für den Feminismus, Zürich 1984, 31.

2 G. Häußler, Katholische Religionslehrerinnen als Feministinnen oder über die Kunst,

unterschiedliche Reaktion der Eltern auf die Geburt von Sohn oder Tochter, durch die davon abhängige Erziehung, durch Prozesse in der Arbeitswelt, durch biologische Zuweisungen, die die Gesellschaft vornimmt, indem sie Vorurteile im sozialen Bereich und in der Leistungsfähigkeit verstärkt. Und daraus ergebe sich, daß Mann und Frau «Symbole des sozialen Systems»[3] seien. Dadurch, daß man die Realität «Frau» beschreibe, werde ihre Rolle erst fixiert. Sie argumentieren zum Beispiel: Nur weil Männer dazu tendieren, Erfolg ihren eigenen Fähigkeiten zuzuschreiben und Mißerfolg dagegen fehlendem Glück, wohingegen Frauen Erfolg eher dem glücklichen Zufall zu verdanken bereit sind, Mißerfolg aber sich selbst anlasten, unterschieden sie sich nicht grundsätzlich in Leistungsfähigkeit und Motivation. Auch die psychologischen Unterschiede seien generell gering. Oft bestünden größere Unterschiede zwischen Frau und Frau als zwischen Frau und Mann. Der neue Mensch, wie ihn dieser postmoderne Feminismus konstruiert, soll die Last der Körperlichkeit (und sexuellen Polarität) abwerfen. Wird hier aber nicht eine neue Heilslehre kreiert? Und eliminiert sich die Frau mit dieser Überwindung des Geschlechterschemas nicht selbst?

In der Tat, in vielen Bereichen gleichen die Geschlechter sich mehr und mehr an, und in manchen werden die Unterschiede sogar unkenntlich oder unwichtig. Für geschlechtsneutrale Aufgaben bedarf es auch keiner Geschlechtsunterschiede mehr. Männer und Frauen können gleich gut und gleich richtig Kinder erziehen, Häuser bauen, Führungskräfte sein, aber sie werden es auf eine jeweils andere Art und Weise tun und je andere Akzente setzen. Mit solchen Beobachtungen jedoch die Irrelevanz jenes «kleinen Unterschieds» beweisen zu wollen, der männliches und weibliches Erleben ausmacht,

Widersprüche zu leben, in: S. Becker / I. Nord (Hg.), Religiöse Sozialisation von Mädchen und Frauen, Stuttgart 1995, 75–108, hier 91.

3 C. Hagemann-White, Sozialisation: Männlich – weiblich? Opladen 1984,79, zitiert bei Becker/Nord 91. Vgl. auch J. Butler, Das Unbehagen der Geschlechter, Frankfurt/M. 1991; A. Roedig, Geschlecht als Kategorie. Überlegungen zum philosophisch-feministischen Diskurs, in: Feministische Studien 10,1992,105–112.

erscheint ebenso trivial wie utopisch. Es wird keinen geschlechtsunabhängigen Menschen geben. Die heterosexuelle Beziehung wird die normale Beziehung bleiben (s. o. S. 65).

Was allerdings das Aufbrechen des Geschlechterschemas bewirkt hat, ist eine große Pluralität des Verhaltens auf allen gesellschaftlichen und persönlichen Ebenen. Die Frau drängt zielgerichtet in die Domänen des Mannes, sie gewinnt immer größere Möglichkeiten und Fähigkeiten. Das bedeutet für den Mann den Verlust eben jenes Status, den die Frau bei der Partnerwahl bei ihm bevorzugte. Die Frau ist also dem Mann einen Schritt voraus. Will er mithalten, muß er emotionaler, kommunikativer werden und sein Autoritätsgebaren ablegen.

Vielleicht gelingt es beiden Geschlechtern, in ihrer Auseinandersetzung eine neue Ebene zu erreichen. Sie könnte im Ausgleich bestehen. Auf der einen Seite müssen wir die Unterschiede deutlich sehen und stehenlassen. Nur so bleibt jene Spannung in der Beziehung erhalten, die Kreativität ermöglicht, eine Unterordnung des einen oder anderen jedoch verhindert. Wie überall im Leben (und auch in der Kunst und Literatur sowie bei den kulturellen Unterschieden) ist ein gewisser Grad von Fremdheit nötig, um Neugier und Interesse zu wecken. Wir werden vom andersartigen Partner angezogen, weil er einen ersehnten Teil von uns selbst verkörpert, und wir brauchen ihn, um in jene Bereiche des Lebens und der Erfahrung zu gelangen, die wir selbst und allein nicht erreichen können. Sexualität und Liebe sind der körperliche Ausdruck der Sehnsucht nach diesem Anderen. Man darf also die Unterschiede nicht nivellieren.

Aber wir dürfen sie auch nicht zu sehr betonen. Denn die beiden Geschlechter verbindet eine tiefe, innere Verwandtschaft. Sie besteht im gemeinsamen Menschsein. Wenn wir nun den anderen zuerst als Menschen sehen könnten, als Menschen wie uns selbst, dann würden wir nicht nur den Kategorienkampf aufheben, sondern auch die an das männliche Geschlecht gebundene Kulturkritik und ebenso das Emanzipationsbestreben der Frau. Geschlecht wäre dann nicht gleich Person, sondern ein Merkmal der Person unter anderen signifikanten Merkmalen, die alle zu seiner Struktur gehören.[4] Genauso hat es der theologische Schriftsteller von Gen 1,27 gemeint, als er betonte, daß Jahwe/Gott den Menschen schuf in seiner Ausprägung als Mann und Frau.

Und doch «Geschlecht»

Auch wenn die Tendenz, das Geschlecht wegzudiskutieren, gesellschaftskritisch berechtigt sein mag, läßt sich die Zweigeschlechtlichkeit nicht hinterfragen. Sie gehört zur Realität und würde, wollte man sie negieren, den einzelnen Menschen in seiner Identität in Frage stellen. Aus der Geschlechtszugehörigkeit ergeben sich die besonderen Merkmale, die die menschliche Person im biologischen, geistigen und psychischen Bereich als Mann und Frau definieren.

Nach wie vor gibt es eine intensive Forschung über die unterschiedlichen kognitiven Fähigkeiten und die Leistungsmotivation bei Männern und Frauen. So wurde bereits festgestellt, daß die verbalen Fähigkeiten bei Frauen größer sind als bei Männern. Auch ihre Art zu sprechen, zu argumentieren und Zusammenhänge zu sehen, ist anders. Dafür sind aggressives Verhalten, räumliche Wahrnehmung und quantitative Fähigkeiten bei Männern ausgeprägter, ebenso die Kreativität. Komponisten, Maler, Künstler überhaupt, aber auch Forscher und Erfinder sind, abgesehen von der außer Frage stehenden gesellschaftlichen Benachteiligung der Frauen, häufiger unter Männern zu finden. Es gibt sogar eine gewisse Berechtigung zu der Annahme, daß sich auch das moralische Urteil unterschiedlich entwickelt: Männer vertreten stärker das Prinzip der Gerechtigkeit und Fairneß, Frauen eher eine Ethik der Anteilnahme und Fürsorge. Das wiederum liegt an der unterschiedlich akzentuierten Subjekt-Objekt-Wahrnehmung.

Erforscht wird auch das soziale Verhalten, ganz besonders im zwi-

4 Vgl. dazu auch O. König (Anm. 1, S. 31) 50.

schenmenschlichen Bereich. Für den Mann ist bei der Partnerwahl die Attraktivität der Frau häufig wichtiger als ihr Stand oder Beruf. Bei vielen Frauen ist es umgekehrt, sie suchen ihren Mann nach seinem Status aus. Er muß eine möglichst gesicherte Stellung haben, stark sein und Sicherheit vermitteln. Ob er attraktiv ist, erscheint ihnen weniger wichtig. Und es gibt noch viel zu erforschen. Wie ist zum Beispiel die Machtverteilung in partnerschaftlichen Beziehungen? Unterscheiden sich Mann und Frau im Erleben von Freundschaft, Ehe, Alleinleben? Und schließlich stellt der gesamte Bereich der Sexualität ein eigenes Forschungsfeld dar. Zwar ist sie Mann und Frau gleichermaßen eigen, aber beide erleben sie unterschiedlich und haben ein jeweils anderes Verständnis von ihr.

Von Anfang an steht die männliche Sexualität im Zusammenhang mit der Sozialisation. Eine Mutter erlebt einen Sohn anders als eine Tochter. Jungen gegenüber ist ihre gesamte Einstellung – geschlechtsbedingt – ambivalent. Sie sieht im Sohn bisweilen den künftigen Mann, der den Frauen vorgezogen wird und sie zugleich dominiert, manchmal den Glücksbringer, der die Sehnsüchte der Frauen erfüllt und sie beschützt. Für den Sohn selbst ergibt sich aus dem kulturell bedingten Umgang mit Männlichkeit eine Überbewertung von Härte, Macht und Leistung. Die biologische Unmöglichkeit, sich als Sohn mit der Mutter zu identifizieren, führt beim Mann zur Bekämpfung der seelischen Weichheit und zu Abhärtungsprozessen. Und die Kastrationsangst, von der Wissenschaft immer wieder bestätigt (Sigusch 47), führt zu erhöhten Verletzungsängsten – nicht nur durch kastrierende (= «gefährliche») Frauen. Die damit verbundene Abwertung von Innerlichkeit, Fürsorge, Emotionalität und Kommunikationsfähigkeit – Eigenschaften, die dagegen die Frau gerade auszeichnen – muß notwendig zu dem überall erfahrbaren Gegenüber der Geschlechter (um das Wort «Geschlechterkampf» zu vermeiden) führen.

Weibliche Sexualität trat dagegen bis heute entweder gar nicht in Erscheinung, oder sie war unwichtig. Sie definierte sich als Negativform der männlichen Sexualität. Das sexuelle Problem der Frau war die Frigidität. Zur Zeit Freuds beklagte man ihre geringe Fähigkeit zur Hingabe. Bis heute ist vielen Frauen ihr eigenes Geschlecht unbekannt, sie «wissen nicht, wie sie zu einem Orgasmus kommen können. 10–26 % aller Frauen erleben nie einen sexuellen Höhepunkt.»[5] Der Grund dafür liegt nicht nur in der kulturellen Einschätzung, sondern auch in dem anderen Zugang der Mutter zu ihrer Tochter. Gebremst durch das Tabu der Homosexualität, weist diese das Mädchen aufgrund ihres Geschlechts zurück und entwertet damit ihre Sexualität (Sigusch 37). Die Tochter wiederum muß sich wegen ihres Geschlechts mit der Mutter identifizieren.

Unterschiedlich erleben Mann und Frau auch die Sexualität im engeren Sinn. Die Frau ist – trotz ihrer größeren sexuellen «Potenz» – enthaltsamer, was, evolutiv und soziobiologisch gesehen, sicher mit der größeren Mühe der Reproduktion zusammenhängt. Sie erlebt Sexualität im ganzen Körpergeschehen und emotional. Sie ist abhängig von Atmosphäre und Stimmung und deshalb mehr an Zärtlichkeiten interessiert. Die harmonische Gesamtbeziehung zum Partner spielt für sie die eigentliche Rolle; fehlt dies, wird Sexualität für sie zur Qual. Der Mann aber ist stärker penisorientiert. Er erlebt Sexualität weitgehend losgelöst von der Beziehung; Treue ist für ihn schwieriger. Zärtlichkeit und Zweisamkeit muß er erst lernen. Und daraus ergeben sich auch die Schwierigkeiten im sexuellen Umgang miteinander. Das beginnt meistens schon, wenn der Mann die Freundlichkeit der Frau als Einladung zu intimem Kontakt mißdeutet. Er bleibt der Vorwärtsdrängende und ist dann auch in der Partnerschaft dominant. Das bestätigten für die ersten Jahre 83 Prozent der verheirateten Frauen, im höheren Alter immer noch 79 Prozent. 35 Prozent erlebten sich in sexueller Hinsicht als völlig fremdbestimmt und fühlten sich von ihrem Mann sexuell bedrängt.[6] Wenn ein Mann keine Lust hat, kommt gar keine Begegnung zustande,

5 K. v. Sydow, Weibliche und männliche Sexualität. Unterschiede und Gemeinsamkeiten aus psychologischer Sicht, in: B. Kanitscheider (Hg.), Liebe, Lust und Leidenschaft. Sexualität im Spiegel der Wissenschaft, Stuttgart 1998, 133–150, hier 139.

6 K. v. Sydow, a. a. O. 141.

wenn die Frau keine Lust hat, ist sie – bis zur Vortäuschung eines Orgasmus – dennoch verfügbar. Zu oft stimmen ihre Wünsche mit der Realität nicht überein. Kein Wunder, daß gerade die Frau eine solche Sexualität als unbefriedigend empfindet und sich von ihr abwendet. Ihre sexuelle Selbstbestimmung bleibt auf der Strecke. Hinzu kommt noch folgendes: Die Frau kann wegen ihres ganzheitlichen Erlebens ihre Sexualität kaum funktionalisieren, während der Mann seine sexuellen Bedürfnisse für andere Ziele einsetzen kann, zum Beispiel um sich zu entspannen oder um gebraucht zu werden oder um Liebe und Geborgenheit zu bekommen, wozu er auf direktem Wege oft nicht fähig ist. Und so kann seine Potenz zur narzißtischen Quelle seiner Identität und Macht werden. Gewalt gegen Frauen bis hin zur Vergewaltigung hat oft dieses Phänomen zum Hintergrund.

So ist das weibliche Minderwertigkeitsgefühl das Pendant zur männlichen Stärke. Erst wenn die Frau gleichwertig ist, und das gelingt letztlich nur über ihre wirtschaftliche Situation, kann sie auch von ihrem kleinen Sohn und ihrer kleinen Tochter als gleichwertig erlebt werden und ihrerseits ihre Kinder gleich(wertig) behandeln.

Als Positivum darf gelten, daß die Doppelmoral mehr und mehr verschwindet. Eher befürchtet man heute die Auflösung aller Verbindlichkeiten. Niemand fragt mehr danach, ob etwas verboten ist. Sexualität zu leben ist für Mann und Frau selbstverständlich. Sie ist eine Gelegenheit, Lust und Befriedigung zu finden, und wird vielfach auch so praktiziert. Man richtet sich ganz nach dem eigenen Gefühl. Es ist nicht zu leugnen, daß «im Ernstfall der Egoismus entscheidet» (Sigusch 27). Deshalb nennt Sigusch diese Einstellung «egoistische Konsensmoral», Schmidt (13) spricht von «Verhandlungsmoral», die jede Spontaneität tötet und deshalb zu jenem beklagten «kargen Sexualleben zwischen Männern und Frauen» führen muß.

In Israel sind Mann und Frau grundsätzlich gleich

Natürlich waren die Verhältnisse im alten Israel anders. Traditions- und kulturbedingt war Sexualität durch Gesetze geregelt und die Frau vom Mann gesellschaftlich abhängig. Insofern kann man das heutige Leben nicht mit dem damaligen vergleichen.

Es gibt, soweit wir sehen, nur drei Texte in der Bibel, die das Verhältnis zwischen Mann und Frau direkt ansprechen: Gen 1,27 in theologischer Reflexion, Gen 2,23 in der Verwandtschaftsformel und das Hohelied in poetischer Gestalt (s. S. 119–125).

Nach Gen 1,27 schuf Gott den Menschen in *einem* Akt als Mann und Frau. Wie aus einer übergeordneten Perspektive heraus wird der Mensch als Einheit verstanden. Es ist dies keine Einheit, die dann – wie in vielen Mythen – durch die geschlechtliche Trennung gespalten wird, sondern es ist eine ursprüngliche Einheit, die gleichzeitig eine ursprüngliche Unterscheidung beinhaltet. Das bedeutet nicht geschlechtliche Identität, sondern Gleichstellung.[7]

Geschlechtsunterschiede sind hierbei unwichtig, denn der Verfasser will vor allem betonen, daß der Mensch Abbild Gottes ist und daß er eine Bestimmung hat auf dieser Erde. Herrschaft über die Erde und Zusage einer Zukunft für das Menschengeschlecht gelten dem Menschen, das heißt Mann und Frau gleichermaßen. Erst später wurde die Aussage «Gott schuf den Menschen nach seinem Bild, ja er schuf ihn als Gottes Bild» (Gen 1,27a) ergänzt durch die Spezifizierung «als Mann und Frau erschuf er sie» (V. 27b). Denn das hebräische Wort) *adam* kann sowohl Mensch als auch Mann bedeuten, und es sollte dem Mißverständnis vorgebeugt werden, nur der Mann sei Bild Gottes.

Diese Charakterisierung als Abbild weist auf die enge Bezogenheit und Ähnlichkeit zwischen Gott und Mensch hin. Gott wird ja im Alten Testament durchaus als männlich, selten nur als weiblich verstanden: Er ist Vater (Ps 103,13), Gatte (Hos 2,16), König (Ps 98,6),

7 Ph. Trible, Gott und Sexualität im Alten Testament, Gütersloh 1993, 66.

Krieger (Ex 15,3), aber er ist auch schwanger (Jes 42,14), Mutter (Jes 66,13), Hebamme (Ps 22, 10), Gebieterin (Ps 112,2).

Auf die Genesisstelle 1,27b bezieht sich offensichtlich Paulus in seinem Brief an die Galater: «Denn ihr alle, die ihr auf Christus getauft seid, habt Christus angezogen. Da ist nicht Jude noch Grieche, da ist nicht Sklave noch Freier, da ist nicht Mann noch Frau. Ihr seid vielmehr einer in Christus» (3,27f.). Dies ist eine universale Schau des Zusammenlebens, die unmittelbar besticht. Alle Gegensätze sind aufgehoben. Religionsunterschiede, soziale Unterschiede, Geschlechtsunterschiede haben ihre Geltung verloren. Allerdings ist das kein Freibrief zur totalen Emanzipation des Mannes oder der Frau, denn Paulus beschreibt keine konkrete Wirklichkeit, auch nicht für die Zukunft. Man könnte diesen Satz höchstens als Utopie gelten lassen, als eschatologisches Bild, wie wir es auch von den alttestamentlichen Propheten her kennen. Paulus wollte eine wesentliche Aussage zum Verhältnis Gott und Mensch machen: In Christus, und das heißt vor Gott, sind alle Menschen gleich, auch Mann und Frau. Es kommt allein darauf an, wie sie beide zu Gott stehen. Haben sie ein positives Verhältnis zu ihm, haben sie also «Christus angezogen», dann bestimmt sich ihr Wesen dadurch, daß sie voneinander abhängig, aufeinander bezogen sind und sich gleichsam durch dieses Angewiesensein aufeinander definieren, wie Paulus im 1. Korintherbrief sagt: «Doch im Herrn gibt es weder die Frau ohne den Mann noch den Mann ohne die Frau. Denn wie die Frau vom Mann stammt, so kommt der Mann durch die Frau zur Welt; alles stammt von Gott» (1 Kor 11,11f.).

Die Verwandtschaftsformel Gen 2,23

Haben wir es in der Aussage des Schöpfungsberichts über Mann und Frau mit einer theologischen Spekulation zu tun, die dem «priesterlichen», in den Theologenkreisen des Tempels beheimateten Verfasser zugeschrieben wird, so stammt die Verwandtschaftsformel von einem «volkstümlichen Erzähler», was nicht ausschließt, daß auch er eine subtile Theologie vertritt. Im Schöpfungsbericht wird die Erschaffung von Mann und Frau nicht beschrieben. Es wird kurz und bündig festgestellt, Gott habe beide (in einem Akt) als sein Bild erschaffen. Damit wird eine Aussage über das Wesen von Mann und Frau sowie über ihre Stellung im Weltganzen gemacht.

Demgegenüber geht der «jahwistische» Erzähler von der ihm vorliegenden Wirklichkeit aus, um sie zu begründen und zu deuten. Die Frau wird nach dem Mann erschaffen, und zwar aus einem Stück von ihm, aus einer seiner Rippen (Gen 2,21f.). Als Gott die Frau dem aus dem Tiefschlaf erwachten Mann vorführt, bricht dieser in bräutlichen Jubel aus:

> «Diese endlich ist Bein von meinen Gebeinen
> und Fleisch von meinem Fleisch.
> Diese soll ‹Männin› heißen,
> denn vom Mann genommen ist diese» (V. 23).

Schon das dreifache «diese» deutet auf die starke Attraktion hin, die die Frau auf den Mann ausübt. «Vom gleichen Fleisch und Bein sein» ist im Alten Testament eine beliebte Formel, um die Verwandtschaft auszudrücken, die freilich auch Solidarität und Partnerschaft bedeutet. Laban spricht zu seinem Neffen Jakob: «Du bist doch von meinem Fleisch und Bein» (Gen 19,24, vgl. 2 Sam 5,1). Auffällig ist freilich der Plural: «Bein von meinen Gebeinen», offensichtlich eine Anspielung an die vorherige Erzählung der Erschaffung der Frau aus *einem* Gebein des Mannes.

«Diese soll Männin heißen» – für unsere Feministinnen eine skandalöse Aussage, für unseren Erzähler jedoch ein Sprachspiel. Im Hebräischen ist das Wort für «Frau», *ischschah,* die Femininform des Wortes «Mann», *isch.* Unserem Erzähler, der immer interessant sein möchte, bietet sich hier ein willkommener Anlaß, das Wort *ischschah* zu erklären: Die Frau heißt *ischschah,* weil sie vom *isch* genommen ist.

Daß es dem Verfasser aber noch um etwas Tieferliegendes geht, ist leicht ersichtlich. Ein schöpferisches Handeln Gottes beschreibt auch er ebensowenig wie der Verfasser des ersten Schöpfungsberichts. Vielmehr will er das Zu- und Miteinander von Mann und Frau, so wie es sich darbietet, seinen Mitmenschen erklären und begründen. Die Erschaffung der Frau aus der Rippe des Mannes rechtfertigt einerseits die dem Kulturschema gemäße Priorität des Mannes, veranschaulicht aber zugleich die einmalige Liebe zwischen Mann und Frau. Denn wie die Rippe dem Herzen des Mannes am nächsten liegt, so liegt die Frau dem Herzen des Mannes am nächsten. Mann und Frau können eines Herzens werden, weil sie einmal ein Herz gewesen sind. Sie können ein Leib werden, weil sie einmal ein Leib gewesen sind. Paulinische Theologie kann aus der Stelle die Mahnung ableiten, die Männer sollten ihre Frauen lieben «wie ihren eigenen Leib» (Eph 5,28).

Wie erlebt der biblische Mann die Frau?

Zwar ist in der Erzählung von der Erschaffung der Frau (Gen 2,18–24) eine Hintansetzung der Frau, wie sie ja der Realität entspricht, nicht zu überhören. Der Mann bekommt die Gabe, nicht die Frau. Der Mann wird gefragt, ob ihm die Frau gefalle, nicht aber die Frau, ob sie mit dem ihr zugewiesenen Mann einverstanden sei. Die Frau ist dazu da, die Bedürfnisse des Mannes zu befriedigen. Wer ihre Bedürfnisse befriedigt, davon ist keine Rede. Überdies wissen wir, daß im alten Israel und später im Judentum die Ehe nicht nur eine Sache der Liebe, sondern auch des Geschäftes war.

Dennoch läßt der jahwistische Erzähler keinen Zweifel daran, daß die Frau für den Mann ein Geschenk Gottes ist. Die Bibel kennt ergreifende Beispiele dafür, was sich ein Mann dieses Geschenk kosten ließ. Jakob diente um Rahel insgesamt vierzehn Jahre. Und schon vom ersten Brautpreis berichtet der Erzähler: «Also diente Jakob um Rahel sieben Jahre, und sie kamen ihm vor wie ein paar Tage, so lieb hatte er sie» (Gen 29,20). Aus Liebe zu Michal setzt David sein Leben aufs Spiel und zwingt Saul auf diese Weise, ihm seine Tochter zur Frau zu geben (1 Sam 18,25–27).

Ganz anders verläuft die erste Begegnung zwischen Isaak und der bereits erwähnten Rebekka. Er habe Rebekka, die ihm, ohne gefragt worden zu sein, von Mesopotamien als Frau herbeigebracht wurde (Gen 24,49–51), empfangen und heimgeführt, heißt es im Text – und siehe: «Er gewann sie lieb» (24,67). Anders als wir es seit der Romantik erleben, nahm der Mann eine Frau, und die Liebe ergab sich dann erst durch das Zusammenleben.

Daß weibliche Schönheit auf den Mann betörend wirkt, hören wir im Alten Testament mehrfach (s. S. 41), am überschwenglichsten im Hohenlied. Selbst einer Kriegsgefangenen darf ihre Schönheit dazu verhelfen, die Frau eines freien Israeliten zu werden (Dtn 21,10–13). Ist Schönheit gar mit Klugheit, Selbstsicherheit und Redegewandtheit gepaart, hat die Frau von vornherein ein gewonnenes Spiel. Das zeigt unübertrefflich das Beispiel der Abigajil, in die David sich auf den ersten Blick verliebt (1 Sam 25).

Frauen können in ihrer Attraktivität den Männern durchaus gefährlich werden, wie die Beispiele Ester und Judit zeigen (Est 2ff.; Jdt 8ff.). Daß der Mann der nackten Frau wehrlos ausgeliefert ist, zeigt die folgenschwere Episode Davids mit der vor seinen Blicken badenden Batseba (2 Sam 11f.). Sich freiwillig nackt zu zeigen war verpönt, selbst im Ehebett (Jakob entdeckt erst am folgenden Morgen, daß er mit der «falschen» Frau geschlafen hat: Gen 29,23–25). Dieser Schwachheit des Mannes gegenüber der Frau trägt der Dekalog Rechnung, wenn er nicht nur den Ehebruch verbietet (Ex 20,14f. par.), sondern auch davor warnt, die Ehefrau des Nächsten zu begehren, das heißt, den ersten Schritt auf sie hin zu tun (Ex 20,17f. par.). Daß es auch anders geht, zeigt Boas, der die Fassung nicht verliert, als Rut eine ganze Nacht «zu seinen Füßen» schläft (Rut 3; vgl. S. 119).

Wie leicht der Mann den Reizen der Frau erliegt, zeigen die beschwörenden Warnungen im Buch der Sprichwörter.[8] Da schlendert

8 Vgl. Ch. Maier, Die «fremde Frau» in Proverbien 1–9, Freiburg Schweiz/Göttingen 1995.

ein junger Mann in der Abenddämmerung durch die Gassen. Gierig jagt ihm eine Frau nach, faßt ihn an, küßt ihn und beginnt, ihn zu überreden: «Ich habe Decken über mein Bett gebreitet, bunte Tücher aus ägyptischem Leinen. Ich habe mein Bett besprengt mit Myrrhe, Aloe und Zimt. Komm, wir wollen bis zum Morgen in Liebe schwelgen, wir wollen die Liebeslust kosten. Denn mein Mann ist nicht zu Hause, er ist auf Reisen, weit fort. Den Geldbeutel hat er mitgenommen, erst am Vollmondstag kehrt er heim» (Spr 7,15–20).

Obwohl in Israel die Frau das Eigentum des Mannes ist und es ihre erste Pflicht ist, ihrem Mann Kinder zu schenken – Sara gerät in peinliche Schwierigkeiten, als sie gegenüber Abraham in dieser Hinsicht zunächst versagt (Gen 16,1ff.) –, finden wir doch zahlreiche Hinweise auf die Zärtlichkeit, mit der Mann und Frau miteinander umgingen. Da wird statt nüchtern von «deiner (seiner) Frau» oder «deinem (ihrem) Mann» von der «Frau an deiner Brust» (Dtn 13,7; 28,54) und vom «Mann an ihrem Herzen» (Dtn 28,56) gesprochen. Angesichts ihrer Kinderlosigkeit überläßt Sara ihre Magd Hagar nicht formlos ihrem Mann, sondern «legt sie an seine Brust» (Gen 16,5).[9] Daß schließlich der Mann die Frau erst in der sexuellen Hingabe als Frau erfährt, zeigt die Redeweise, daß der Mann die Frau «erkennt» (s. S. 42). Der israelitische Mann erlebt Frauen als überaus anziehend. Es ist für ihn unvorstellbar, ohne eine (oder mehrere) Frau(en) zu leben. Bei allem Besitztumsdenken ist die Frau doch ein Teil von ihm und seinem Wesen. Er ist für sie verantwortlich, in seiner Ehre gekränkt und in seinem Besitz geschmälert, wenn seiner Frau etwas passiert. Obwohl sie nur eine «Nebenfrau» war, die aber mit ihrem Mann, einem Efraimiter, einen weiten Weg gezogen ist, rächt dieser die ihr im Stamm Benjamin widerfahrene Schmach durch eine so makabre Tat, daß er dadurch einen Stämmekrieg provoziert. So viel gilt ihm die Ehre selbst seiner «Nebenfrau» (Ri 19f.). Wie sehr die Frau zum Mann gehört, zeigt die Überlegung, mit welcher der Erzähler den Bericht über die Erschaffung der Frau be-

9 EÜ leider prosaisch: «Ich habe dir meine Magd überlassen.»

schließt: «Deshalb verläßt der Mann seinen Vater und seine Mutter und hängt (buchstäblich: klebt) an seiner Frau, und sie werden ein Fleisch» (Gen 2,24).

Kein Wunder, daß die Frau die Freude des Mannes ist und daß diesem empfohlen wird: «Genieße das Leben mit der Frau, die du liebst, alle Tage deines Lebens ..., denn das ist dein Anteil am Leben» (Koh 9,9).

Wie erlebt die biblische Frau den Mann?

In der Beziehung der Frau zum Mann erleben wir die gleiche Spannung wie zwischen Mann und Frau. Sie ist sein Besitz, und dennoch ist sie fähig, ihn zärtlich zu lieben. Wenn Jahwe nach dem Sündenfall die Frau der Herrschaft des Mannes unterwirft (Gen 3,16), so wird damit nur ein bestehender Zustand bestätigt, der aber an der Sehnsucht der Frau nach dem Mann nichts ändert («nach deinem Mann geht dein Verlangen»): Verlangen nach Geborgenheit und Schutz, nach Zärtlichkeit und Sexualität. Diese Erfahrung wird in der Rut-Erzählung und im Hohenlied thematisiert. Alle Stufen der Zuneigung und Zärtlichkeit werden lebendig: der beobachtende Blick, das gesprochene Wort, die beschützende Hand, das gemeinsame Essen und Trinken, Berührung bis zum Schlafen unter einer Decke.

Aber es gibt auch die Kehrseite. Die Bibel spart nicht mit Beispielen extremer Brutalität, die Frauen durch Männer widerfährt. Schonungslos rächt der eifersüchtige Mann den Ehebruch der Frau: «Eifersucht bringt den Mann in Wut, er kennt keine Schonung am Tag der Rache. Kein Sühnegeld nimmt er an; magst du auch Geschenke häufen, er willigt nicht ein» (Spr 6,34f.). So weit wie bei der Nebenfrau des Efraimiten, die die mehrfache Vergewaltigung durch Männer von Benjamin mit dem Leben bezahlt (Ri 19), braucht es nicht zu kommen. Wie mußte sich indes Sara von Abraham im Stich gelassen fühlen, als er sie in den Harem des Pharao verkaufte, um sein eigenes Leben zu retten (Gen 12,10–20)!

Wie geduldig und selbstlos erlebt aber auch Hanna die Liebe ihres Mannes Elkana, der seine bevorzugte Lieblingsfrau beim Mahl einfühlsam tröstet, als sie über ihre Kinderlosigkeit und die Kränkungen ihrer Nebenfrau bitter weint: «Bin ich dir nicht mehr wert als zehn Söhne?» (Sam 1,1–8).

So erlebt die biblische Frau den Mann ebenso vielfältig wie die heutige: als hilfloses Opfer ihres Einflusses, als Beschützer, als zärtlichen, verständigen und beständigen Freund, als liebenden Partner, als treuen Ehemann, aber auch als Macho und brutalen Aggressor. Alles, was im Mann dasein kann an Potenz, an Liebe und Fürsorge, aber auch an Dominanz, Rücksichtslosigkeit und Brutalität, läßt er schon damals die Frau erfahren und erleben.

Neues Bewußtsein

Ein neuer Impuls geht seit dem Ende der sechziger Jahre von der feministischen Theologie aus. Theologinnen, besonders an den Belangen der Frau interessiert, erforschen vor allem das Verhältnis zwischen den Geschlechtern, die theologischen Aussagen über die Frau und ihre soziale Rolle. Dabei ergeben sich völlig neue, teilweise sogar dem herkömmlichen Verständnis entgegengesetzte Ergebnisse.[10]

Wenn ältere Kommentatoren in der Tatsache, daß die Frau von allen Lebewesen zuletzt geschaffen wurde, eher ihre Geringfügigkeit bestätigt sahen, so könnte man ebenso von einem Prinzip der Steigerung sprechen. Ihre Existenz hängt ebenso von Jahwes eigener Entscheidung ab wie die des Mannes. Dieser hat keinen Anteil an Jahwes Beschluß. Daß die Frau als Hilfe des Mannes deklariert wird, bedeutet keine Unterordnung. Vielmehr gilt: «Gott ist der Helfer, der dem Menschen überlegen ist, die Tiere sind die Helfer, die dem Menschen unterlegen sind, und die Frau ist die Gehilfin, die ihm ebenbürtig

10 Vgl. dazu, im folgenden kurz referiert, den Beitrag von Ph. Trible, Gegen das patriarchalische Prinzip in Bibelinterpretationen, in: Moltmann-Wendel 93–117, vor allem 99–108, Zitate 101 und 106.

ist.» In der Tat hat das in Gen 2,21f. für «Rippe» gebrauchte Wort sonst immer die Bedeutung «Seite»: Die Frau ist die (andere) Seite des Mannes. Auch die Namengebung nach sich selbst (Mann – Männin) bedeutet keine Zweitrangigkeit, sie bezeichnet lediglich die biologische Unterscheidung. Der Mann kann seine Überlegenheit auch nicht mit seiner Stärke, Kraft und Aggressivität begründen, denn die Ur- und Sündenfallgeschichte berichtet gerade das Gegenteil: Der Mann wird seine Familie verlassen und zur Frau ziehen (was in Wirklichkeit nicht stimmt). Die Frau ist für die schlaue Schlange die intelligentere, geistig lebendigere; sie ist die abwägende, aktive, die durch das Essen des Apfels klug werden will. Die «Initiative und die Entscheidung sind allein ihre. Sie berät sich nicht mit ihrem Mann. Sie bittet weder um seinen Rat noch um seine Erlaubnis.» Der Mann aber bleibt passiv, blaß, er macht sich keine Gedanken, ja man hat den Eindruck, er überblicke die Tragweite seines Tuns gar nicht. «Wenn die Frau intelligent, sensibel und klug ist, so ist der Mann passiv, roh und untüchtig.»

Im Gespräch mit Jahwe wälzt Adam die Verantwortung von sich ab und gibt sie an Gott zurück: «Die Frau, die du mir gegeben hast, gab mir vom Baum ... » (Gen 3,12). Und Jahwe widerspricht nicht. Er verflucht die Schlange, nicht aber die Menschen. Für die Menschen ist der Spruch Gottes eine Strafandrohung, die beschreibt, wie gnadenlos ihr Leben ohne Gott aussieht. Die Sünde verdirbt alle Beziehungen: die zwischen Mensch und Arbeit und nicht zuletzt die zwischen Mann und Frau. Daß der Mann über die Frau herrschen soll (3,16), rechtfertigt deshalb keineswegs den Herrschaftsanspruch des Mannes über die Frau, sondern zeigt die Unfähigkeit des Menschen (Mannes) zur Partnerschaft.

Eine solche Deutung, der sich immer mehr Theologen anschließen, führt zur Aufweichung der alten Fronten. Sie wird noch von einer ganz anderen Seite unterstützt, nämlich von der Tiefenpsychologie. Nach tiefenpsychologischer Sicht ist die Paradies- und Sündenfallgeschichte Ausdruck menschlicher Bewußtwerdung, in Jungscher Diktion: der Individuation. Und dies nicht hauptsächlich des einzelnen, sondern der Menschheit. Die Entwicklung nimmt für den Menschen ihren Anfang bei dem sich seiner selbst nicht bewußten Adam, seinem passiven, schlafähnlichen Zustand. Durch die Gegenüberstellung mit Eva wird Adam zur individuellen Person, er wird «wach». Aber auch das Paradies ist noch gekennzeichnet als ein vorbewußter Zustand, in dem keine Unterscheidung zwischen Gut und Böse möglich ist. Es gehört jedoch zum Wesen eines Paradiesmythos, daß dieser «selige» Zustand ein Ende nehmen und der Mensch durch schmerzliche und leidvolle Erfahrungen zum Ichbewußtsein gelangen muß. Und das bedeutet, «es zerfällt die Einheitswirklichkeit in unzählige Gegensatzpaare, es steht das Ich dem Nicht-Ich gegenüber»[11]. Daß dabei die Frau eine entscheidende, im Blick des patriarchalischen, biblischen Schriftstellers eine hemmende, ja feindliche Rolle spielt, hat seine Gründe in der Psyche des Mannes.

So wird das negative Frauenbild der Bibel durch die Bibel selbst abgebaut.

11 Barz (Anm. 1, S. 84) 81.

9. Ist Sexualität ein Privileg der Verheirateten?

In der christlichen Sexualmoral kommen Jugendliche, unverheiratete und alte Menschen nicht vor, es sei denn, sie werden mit Verboten bedacht. Ist es da verwunderlich, daß junge Menschen sich in der Frage des Zusammenlebens um die Meinung der Kirche nicht mehr kümmern? Die Zahl der Männer und Frauen, die unverheiratet zusammenleben, nimmt ständig zu.

Das Zusammenleben – soziologisch gesehen

Diese Entwicklung ist vielfach nachgezeichnet worden (z. B. Schmidt 32–40). Im Mittelalter heiratete man vor allem aus ökonomischen Gründen. Stand und Besitz mußten zusammenpassen. Staat und Kirche waren in ihrem je eigenen Interesse an stabilen Ordnungen ein Bündnis eingegangen. Aus wirtschaftlicher Notwendigkeit schloß sich die vorindustrielle Familie zu einer Produktionsgemeinschaft zusammen. Arbeits- und Lebensraum waren identisch. Durch die Industrialisierung wurde dann der Wohnbereich vom Arbeitsplatz getrennt. Die bürgerliche Kleinfamilie entstand. Der Frau kam nun die Aufgabe zu, Mann und Kinder zu versorgen und sie nach außen hin abzuschirmen, indem sie ihnen ein Nest der Geborgenheit schuf. Gattenliebe und Elternliebe wurden die Ideale einer nicht mehr wirtschaftlich bestimmten, sondern frei und emotional gewählten Partnerschaft. Allerdings war die Frau mehr und mehr die Leidtragende dieser Entwicklung. Denn die bürgerliche Gesellschaft schuf nun eine «Geschlechtsständegesellschaft» (Schmidt 34), in der die Frau wieder, vor allem finanziell, vom Mann abhängig wurde. Entschädigt wurde sie dadurch, daß sie zur Mutter hochstilisiert wurde (vgl. auch den Mutter-Gottes-Kult). Die Ehe war das Ideal, in ihr durfte Sexualität, wenn auch nur zum Zwecke der Fortpflanzung, gelebt werden. Sexualität galt für den Mann als Triebabfuhr, die Frau hatte keine sexuellen Bedürfnisse zu haben. Frigidität und Hysterie wurden zur typischen Frauenkrankheit (s. Freud).

Im Dritten Reich wurde die Sexualität bevölkerungspolitischen Zielen unterworfen. Erst seit den 60er Jahren setzte die sogenannte sexuelle Revolution eine grundsätzliche Liberalisierung durch. Gleichzeitig verlor die Kirche immer stärker die Kontrolle: vorher schon über Lust, Nachkommenschaft und Besitz, nun über Lust und das Sexualleben überhaupt. Daß sich nun die kirchlichen Verlautbarungen zu Sexualität und Ehelehre häuften, kann auch als ein Zeichen für deren schwindende Wirksamkeit gelten.

Heute spielen Liebe und Sexualität die zentrale Rolle beim Zustandekommen einer Partnerschaft. Und man ist einem Partner treu, solange man ihn liebt. Das ist ehrlich und echt, macht unabhängig und frei; die Ehe aus bloßer Konvention wird abgelehnt. Die emotionalen Erwartungen an den Partner sind so hoch, daß man auf Sicherheit verzichtet. Es ist unwichtig, ob man ein solches Verhalten als «serielle Monogamie»[1] bezeichnet oder als serielle Promiskuität. Das ist die «reine Beziehung»[2], das heißt eine Beziehung, die um ihrer selbst gelebt wird und auf nichts und niemanden Rücksicht nimmt.

Die Trennung von Sexualität und Ehe hat viele Gründe, die wir hier nur andeuten können: neben der allgemeinen Liberalisierung und zunehmenden Befreiung von moralischen Bindungen vor allem die Revision des Strafrechts, die Aufhebung von Tabus, den Mut der Homosexuellen, an die Öffentlichkeit zu gehen, die veränderte Bewertung der Jungfräulichkeit. Den größten Einfluß auf die Verselbständigung der Sexualität gewinnt jedoch die gewandelte Rolle der Frau, denn die Gleichstellung der Frau in Politik, Beruf und Gesell-

1 C. Ernst, Bewertung des Sexualverhaltens im Wandel. Freie Zustimmung als Bedingung für das Zulässige, in: NZZ 17. 4.96.

2 A. Giddens, Wandel in der Intimität. Sexualität, Liebe und Erotik in modernen Gesellschaften, Frankfurt/M. 1993, 109 und 122.

schaft macht sie nicht nur wirtschaftlich unabhängig vom Mann, die Frau entkommt nun auch den lähmenden Diskussionen mit ihm. Und ihre Autonomie ermöglicht jetzt erst die partnerschaftlichen Beziehungen im Sexualverhalten und damit den erwähnten Beziehungspluralismus. Der Beruf gewinnt auch für die Frau eindeutig Vorrang vor Ehe, Familie und Partnerschaft. Bereits 1978 hielten 37% der Frauen unter 30 Jahren die Ehe als Institution für überlebt. Erfüllung und Glück suchen die Frauen mehr in Erfolg und Eigenständigkeit als in Partnerschaft. Schon Schmidtchen zog daraus den Schluß: «Für die meisten jungen Frauen ist die Partnersuche selbst das Ziel des Glückstrebens, die Partnerbindung verliert damit ihren sakramentalen Charakter der Einmaligkeit»[3], – die «große Liebe» gebe es nicht nur einmal.

Sind nicht die Sex-Reisen der Männer eine Reaktion auf das Dilemma, daß hiesige Frauen für sie nicht mehr ohne weiteres verfügbar sind? So lösen sich Zeiten des Alleinseins bei vielen ab mit Zeiten etwa in einer Wohngemeinschaft und Zeiten des Unverheiratet-Zusammenlebens. Die Scheidungszahlen steigen laufend, die Heiratsziffern und die Kinderzahlen sinken, die Zahl der mit fremden Elternteilen lebenden Kinder steigt ebenso wie die Zahl der alleinlebenden Erwachsenen.

Hinzu kommen schließlich auch psychische Gründe, die gegen eine Ehe sprechen: die Angst, an den Partner gefesselt zu sein, die Angst vor Abhängigkeit und Preisgabe der eigenen Selbständigkeit und Freiheit. Dies ist vor allem bei den Frauen ausgeprägt. Die Ehe erscheint oft in schlechtem Licht. Man möchte auf Dauer nicht so unglücklich sein, wie man es in seinem Umfeld erlebt. Denn noch immer wird die Ehe von den Männern dominiert. Ihre Situation verbessert sich mit der Heirat, während die der Frau sich verschlechtert. Unter sexuellen Gesichtspunkten ist die Ehe ohnehin irrelevant ge-

3 G. Schmidtchen, Die Situation der Frau. Trendbeobachtungen über Rollen- und Bewußtseinsveränderungen der Frauen in der Bundesrepublik Deutschland, Berlin 1984, 26. Vgl. auch D. Seeber, Die emanzipierte Generation, in: HK 38, 1984, 527–531.

worden. Schließlich fürchtet man die hohen Scheidungs- und Unterhaltskosten im Falle der Trennung (s. u. S. 266f.).

Nun wird man es gewiß als Fortschritt ansehen müssen, daß die Menschen heute im Unterschied zum prüden, unehrlichen und verklemmten Verhalten früherer Generationen ihre Sexualität ohne Angst und Schuldgefühle leben können. Als Folge davon registrieren Ärzte und Psychiater die Abnahme von Frigidität und Impotenz. Aber die Probleme sind dadurch für viele nicht kleiner geworden. Statt unter Frigidität und Impotenz leiden sie nun unter Trennungsängsten und zu hohen, geradezu unerfüllbaren Erwartungen. Ein übersteigertes Bedürfnis nach menschlicher Nähe, Geborgenheit und Befriedigung eines emotionalen Defizits überfordert den Partner nur zu schnell. Und längst weiß man, daß die Konflikte in einer «Ehe ohne Trauschein» genau dieselben sind wie in einer legalisierten Ehe: Eifersucht, Untreue, Trennung. Und auch die «Scheidungsrate» ist gleich hoch. Insofern ist eine nichteheliche Verbindung nicht geeignet, dem Dilemma der Ehe zu entkommen.

Erlernte Sexualität

Der Mensch ist von Geburt an ein sexuelles Wesen. Schon Säuglinge sind zu sexuellen Reaktionen fähig, die sehr bald die Qualität des Orgasmus annehmen können. In der Regel ist die kindliche Sexualität noch ungerichtet, aber schon bald wird Körperkontakt mit anderen als angenehm empfunden. Erst die Pubertät bringt ein erhöhtes sexuelles Interesse mit sich.

Diese Entwicklung wäre jedoch nicht möglich ohne das Zutun der Eltern, ohne eine Kommunikation auf vielen Ebenen. Wir Menschen sind nicht nur auf verbale Mitteilung angewiesen, um uns verständlich zu machen. Wir benutzen auch Zeichensprache, Körpersprache, Gesichtsausdruck, Mimik und Gestik. Und wie die Sprache, so ist auch die Sexualität ein Medium, sich mitzuteilen, ein «kommunikatives Potential», das den (jungen) Menschen befähigt, diffuse, unbewußte Gefühle zu artikulieren und verfügbar zu machen. Aber auch in einem tieferen Sinn ist die Sexualität mit der Sprache vergleichbar. So wie der Mensch schon bei der Geburt Sprechwerkzeuge hat, aber noch nicht sprechen kann, so ist er auch mit einer sexuellen Anlage ausgestattet, deren Gebrauch er erst allmählich lernt. Wie man von den «Wolfskindern» weiß, kann die Sprachbegabung unausgebildet bleiben oder verkümmern. Ähnlich ist es auch mit der sexuellen Begabung. Sie muß stimuliert werden, sie braucht Anreize, um sich entfalten zu können. In der Regel bezieht sie der Mensch als Kleinkind von seinen Eltern. In diesem Prozeß der «Sexualisation» lernt das Kind, bestimmte Reize aufzufassen und sexuell zu reagieren. Kinder, die nie körperbezogene, das heißt durch Kuscheln, Liebkosen und Hautkontakt vermittelte, Wärme erfahren haben, bleiben unsexuell und entwickeln auch später keine oder nur eine ersatzweise, diffuse oder gestörte Sexualität. Dies haben die Beobachtungen von R. Spitz an hospitalisierten Kindern ebenso gezeigt wie die des amerikanischen Forschers Harlow an Rhesusaffen. Ohne liebevollen Umgang mit den Muttertieren blieben die Jungen asexuell und waren später auch zur Fortpflanzung nicht fähig.[4] Es ist also sehr fraglich, ob überhaupt das Bedürfnis nach sexueller Aktivität schon angeboren ist. Jedenfalls ist gelungenes Sexualverhalten nicht naturgegeben. Es entwickelt sich erst unter dem Einfluß von elterlicher Vermittlung, von Erfahrung und Einübung.

Deshalb ist es falsch, die Kriterien für richtiges Sexualverhalten aus dem Triebleben der Tiere oder aus der Natur zu beziehen. Die Notwendigkeit, Sexualverhalten lernen zu müssen, spricht gegen eine angeborene oder naturbedingte Triebhaftigkeit. Nicht weil der Mensch durch biologische Vorgänge, die durch innere Spannungen verursacht werden, zu einer Triebabfuhr gedrängt wird, ist er sexuell (wie Sigmund Freud glaubte), sondern weil er Sexualität als ange-

4 H. F. Harlow, Sexual behaviour in the rhesus monkey, in: F. A. Beach (Ed.), Sex and Behaviour, New York 1965.

nehm erfahren hat, sucht er immer wieder in Phantasie oder Wirklichkeit Reize oder Anregungen, die ihn sexuell stimulieren. Deshalb ist die sexuelle Erregbarkeit um so stärker ausgeprägt, je häufiger der Mensch von klein auf positive sexuelle Erfahrungen gemacht hat. Und sie verkümmert durch lange Enthaltsamkeit.

Zwar werden heute die Kinder bereits im Sexualkundeunterricht aufgeklärt, gleichzeitig aber werden sie von Kirche und Gesellschaft belehrt, daß Sexualität für sie nicht in Frage kommt. Das hat nicht zuletzt emotionale und gesellschaftliche Folgen. Unzufriedenheit, Aggression, Aussteigen aus dem System gehören zu den aktiven Reaktionen; Anpassung, Gehemmtheit, Entwicklung von Schuld- und Schamgefühlen, Ängstlichkeit und Sadismus zu den psychischen Gestörtheiten. So sehen das einige Sozialwissenschaftler. Leidenschaftlich fordern sie deshalb, daß auch für Jugendliche sexuelle Grundrechte gelten müssen. Das aber bedeute gerade nicht, sie sich selbst zu überlassen. Vielmehr müßten sie es erlernen, zufriedenstellende Beziehungen aufzubauen und zu erhalten.

Kultivierte Sexualität

Freude am eigenen Körper zu entwickeln, die Fähigkeit wahrzunehmen, von anderen angezogen oder abgelehnt zu werden, Erfahrung von ungestümer Vitalität, das Bedürfnis, für andere Verantwortung zu übernehmen, das Erleben von Eifersucht und triebhaftem Besitzen-Wollens, Verzichten und Sich-durchsetzen-Können – der Umgang mit diesen Verhaltensweisen fördert die Beziehungsfähigkeit, für die Rücksichtnahme, Treue, Disziplin und Konfliktfähigkeit Voraussetzungen sind. Insofern entspricht christliches Sexualverständnis dem humanen Menschenbild. Es gibt keine Kultur, die sich nicht um die Gestaltung der Sexualität gekümmert hätte. «Die Kultur der Sexualität ist weitgehend von den in einer Gesellschaft herrschenden ethischen Traditionen bestimmt, die ihrerseits anthropologischen (wissenschaftlichen, philosophischen und religiös begründeten)

Überzeugungen (Menschenbild) entstammen.»[5] Daß Sexualität zu einer kultivierten Körpersprache wird, hat jedoch bestimmte Formen des Umgangs miteinander zur Voraussetzung: Zärtlichkeit und Erotik. Die Bedeutung des Liebesvor- und -nachspiels für eine geglückte sexuelle Begegnung ist längst erkannt. Erst in jüngster Zeit jedoch wird die wichtige Rolle der Zärtlichkeit für den Menschen betont.[6] In unserer Berührungsangst haben wir die Zärtlichkeit aus unserem Leben verbannt, leibfeindliche Prüderie hat sie verdächtigt, sie könnte mit Sinnlichkeit oder Triebhaftigkeit zu tun haben oder solche auslösen. Aber Zärtlichkeit ist primär die Fähigkeit, jemandem seine Zuneigung auch körperlich mitzuteilen, ohne ihm zu nahe zu kommen. Denn sie ist nicht besitzergreifend, sondern einfühlsam und respektvoll. Mieth geht sogar soweit, sie gesellschaftskritisch zu nennen, weil sie die «patriarchalischen Strukturen angreift und deren Auflösung verlangt, damit das gelingen kann, worum es geht: daß das, was *gewollt* wird, auch tatsächlich *gekonnt* wird» (1995, 87). Zärtlichkeit nimmt den anderen an, und sie nimmt ihn ernst und schenkt deshalb Geborgenheit, Wärme und Einverständnis.

Genauso wichtig für die Kultivierung der Sexualität ist die Erotik. Meistens wird unter Eros eine nichtsexuelle Liebe verstanden. Indes gibt es Erotik nur bei sexuell begabten Menschen. S. Freud hat immer wieder davor gewarnt, die Erotik von der Sexualität zu trennen. Wer von Sexualität spreche, spreche auch von Erotik und umgekehrt: Beide gehörten zusammen, auch wenn sich Erotik auf einer anderen Ebene abspiele. So wie keine Eßkultur entstehen kann, wo Hungersnot herrscht, so auch keine Erotik, wo Sexualnot den Menschen beherrscht. Erotik setzt also eine gelebte Sexualitätskultur voraus.

Die Vielschichtigkeit und Vielgestaltigkeit der Erotik versteht man am besten, wenn man sich dem Ursprung des Wortes zuwendet.

5 W. Langer, in : Liebe, Eros, Sexualität (vgl. Anm. 1, S. 14) 188.

6 Literatur zu Zärtlichkeit: E. Fromm, Die Kunst des Liebens, Frankfurt 1972, Stuttgart 1980; K. Marti, Zärtlichkeit und Schmerz, Darmstadt 1979; D. Mieth, Die Kunst, zärtlich zu sein, Freiburg i. Br. ³1985; W. Bartholomäus, Unterwegs zum Lieben, München 1988, 63–76.

Eros, der Gott der Liebe, steht als Urgott am Anfang der Welt. Er ist eine weltschaffende Kraft, die dem Werden dient und auf Leben ausgerichtet ist. Hesiod nannte ihn den «Schönsten der Unsterblichen», den «gliederlösenden Bezwinger von Göttern und Menschen». Frühlingshaft wird er genannt, im Glanz himmlischer Blitze, goldgeflügelt, goldhaarig, bringt er, einem Sturm gleich, das Bittere und das Süße der Liebe mit schicksalhafter Gewalt. Er überwindet das Tote und versöhnt Gegensätze. Nach Platon gründet er in Sehnsucht und Verlangen, strebt nach Neuem und begeistert sich, nie zufrieden mit dem Erreichten, für Höheres. Eros ist, so möchten wir sagen, die Spannung zwischen der Realität und dem erträumten, ersehnten oder gedachten Möglichen, die den Menschen kreativ sein läßt. So ist der Eros die Triebfeder für alle Lustgewinn bringenden Handlungen, körperliche und psychische, künstlerische und wissenschaftliche. Ohne Eros gäbe es für den Menschen nicht die Möglichkeit der Sublimierung, das heißt die Änderung der Objektrichtung von sexuellen auf nichtsexuelle Ziele. Freud hat – wir kommen gleich darauf zurück – den Begriff «Sublimierung» eingeführt, um damit auszudrücken, daß die scheinbar ohne Beziehung zur Sexualität vollzogenen Leistungen auf intellektuellem und künstlerischem Gebiet in Wirklichkeit dem Sexualtrieb zu verdanken sind. Erotik ist also kultivierte und sublimierte Sexualität. So gesehen, ist Zärtlichkeit eine humane Hinführung zur Sexualität.

Die Feministinnen bringen noch eine neue Variante in das Eros-Verständnis. Fühlten sie sich als Frauen durch das Etikett «erotisch» meistens diskriminiert, so entdecken sie nun Freude und Vitalität im erotischen Lebensgefühl. Es bündelt die körperlichen, emotionalen und psychischen Kräfte, die ihnen die Fähigkeit verleihen, ihr Leben positiv und spirituell zu gestalten. Damit schließt Erotik Körperlichkeit und Sexualität ein. Ja sie geht weit darüber hinaus: Sie macht das Leben offen und den Menschen kreativ zugewandt. Damit nähert sich die Frauenbewegung dem antiken Verständnis von Eros an.

Und die Alten?

Erst in jüngster Zeit gesteht man auch älteren und alten Menschen zu, sexuelle Kontakte zu pflegen.[7] Aber immer noch ist es ungewohnt und gilt als unschicklich, wenn alte Menschen Hand in Hand spazierengehen, wenn sie zärtlich miteinander sind. Kinder wundern sich oft, wenn ihr verwitweter Vater wieder heiraten will. In Altenheimen leben Männer und Frauen getrennt, aber immer häufiger entwickeln sich zwischen alten Menschen neue Freundschaften, die auch Sexualität mit einschließen. Die Wirklichkeit widerlegt die Annahme, daß alte Menschen kein Interesse an Sexualität hätten, ja daß sie dazu gar nicht mehr fähig seien. Gründe, die ältere Menschen veranlassen, sich nicht mehr sexuell zu betätigen, sind meist psychischer Natur. Freilich, wenn das allgemeine Interesse an Beruf, Hobby, gesellschaftlichem und geistigem Leben nachläßt, dann gerät auch die Sexualität aus dem Blickfeld. Biologisch gesehen jedoch kann der Mensch bis ins hohe Alter sexuell aktiv sein. Der einzige Unterschied zu früher besteht darin, daß sich die Reaktionen verlangsamen. Im allgemeinen gilt, daß ein Mensch, der regelmäßig sexuellen Umgang gepflegt hat, auch im Alter damit weniger Probleme haben dürfte.

Verhinderte und sublimierte Sexualität

Unsere überkommenen gesellschaftlichen und moralischen Normen schließen einen erheblichen Prozentsatz der Menschen von einem normalen Sexualleben aus. Dazu zählen außer den alten Menschen und den Jugendlichen die alleinstehenden Erwachsenen, Homosexuelle, Körperbehinderte, Menschen in psychiatrischen Einrichtungen und Strafgefangene. Es ist hier nicht der Ort, entsprechende Bedin-

7 Vgl. zum Thema H.-J. v. Schumann, Erotik und Sexualität in der zweiten Lebenshälfte, Stuttgart 1980; W. Cyran/M. J Halhuber, Erotik und Sexualität im Alter, Stuttgart 1992; K. v. Sydow, Die Lust auf Liebe bei älteren Menschen, München 1992; R. N. Butler/M. J. Lewis, Alte Liebe rostet nicht, Bern 1996.

gungen für angemessene partnerschaftliche Kontakte für alle diese Gruppen zu fordern, wie es die Sexualwissenschaftler allgemein tun. Aber es soll doch kurz auf die Problematik hingewiesen werden, die damit verbunden ist.

Bei vielen Alleinstehenden bleibt die Sehnsucht nach Liebe unerfüllt. Sie sind gezwungen, ihre sexuellen Bedürfnisse zu verdrängen, das heißt, als unerwünscht ins Unbewußte zu verschieben. Diese sind damit aber nicht beseitigt. Vielmehr versuchen sie, in anderer Form ins Bewußtsein zurückzukehren. Religiös Erzogene oder moralisch Denkende halten sich dann für schlecht, andere werden wütend und aggressiv. So kann z. B. ein Zusammenhang zwischen Machtstreben und unterdrückter Sexualität bestehen, wie ihn bereits Reich nachgewiesen hat.[8] Um ein Beispiel zu nennen: Der Jugendliche, der seine Sexualität unterdrücken muß, neigt dazu, permanent ein schlechtes Gewissen zu haben. Dabei ist es gleichgültig, ob die Forderung nach Enthaltsamkeit im Gewand kirchlicher Gebote oder eines gesellschaftlichen Sittenkodex auftritt. Menschen mit schlechtem Gewissen und Minderwertigkeitsgefühlen aber sind gehorsam und manipulierbar, denn sie beanspruchen keine Rechte auf Selbstbestimmung und Kritik. Da aber die Triebbedürfnisse nicht verschwinden, müssen sie erneut bekämpft werden. Dieser Kampf ist nun mit immer stärkeren Aggressionen besetzt, die sich gegen andere und den betreffenden Menschen selbst richten können. Das schlechte Gewissen wird zum Schweigen gebracht, indem man sich einerseits mit der verbietenden Instanz identifiziert, andererseits für sein Versagen oder für seine Sünde einen Schuldigen sucht, oft in Minderheiten, in jedem Fall aber in einem Schwächeren. Am Ende wird der Unterdrückte zum «Radfahrer», der nach oben buckelt und nach unten tritt.

Schlimmer als der manipulierbare und obrigkeitshörige Staatsbürger aber sind der Masochist und der Sadist. Auch wenn sich diese Perversionen (s. S. 218f.) meist in der Partnerschaft auswirken, haben

8 Den entscheidenden Anstoß zur Erforschung der subtilen Machtausübung mittels der Sexualität in der Sozialgeschichte gab Foucault.

sie oft gesellschaftliche und politische Konsequenzen. Judenpogrome, Hexen- und Ketzerverbrennungen gehören hierher. Da braucht nur die Situation günstig zu sein, damit sadistisches Machtstreben wirksam werden kann.

Die andere – positive – Art, aufgestaute sexuelle Energien umzuformen, ist die Sublimierung. Dieser von Freud stammende Begriff besagt, daß der Sexualtrieb auf nichtsexuelle Triebe abgelenkt wird. Große kulturelle Leistungen sind auf diese Weise entstanden, vor allem auf religiösem, künstlerischem und intellektuellem Gebiet. Ja, Freud geht so weit zu erklären, ohne die Sublimierung gäbe es gar keine Kultur. Hierher gehören neben Dichtern, Musikern und Forschern auch alle, die sich für andere Menschen oder eine soziale Sache einsetzen, viele Heilige, Mystiker(-innen) und solche, die aus religiösen Gründen zölibatär leben. Aber man wird hier wohl unterscheiden müssen: Gemeint sind nicht die zum Zölibat Verpflichteten und Gezwungenen – die eher mit jenen in eine Reihe zu stellen sind, die aus anderen Gründen auf Sexualität verzichten müssen, die ihren Wunsch, geliebt zu werden und zu lieben, unterdrücken und verdrängen müssen und nicht selten neurotisch werden –, sondern all diejenigen, die sich freiwillig und mit Engagement in den Dienst einer höheren Sache stellen. Sie leben kreativ, aus ihrer eigenen Mitte und Identität heraus, bezogen auf andere Menschen. Gottesliebe ist nur möglich aufgrund der Selbst- und Nächstenliebe. Alles andere ist verkrampft und ungesund. Große Leistungen vollbringen und ein freier reifer Mensch sein kann man nur aufgrund eigener Entscheidung.

Oft helfen den Menschen, die sich sexuelle Bedürfnisse nicht erfüllen können, verschiedene Arten von Ersatzbefriedigung. Aber Ersatzbefriedigung ist gewissermaßen die Umkehrung der Sublimierung. Kam es dort darauf an, sexuelle Energien auf andere Menschen oder geistige Bereiche zu verlagern, so geht es hier darum, seine sexuellen Bedürfnisse durch Reize von außen zu befriedigen. S. Freud entdeckte die Ersatzbefriedigung an dem zu seiner Zeit weit verbreiteten Phänomen der Hysterie: ein hysterischer Krampfanfall bringt die Beachtung, Zuwendung und Befriedigung, die sonst der Geschlechtsverkehr bietet.

Zu den Ersatzbefriedigungen gehört auch eine bestimmte Art von Werbung, die mit sexuellen Motiven unterschwellig zum Kauf und Genuß einer Ware auffordert. Verwendeten bisher Reklamebilder nur weibliche Darstellungen, die gleichermaßen die sexuelle wie die finanzielle Potenz des Mannes ansprechen sollten, so gilt das heute – ein Zeichen der Emanzipation – auch umgekehrt. Auch Frauen sollen von der erotischen Werbung mit dem männlichen Körper verführt werden.

Und vor allem die Pornographie. Sie ist eine Umleitung sexueller Gefühle. Da das ursprüngliche Bedürfnis nach Geborgenheit und Liebe nicht entsprechend gelebt werden kann, wird Sexualität geschäftsmäßig angeboten und vermarktet. Pornographie weicht aus in das Reich der Phantasie, der Massenphantasie. Unter dem Vorzeichen der Verfügbarkeit und Abrufbarkeit verspricht sie Sexualität im Überfluß. Darin ist sie ein Spiegel unserer Gesellschaft: Konsumhaltung. Wer jedoch alles aufsaugt, was in unseren Medien erreichbar ist, wird zur eigentlichen Sexualität unfähig.

Für die Frauen hat Pornographie noch ein anderes Gesicht: Sie erscheint ihnen als Ausdruck männlicher Gewalt und Demütigung. Denn sie sind, so scheint es zunächst, die Opfer. Aber wie auch im übrigen die aggressiven Anteile der Sexualität allmählich auch Frauen zugestanden werden[9] (s. S. 83–87), so sind auch in der Pornographie ihre Anteile komplizierter.

Allerdings gibt es auch homosexuelle (männliche wie weibliche) Pornographie. Diese hat mit Gewalt und Machterhalt im Geschlechterverhältnis nichts zu tun. Und das führt uns auf eine tiefere Ebene der Betrachtung. Pornographie ist ein Symptom der menschlichen Zwiespältigkeit. Bezieht Schmidt diesen Riß im Menschen noch auf die Sexualität im engeren Sinn, wenn er sagt: «Pornographie spiegelt

9 I. Azoulay, Phantastische Abgründe. Die Gewalt in der sexuellen Phantasie von Frauen, Frankfurt/M. 1996.

Konflikte und Ängste im Zusammenhang mit Sexualität wider, läßt wie unter der Lupe die Zerrissenheit sexuellen Lebens erkennen» (Schmidt 96), so geht S. Sontag noch einen Schritt weiter mit ihrer Überzeugung, Pornographie widerlege die Annahme, «der Sexualtrieb der Menschen sei, wenn er sich ungestört entfalten könne, eine ebenso natürliche wie erfreuliche Angelegenheit und das Obszöne sei eine Konvention, eine Fiktion, die der Natur von einer Gesellschaft aufgezwungen werde, die in der Überzeugung lebe, daß an den sexuellen Funktionen und damit auch am sexuellen Vergnügen etwas Anrüchiges sei»[10].

Pornographie sagt somit – wie die Hinfälligkeit und Zerrissenheit des Menschen überhaupt – etwas über seine Verfaßtheit, die Conditio humana, aus. Auch die Sexualität befreit und bindet zugleich.

10 S. Sontag, Die pornographische Phantasie, in: Kunst und Antikunst, Frankfurt/M. 1980, 39–71, hier 58.

10. Außereheliche Beziehungen – was sagt die Bibel dazu?

Jungfräulichkeit ist kein Thema

Wenn wir uns nun der Bibel zuwenden, so gilt es zunächst, eine terminologische Vorfrage zu klären. Die kirchliche Askese und Morallehre legte schon früh großen Wert darauf, daß besonders berufene Menschen sich der Sexualität enthalten und «jungfräulich» leben sollen (ein Ausdruck, der merkwürdigerweise auch für den Mann gebraucht wird, vgl. Offb 14,4, wo die Männer, «die sich mit Frauen nicht befleckt haben», Jungfrauen genannt werden). Die Wörter «Jungfrau» und «jungfräulich» im Sinne sexueller Unberührtheit kennt jedoch die hebräische Bibel nicht. Offenbar ist ihr dieser Status nicht so wichtig. Das zeigt ein kurzer Blick auf die Terminologie. Für die Jung-Frau, ob verheiratet oder nicht und – im zweiten Fall – ob «jungfräulich» oder nicht, kennt die hebräische Bibel drei Ausdrücke.

1. Das am häufigsten gebrauchte und bedeutungsbreiteste Wort ist *na^{c}arah,* im Deutschen gewöhnlich mit «Mädchen» übersetzt. Es bezeichnet die junge Frau, sei sie ledig wie Rebekka (Gen 24,14ff.) und Abischag von Schunem (1 Kön 1,2–4), sei sie jung verheiratet (Dtn 22,15–21) oder jung verwitwet wie Rut (Rut 2,6; 4,12). Auch bei ledigen jungen Frauen besagt das Wort noch nichts über deren Jungfräulichkeit. Soll diese hervorgehoben werden, bedarf das Wort *na^{c}arah* näherer Präzisierungen. Dazu dient zunächst das Wort

2. *b^{e}tulah,* in unseren Bibelübersetzungen in der Regel mit «Jungfrau» wiedergegeben. Das Wort wird in der Tat gelegentlich dem allgemeinen Wort *na^{c}arah,* «Mädchen», beigefügt, um dieses als jungfräulich zu kennzeichnen. So wird von Rebekka gesagt, sie sei ein schönes Mädchen *(na ^{c}arah)* gewesen, eine Jungfrau (*b^{e}tulah*; Gen 24,16). Der Doppelbegriff *na ^{c}arah b^{e}tulah* charakterisiert die junge

Frau ausdrücklich als jungfräulich (Dtn 22,23.28; 1 Kön 1,2; Est 2,2f.). Freilich liegt dabei der Akzent weniger auf der Jungfräulichkeit im physiologischen Sinn als auf der fehlenden Bindung an einen Mann. Nur in wenigen Fällen bedeutet *b^{e}tulah* unmißverständlich «Jungfrau». Wo dieser Sinn zwar gemeint ist, sich aber aus dem Zusammenhang nicht eindeutig ergibt, wird deshalb ausdrücklich vermerkt, es handle sich um eine *b^{e}tulah,* die noch mit keinem Mann Umgang gehabt habe (so von Rebekka Gen 24,16 und von den vierhundert in Jabesch Gilead erbeuteten Mädchen Ri 21,12).

3. Nur insgesamt siebenmal findet sich in der hebräischen Bibel das Wort *ᶜalmah.* Dennoch wurde ihm in der wissenschaftlichen Diskussion am meisten Beachtung geschenkt, weil es in der Immanuel-Weissagung Jes 7,14 vorkommt. Auch dieses Wort *kann,* es *muß* aber nicht die Virginität einschließen. Das biblische Hebräisch verfügt somit über kein Wort, das dem deutschen «Jungfrau» – physiologisch verstanden – entspricht, wie überhaupt das Phänomen der Jungfräulichkeit aus Überzeugung im Alten Testament keine Rolle spielt.[1]

Die Gesetze schweigen

Die altorientalischen Gesetze interessieren sich für das Sexualverhalten von Mann und Frau nur im (engeren oder weiteren) Zusammenhang mit der Ehe. So enthält das *altbabylonische* Gesetzbuch des Hammurapi (1728–1686) 68 Paragraphen (128–195) über das Ehe- und Familienrecht, aber keinen einzigen über Sexualität zwischen Unverheirateten. Wir müssen daraus entweder schließen, daß es eine solche nicht gab – was unvorstellbar ist – oder daß sich der Gesetzgeber darum nicht kümmerte, weil er sie für die Lebensgemeinschaft des Volkes als nicht gefährlich ansah.[2]

1 «‹Jungfrau› und ‹Jungfräulichkeit› haben nach Wort und Sache in der religiösen Vorstellung des AT und der Frühstgeschichte seiner Auslegung keine Bedeutung» (M. Tsevat, in: ThWAT I, 877).

2 Vgl. Reallexikon der Assyriologie III, 258a.

Den alten *Ägyptern* wird zwar das Zeugnis ausgestellt, «daß sie keusch gewesen sind wie kaum ein anderes Volk»[3]. Dennoch gewähren uns ihre Liebeslieder Einblick in das unbeschwerte Liebesglück des jungen Mannes mit seiner Freundin, dem erst die den Morgen ankündende Schwalbe ein herbes Ende bereitet. «Die Liebenden wußten sich zu treffen: wenn nicht in der Bettkammer, so in den Höhlen des Wüstengebirges, im Garten unter dem Schutz des Baumes, in der Laube, im Zelt; aber auch am Fluß, besonders im Dikkicht des Papyrussumpfes.»[4] Man scheint daran nichts Anstößiges gefunden zu haben, und wenn im Totenbuch dem Verstorbenen die Beteuerung in den Mund gelegt wird, er habe keine Unzucht getrieben, so scheint damit in erster Linie Homosexualität gemeint zu sein.[5]

So wußte sich denn auch das alte Israel in dieser Hinsicht durchaus in Gemeinschaft mit der damaligen altorientalischen Welt. Wir finden im Alten Testament zwar strenge Bestimmungen für das Verhalten einer verheirateten und einer verlobten Frau – darüber später –, hingegen keine Einschränkungen für den freien Verkehr eines (verheirateten oder ledigen) Mannes mit einer ledigen Frau. Das Sittengesetz scheint sich dafür nicht interessiert zu haben. Der einzige Ausnahmefall, für den eine Sanktion vorgesehen wird, ist die Vergewaltigung eines Mädchens (s. S. 213–215).

Mehr ist in der Gesetzgebung des Alten Testaments nicht zu finden, was den freien Verkehr von Mann und Frau beeinträchtigen würde. Aber auch die erzählenden und lyrischen Texte des Alten Testaments vermitteln uns kein anderes Bild. Sie bestätigen vielmehr die Feststellung, daß die offizielle Moral Israels die Sexualität keineswegs ausschließlich in Relation zur Ehe sah. Grundlegende Aussagen preisen Erotik und Liebesvereinigung als ein hohes Gut in sich. Das

3 E. Brunner-Traut, Die alten Ägypter, Stuttgart 1974, 79.

4 E. Brunner-Traut 86f.; vgl. P. H. Schulze, Frauen im alten Ägypten, Bergisch Gladbach [2]1988, 52–63.

5 H. Brunner bei W. Beyerlin, Religionsgeschichtliches Textbuch zum Alten Testament, Göttingen 1975, 91.

Verlangen des Mannes nach der Frau und das Einswerden der beiden gehörte für die alten Israeliten zu den unbegreiflichen Dingen dieser Schöpfung. Es sprengt alle für sie einsichtigen Gesetze der Natur, ähnlich wie Vogelflug und Schiffahrt auf hoher See. – Spr 30, 18f.:

> Drei Dinge sind mir zu wundersam,
> ja vier, die ich nicht begreife:
> der Weg des Adlers am Himmel,
> der Weg der Schlange auf dem Felsen,
> der Weg des Schiffes auf hoher See
> und der Weg des Mannes bei einer jungen Frau.

Die Jugend ist unbefangen

Gewiß erfreute sich im alten Israel die Jugend eines weniger freien Umgangs miteinander als Jugendliche heute. Die für die moderne Industriegesellschaft selbstverständliche Mischung von Männern und Frauen in Beruf und Freizeit, Sport und Tanz war dem alten Israel (so wie noch dem heutigen Orient) weithin unbekannt. Frauen treten in der Öffentlichkeit meist in Gruppen auf. Sie begrüßen die heimkehrenden Krieger mit Gesang und Reigentanz (1 Sam 18,6f.), wobei eine Frau die Rolle der Vorsängerin übernimmt (Ex 15,20f.). Beim Erntefest tanzen die Mädchen unter sich (Ri 21,19ff.). Das Wasserschöpfen am Morgen und am Abend ist vorwiegend Sache der Mädchen, die in Gruppen zu dem außerhalb der Siedlung gelegenen Brunnen gehen (1 Sam 9,11).[6] Dort trifft man sich freilich auch mit den Hirten (Gen 29,2–10, vgl. Hld 1,7f.). Die Rut-Erzählung zeigt uns Knechte und Mägde gemeinsam bei der Erntearbeit (Rut 2). Es wäre ein Wunder, wenn sich hierbei keine Liebesverhältnisse angebahnt hätten, und es braucht wenig Phantasie, um sich auszumalen,

6 Die einsame samarische Frau zur Mittagszeit am Jakobsbrunnen (Joh 4,6f.) wird als ungewöhnlich empfunden (vgl. V. 27).

daß Boas und Rut nicht das einzige Paar waren, das die Gelegenheit benützte, um gemeinsam eine Nacht im Schutze der Garbenhaufen zu verbringen (Rut 3,7, vgl. Hld 2,16f.; 7,12f.).

So treten denn auch die Mädchen der Bibel durchaus selbstbewußt und frei auf. Die schöne Rebekka läßt sich am Brunnen von einem ihr wildfremden Mann einen goldenen Nasenring und zwei goldene Armspangen anlegen, und als sie damit nach Hause kommt, findet ihre Familie das ganz natürlich (Gen 24,22–30). Ebenso läßt sich die schöne Rahel – wiederum am Brunnen – von Jakob küssen, ohne zu wissen, wer er ist, wobei Jakob vor Glück weint (Gen 29,11). Der alte Erzähler fand daran offenbar nichts Anstößiges. Erst spätere jüdische Auslegung erklärte das Weinen Jakobs damit, daß er wahrnahm, wie die Hirten über ihn tuschelten.[7]

Dina begab sich ohne Begleitung in die Kanaaniterstadt Sichem, zwar nur «um sich die Mädchen anzusehen», das heißt, um Mädchengesellschaft zu finden, wonach sie als einziges Mädchen unter zwölf Brüdern sicherlich ein großes Bedürfnis empfand (Gen 34,1). Dennoch mußte sie sich der Gefahr bewußt sein, der sie sich damit aussetzte. Für die Vergewaltigung, deren Opfer sie in der Tat wurde, tadelt der biblische Erzähler jedoch nicht sie, was bei uns heute noch oft der Fall ist, sondern den jungen Mann, der ihr Gewalt antat (V. 7.31). Zum Staunen gibt uns immer wieder das Verhalten der jungen Witwe Rut Anlaß, die sich bei Nacht zu dem Mann, den sie liebt, auf die Tenne schleicht und «bis zum Morgen» zu seinen «Füßen» schläft, wie es mit verhüllender Offenheit heißt (Rut 3,7–14).

Die große Liebe im Hohenlied

Vor allem aber zeigt uns das Hohelied die durch keine Institution abgesicherte Liebe zweier junger Menschen. Die Zeiten sind zum Glück vorbei, in denen das Schwergewicht der Tradition und die

7 Gen. Rabba z. St.; vgl. Epstein 1948, 105.

Sexualfeindlichkeit der Kirche diese biblische Liebesdichtung als Allegorie auf die Liebe zwischen Jahwe und Israel oder Christus und der Kirche deuteten. Heute wird sie von den Auslegern – mit wenigen Ausnahmen – als das erkannt, was sie ist: eine Sammlung von Liebesliedern des alten Israel. Diese Erkenntnis schützte jedoch das Hohelied nicht vor weiteren Mißdeutungen. Namhafte Ausleger wollen darin jetzt Hochzeitslieder sehen, die die eheliche Liebe und Treue verherrlichen.[8] Textstellen, die sich diesem Schema nicht einfügen, werden als «Mädchenträume» erklärt, vor allem das Lied 3,1–5:

Auf meinem Lager eine lange Nacht
suchte ich, den ich so innig liebe.
Ich suchte ihn, und ich fand ihn nicht.

Aufstehen will ich und die Stadt durchstreifen,
die Gassen und die Plätze,
ihn suchen, den ich so innig liebe.

Ich suchte ihn, und ich fand ihn nicht.
Ich stieß auf die Wächter
bei ihrer Runde durch die Stadt:

Den ich so innig liebe,
habt ihr ihn gesehen?

Kaum war ich an ihnen vorüber,
da fand ich ihn, den ich so innig liebe.

Ich hielt ihn fest und ließ ihn nicht mehr los,
bis ich ihn in das Haus meiner Mutter gebracht,
in die Kammer, wo sie mich gebar.

8 So sieht E. Würthwein in den Gedichten des HL Kunstlieder, die «zum Vortrag bei den im allgemeinen sieben Tage dauernden Hochzeitsfeiern bestimmt waren» (Die fünf Megillot, Tübingen 1969, 34).

Ich beschwöre euch, Töchter Jerusalems,
bei den Gazellen und bei den Hinden des Feldes:
Stört nicht die Liebe,
schreckt sie nicht auf,
bis sie selbst es will!

Darin, daß dem Mädchen ein Handeln gegen die Sitte zugeschrieben werde, zeige sich – so wird gesagt –, daß ein Traum geschildert werden solle. «Geschieht doch im Traum leicht, was im Tagesbewußtsein unbedingt abgelehnt würde. ... Auf die Hochzeit bezogen, sagt dieses Lied aus, wie sehr die Heirat den Wünschen des Mädchens entspricht.»[9] In der Tat scheint die junge Frau im Hohenlied die Aktivere zu sein. Sie ergreift häufiger die Initiative: «Komm, mein Geliebter, wir gehen hinaus aufs Feld ..., dort will ich dir meine Liebe schenken» (7,12 oder auch 1,2; 1,7f.; 3,1–5 u. ö.). Sie ist die Mutigere, setzt ihren guten Ruf aufs Spiel und nimmt bei ihrem verzweifelten Umherirren in den nächtlichen Straßen der Stadt Mißverständnisse und Gefahren auf sich (5,6 f.):

Ich war außer mir, als er weglief,
ich suchte ihn, und ich fand ihn nicht,
ich rief ihn, und er gab keine Antwort.
Ich stieß auf die Wächter bei ihrer Runde durch die Stadt.
Sie schlugen mich, verletzten mich,
rissen mir das Kopftuch weg,
die Wächter der Mauern.

Sie äußert ebenso freimütig wie er, ja freimütiger noch ihre Wünsche und Bedürfnisse, sie spricht wie er ihre Sehnsucht und ihr Verlangen offen aus: «Wenn er mich doch küßte!» (1,2). Sie bekennt: «Krank

9 Würthwein ebd. 48. Für O. Keel (Das Hohelied, Zürich 1986) ist das Gedicht «überhaupt ganz unrealistisch». Es will zur Darstellung bringen, daß das ganze Verlangen des Mädchens, «ihre ganze Sehnsucht, ihr Denken, ihr Fühlen und körperliches Begehren auf *ihn* gerichtet sind» (114f.).

bin ich vor Liebe» (2,5). Das zeugt von großem Selbstbewußtsein, wie es sonst in der Bibel bei einer Frau nicht üblich ist. Die Reaktionen des jungen Mannes auf ihre Erscheinung und ihr Kokettieren sprechen für sich. Sie verwirrt ihn mit ihren Blicken, sie macht ihn verrückt (4,9), was sie wiederum dazu veranlaßt, stolz festzustellen: «Nach mir geht sein Verlangen» (7,11). Der Fluch bei der Vertreibung aus dem Paradies, «Nach deinem Mann sollst du verlangen, er aber wird über dich herrschen» (Gen 3,16), hat sich ins Gegenteil verkehrt. Nun sind sie beide voneinander abhängig.

In Wirklichkeit laufen solche Lieder mehr den Moralvorstellungen der christlichen Ausleger zuwider als dem damaligen Sittenkodex. Denn daß solche Lieder in Israel gesungen wurden, macht doch allein schon wahrscheinlich, daß die Mädchen auch taten, was sie sangen. Unterscheidet sich diese Beziehung überhaupt von der Beziehung unserer jungen Menschen? Die erotische Liebe weckt wohl bei allen Menschen dieselben Gefühle.

Bei näherem Zusehen macht der ganze Tenor des Hohenliedes einen Bezug auf die eheliche Liebe unmöglich. Meist treffen sich die beiden Liebenden im Freien. Das Mädchen erklärt: «Unser Lager ist Laub, die Balken unseres Hauses sind Zedern, unsere Dachsparren sind Zypressen» (1,16f.), und sie lädt ihren Freund ein: «Komm, mein Geliebter, hinaus auf die Flur, dort will ich dir meine Liebe schenken» (7,12f.). So spricht keine Ehefrau zu ihrem Mann. Auch wird angedeutet, daß diese Zusammenkünfte zeitlich begrenzt und immer schon von der bevorstehenden Trennung überschattet sind. «Bis der Tag heranweht und die Schatten fliehen – komm her, mein Geliebter», so fordert das Mädchen zur Liebe auf (2,17), und die beiden bitten nur, daß man sie ihrer Freude ungestört überlasse: «Stört nicht die Liebe, bis sie es will» (2,7; 3,5). Das alles paßt schlecht in das Bild eines «bürgerlichen» Ehelebens!

Auch die Höhepunkte der Liebe werden nicht ausgespart. Und ähnlich wie das Alte Testament insgesamt, so spricht auch das Hohelied von den intimen Begegnungen ganz offen, meistens jedoch verschlüsselt. Blicke, Düfte, Küsse rauben dem jungen Mann den Verstand; er ist berauscht und verzaubert (5,9–11). Die junge Frau bekennt: «Ich kannte mich selbst nicht mehr» (6,12). Von einer Weinstube ist die Rede, in die sie einkehren; von Früchten, die süß schmecken, von Traubenkuchen und Äpfeln, Milch und Honig. Besonders eindrücklich jedoch ist das Bild des Gartens. Immer wieder wird gesagt, daß der Freund in seinen Garten geht oder in seinen Nußgarten hinabsteigt. Und wenn das Mädchen von den Freundinnen gefragt wird:

> Wohin ist dein Geliebter gegangen,
> daß wir ihn suchen mit dir?,

und es antwortet (6,1f.):

> Mein Geliebter stieg in seinen Garten hinab,
> zu den Balsambeeten,
> um in den Gärten zu weiden
> und Blumen zu pflücken,

so ging der Geliebte ganz sicher nicht in einen wirklichen Garten. Der Garten ist nicht nur der Ort der Liebe, er ist auch die Geliebte selbst. Auch in diesem Bild folgt das Hohelied der ägyptischen und sumerischen Lyrik.

Wir haben es also im Hohenlied mit zwei unverheirateten Menschen zu tun, und nichts läßt erkennen, daß sie überhaupt daran denken, eine Ehe zu schließen. Lebensgemeinschaft, Leben zu zweit, gar Kinder liegen völlig außerhalb ihres Blickfeldes. Es geht im Hohenlied einzig und allein um die Freude, die zwei junge Menschen aneinander haben, und um den Liebesgenuß. Darum spielen das Drängen zueinander hin und die unerfüllte Sehnsucht eine so große Rolle, – beides keine dominierenden Elemente der ehelichen Liebe. Alle möglichen Kniffe müssen die beiden anwenden, um zusammenzukommen, und die heiß ersehnte Erfüllung hat nichts mit einer «gottgewollten Ehe» gemein. Sehnsüchtig begehrt das Mädchen die

Küsse des Geliebten: «Wenn er mich doch küßte mit den Küssen seines Mundes!» (1,2). Sie sucht den Geliebten auf dem Weideplatz – was eine Ehefrau kaum tut – und erkundigt sich, wo er wohl sein könnte (1,7); sie verlangt, im «Schatten» des Geliebten zu sitzen (2,3); sie sehnt sich nach ihm eine lange Nacht und macht sich schließlich auf, ihn in der Nacht zu suchen, was dem Verhalten einer Ehefrau schwerlich entspricht (3,1).

Die Liebe der beiden jungen Menschen scheint der Realität weitgehend enthoben zu sein. Wie alle Liebenden leben sie in einer Welt für sich, und sie stehen gleichzeitig außerhalb der Gesellschaftsordnung. Aber deren Störungen tangieren die beiden nicht wirklich. Wie ist das möglich in einer patriarchalen Zeit, in der die Frau keinen Anspruch hatte auf ein individuelles Leben und ganz und gar in die Großfamilie eingebettet war? Im ganzen Alten Testament spürt man ja das Bemühen, den Geschlechtstrieb in die herrschenden Wertvorstellungen zu integrieren.

Es handelt sich demnach bei unseren beiden Liebenden um eine freiwillige, freie und ebenbürtige Beziehung, eine Spielart von Liebe, die dem üblichen Bild, das man von der Geschlechterbeziehung im Alten Testament gewinnt, diametral entgegensteht. Aber auch dieses Bild ist authentisch. Es ist ein Beweis dafür, daß das Menschenbild der Bibel ebensowenig genormt ist wie die Glaubensaussagen und die ethischen Vorstellungen, und zugleich wird daran deutlich, wie vielseitig die Bibel das Leben betrachtet.

Gewiß gibt es im Alten Testament auch Texte, in denen ein verwerfliches Tun beschrieben wird. Dann aber wird das Erzählte immer unmißverständlich verurteilt. Denken wir etwa an die Erzählung vom Brudermord Kains oder von Davids Ehebruch mit Batseba, die der Historiker mit der Bemerkung beschließt: «Jahwe aber mißfiel, was David getan hatte» (2 Sam 11,27). Im Hohenlied aber werden alle Saiten der Poesie und Musik zum Klingen gebracht, um das Glück der erotischen Liebe zu preisen. Freilich mag es im damaligen Judentum strengere Richtungen gegeben haben, gegen die das Hohelied polemisiert. Aber in der Bibel vermochten sich diese Richtungen nicht durchzusetzen. Es gibt keinen Text in der Bibel, der dem Hohenlied formell widerspricht oder die von ihm gewährte Freiheit widerruft.

Die Liebe der beiden Liebenden ist wie ein Pakt gegen das Dunkel dieser Welt. Und offensichtlich ist es die Frau, die mit ihrer Liebesfähigkeit dem Tod und allen lebensfeindlichen Kräften entgegentreten kann, während der Mann der (emotional) Gefährdete und zu Beschützende ist. Allein diese Einschätzung von Sexualität und Liebe verbietet es, sie als «profan» abzuwerten. Wenn also Jahwe (Gott) im Hohenlied nicht genannt wird, dann heißt das nicht, daß die Liebe nicht eine heilige Sache ist. Gott wird nicht erwähnt, weil er immer anwesend ist.

Das Hohelied und die Mystik

Aber es gibt darüber hinaus noch eine uralte Beziehung zwischen der Sexualität und dem Religiösen, die im Christentum völlig verlorengegangen ist – abgesehen von der Mystik. In der metaphorischen und ekstatischen Sprache der Mystik wird etwas ausgedrückt, was anders nicht gesagt werden kann. So können wir von Gott oder vom Tod nur in Bildern sprechen, weil beides unsere Erfahrung und unser Begreifen übersteigt. Und ebenso ist es mit der Liebe. In der sexuellen Vereinigung mit dem geliebten Menschen wird die Ich-Grenze aufgehoben, die eigene Identität erschüttert, die Zeit angehalten. Ein starkes Gefühl von Getragensein, Ergriffenheit und feierlicher Bedeutsamkeit entgrenzt die Liebenden. Bei den Mystikern gehen sogar alle drei Erfahrungen mit Gott, Liebe und Tod ineinander über. Die symbiotische Verschmelzung mit dem Göttlichen wird oft als Todessehnsucht beschrieben und nicht selten auch in erotische Bilder gefaßt. So sind die geistlichen Liebeslieder der Mechthild von Magdeburg (um 1207/10–1282/83) voller Erotik. Sie läßt sich von Jesus anreden:

Deines Herzens Lust sollst du nirgendhin legen
Denn in mein göttlich Herze
Und an meine menschliche Brust.
Da allein bist du getröstet
Und von meinem Geiste gekußt.[10]

Und Johannes vom Kreuz (1542–1591) beschreibt in seiner Schrift «Die dunkle Nacht» die Begegnung seiner als Frau dargestellten Seele mit Gott:

An meinem blühenden Herzen,
das unversehrt ich stets für ihn bewachte,
sank er in tiefen Schlummer,
indes ich für ihn wachte
und mit dem Zederzweig ihm Kühlung fachte.

Als bei der Morgenröte Wehen
ich sein Haar durchspielte,
ließ sanft um meinen Nacken
er seine Rechte gleiten,
mir schwanden alle Sinn' in Seligkeiten.

Von heilger Wonne trunken
durft ich mein Haupt auf den Geliebten lehnen.
Die Welt war mir entsunken,
gefriedet all mein Sehnen,
vergessen unter weißen Lilien.[11]

Die Sehnsucht nach einer möglichst intensiven Nähe zu Gott, nach einem Aufgehen in der Transzendenz findet hier ihren Ausdruck in erotischem Erleben. Beide Erfahrungen, die mystische und die eroti-

10 Zit. nach J. Bernhart, Der stumme Jubel, München, 3. Aufl. o. J., 161.

11 Übersetzung nach M. Diepenbrock bei J. Bernhart, a. a. O. 315 f., mit einigen Abänderungen nach dem spanischen Originaltext.

sche, enthalten zugleich Phantasien, die den Tod vorausnehmen.[12] Man muß sich darüber im klaren sein, daß es ohne das Hohelied diese Sprache der Mystik nicht gegeben hätte und unsere Frömmigkeitsgeschichte um vieles ärmer wäre.

Die Toleranz Jesu

Daß das Neue Testament höhere sittliche Ansprüche stellt als das Alte Testament, darüber herrscht ein breiter Konsens, wiewohl die These im einzelnen gar nicht so leicht zu erweisen ist. Wie groß die Versuchung ist, im Bereich der Sexualität die Ethik Jesu gegen die jüdische Ethik seiner Zeit auszuspielen, mag folgendes Zitat zeigen: «Das Neue Testament ist gekennzeichnet durch die unbedingte Ablehnung jedes außerehelichen oder widernatürlichen Geschlechtsverkehrs. Es folgt darin weithin dem Urteil der alttestamentlich-jüdischen Verkündigung und führt zur Überwindung der spätjüdisch-gesetzlichen Praxis, indem letztere durch Jesu Wort in ihrem Ungenügen aufgedeckt wird. Die Radikalisierung durch Jesus ist nur deshalb möglich, weil das Evangelium als rettende Vergebung die göttliche Dynamis in dieser Weltzeit offenbart.»[13]

So gut wie alles, was in diesem Passus behauptet wird, ist falsch. Denn weder kennt das Alte Testament, wie wir sahen, die unbedingte Ablehnung jedes außerehelichen Geschlechtsverkehrs, noch läßt sich ein einziges Wort Jesu anführen, mit dem er versucht hätte, diesbezüglich «spätjüdisch-gesetzliche Praxis» (die keine andere war als die des Alten Testaments!) zu überwinden und in ihrem Ungenügen aufzudecken. Deshalb ist auch über deren «Radikalisierung» durch Jesus aus den Evangelien nichts zu entnehmen. Im Gegenteil: Jesus legt dem Sexualbereich gegenüber eine auffällige Zurückhaltung, um nicht zu sagen Interesselosigkeit, an den Tag. Die einzige Thematik,

12 V. Kast, Trauern. Phasen und Chancen eines psychischen Prozesses, Stuttgart 1982, spricht deshalb von «antizipatorischen Phantasien» (128).

13 F. Hauck/S. Schulz, in: ThWNT VI, 590.

zu der er sich äußert, ist Ehescheidung und Ehebruch. Doch davon später. Es gibt kein Wort Jesu über Prostitution, Homosexualität, Unzucht, vor- und außerehelichen Geschlechtsverkehr, auch keines über die jüdischen Reinheitsvorschriften im Zusammenhang mit dem Sexualleben. Während Jesus verschiedene Bestimmungen des mosaischen Gesetzes einer strengeren Interpretation unterwirft (Mt 5,21–48), andere, vor allem Sabbat- und Reinheitsvorschriften, im Vergleich zu den zentralen Forderungen der Sittlichkeit als unwichtig bezeichnet (Mk 2,23–28 par.; 3,1–5 par.; 7,1–23 par.), hat er die Sexualvorschriften weder gemildert noch verschärft. Damit anerkennt er die grundsätzliche Erlaubtheit des Geschlechtsverkehrs zwischen Verlobten und sieht offenbar im Umgang eines (ledigen oder verheirateten) Mannes mit einer ledigen Frau nichts Unmoralisches. Vor allem aber gibt es in den Evangelien keine Andeutung, daß Jesus gegenüber der Erotik irgendwelche Vorbehalte gemacht hätte.

11. Was ist Unzucht?

Zwei notwendige Begriffserklärungen

Eine weniger tolerante Haltung als Jesus scheint Paulus einzunehmen. Er wird nicht müde, vor der «Unzucht», der *porneia,* zu warnen, ja er bedroht die «Unzüchtigen» mit dem Ausschluß vom Reiche Gottes: «Kein Unzüchtiger wird das Reich Gottes erben» (1 Kor 6,9; Eph 5,5 [EÜ]). Besonderes Gewicht wird in der kirchlichen Verkündigung auf 1 Thess 4,3 gelegt: «Das ist der Wille Gottes, eure Heiligung – daß ihr euch der Unzucht *(porneia)* enthaltet.»

porneia

Die entscheidende Frage ist nun, was *porneia* bedeutet. Man macht sich die Sache zu einfach, wenn man *porneia* mit «Unzucht» übersetzt und «Unzucht» als jede Form außerehelicher Sexualität definiert.[1] Vielmehr verweist uns schon das Alte Testament in eine ganz bestimmte und eingegrenzte Richtung.

In der alten griechischen Übersetzung des Alten Testaments, der sogenannten Septuaginta (LXX), gibt *porneia (porneuo, porne)* die hebräische Wurzel *znh* und ihre Derivate *(z^e^nut, z^e^nunim, taznut, zonah)* wieder. Dieses Wortfeld bezeichnet aber nicht einfach Ehebruch und noch weniger den außerehelichen Geschlechtsverkehr im allgemeinen, sondern *immer* ganz spezifisch das Verhalten einer *Ehefrau,* die

1 Wenn man *porneia* als «alle Unzuchtssünden» definiert (R. Pesch, Das Markusevangelium I, Freiburg i. Br. ^{2}1977, zu Mk 7,21) oder als «jede Art illegitimen Geschlechtsverkehrs» (W. Bauer, Wörterbuch zum NT, Berlin ^{6}1988), begeht man eine *petitio principii,* d. h., man setzt als gegeben voraus, was «Unzucht» und «illegitimer Geschlechtsverkehr» ist.

sich der *Prostitution* hingibt. Das Wort wird bei den Propheten auch im theologisch-übertragenen Sinn gebraucht für den Abfall Israels von seinem als Ehemann vorgestellten Gott Jahwe. Dabei wird das Verhalten Israels mit dem einer Ehefrau verglichen, die sich gegen Bezahlung prostituiert. Das ergibt sich mit besonderer Deutlichkeit aus den klassischen Stellen Hos 1,2; 2,2–5; Mi 1,7; Jer 3,1–9; 13,26f.; Ez 16 und 23. Kritisch darf man anmerken, wie haßerfüllt hier Jahwe dargestellt wird. Es geht um Gesellschaftskritik – warum dann die sexualisierte, pornographische Sprache, in der der männliche Schriftsteller die Frau der Macht des männlichen Jahwe unterwirft? Eine schlimme Projektion! Mi 1,7 wird von den Götzenbildern gesagt, sie seien aus Dirnenlohn zusammengekauft. Dementsprechend ist *porne* in der LXX nicht einfach die Ehebrecherin, sondern *die sich prostituierende Ehefrau.*[2]

Im Neuen Testament kommt das Wort *porneia* 26mal vor. Schon die naheliegende Etymologie *(pernemi* = ich verkaufe) verweist uns auf die Bedeutung des Wortes *porneia:* Es ist die *käufliche Liebe,* ein Sinn, dem die geläufige Übersetzung «Unzucht» zu wenig gerecht wird. Doch hat das Wort im Neuen Testament immer diesen Sinn?

Die einschlägigen Stellen der Evangelien finden sich in den sogenannten Ehebruchsklauseln bei Mt 5,32; 19,9, wo Jesus die Entlassung der Ehefrau durch den Mann verbietet, es sei denn im Fall der *porneia (parektos porneias).* Nach einmütigem Verständnis der Ausleger ist mit *porneia* hier Ehebruch gemeint. Immerhin ist zu fragen, ob nicht, im Sinne des alttestamentlichen Sprachgebrauchs, eher an Prostitution gedacht ist. Dann würde nicht ein einzelnes Vergehen der Frau, ein «Seitensprung», ihre Entlassung rechtfertigen, sondern erst das Absinken der Frau zur Dirne und damit die völlige Preisgabe der ehelichen Partnerschaft. Diese Wahrscheinlichkeit ist um so größer, als im Neuen Testament für den bloßen Ehebruch eine andere Terminologie üblich ist (s. u.).

2 Dies gilt auch von Gen 38,24, wo Tamar vorgeworfen wird, sie sei aufgrund von *porneia* schwanger. Sie hatte sich ja als Hure ausgegeben.

Dasselbe gilt für Joh 8,41. *Porneia* steht hier in einer Streitrede Jesu mit den Juden (8,41–47), worin Jesus seinen Gegnern das Recht abspricht, Gott ihren Vater zu nennen, weil sie in Wahrheit den Teufel zum Vater hätten. Die Juden wehren sich gegen den Vorwurf, indem sie geltend machen: «Wir wurden nicht aus der *porneia* gezeugt.» Da hier auf das prophetische Bild vom Ehebund Jahwes mit Israel Bezug genommen wird, kann mit *porneia* auch nur das Vergehen gemeint sein, das Israel von den Propheten vorgehalten wird: das Dirnentum, die Hurerei (s. o.). Die Juden verwahren sich nicht dagegen, Kinder einer Ehebrecherin, sondern einer Prostituierten zu sein.[3]

Schließlich findet sich das Wort *porneia,* dieses Mal aber in der Mehrzahl, bei Mk 7,21–23 (par. Mt 15,18–20) im Katalog der Laster, die den Menschen verunreinigen. Allein schon, daß neben den *porneiai* noch gesondert die *moicheiai* «Ehebrüche» genannt werden, zeigt, daß *porneia* etwas anderes bedeutet als Ehebruch, eheliche Untreue. Pesch (s. Anm. 1) übersetzt richtig «Hurereien», will aber im Kommentar noch «alle Unzuchtssünden» mit eingeschlossen wissen, ohne zu erklären, was darunter zu verstehen ist. Da Mk in einer vorwiegend heidenchristlichen Gemeinde schreibt, dürfte er wie Paulus (s. u.) mit *porneia* die Prostitution griechischen Stils vor Augen gehabt haben.

Dreimal ist in der Apostelgeschichte von *porneia* die Rede, und zwar in den sogenannten Jakobusklauseln, das heißt den vier auf Antrag des Jakobus vom Apostelkonzil den Heidenchristen – mit Rücksicht auf die Judenchristen – auferlegten Verpflichtungen des mosaischen Gesetzes (Apg 15,20.29; 21,25). In einem Atem mit Verboten rituellen Charakters (Essen von Götzenfleisch, Ersticktem und Blut) genannt, ist *porneia* hier möglicherweise, wie Joh 8,41 (s. o.), vom Götzendienst her zu verstehen. Zahlreiche Ausleger (z. B. Haenchen)

3 Unrichtig R. Bultmann (Joh. Komm. [15]1957): «Wir wurden nicht ehebrecherisch gezeugt» (239) und EÜ: «Wir stammen nicht aus einem Ehebruch.» R. Schnackenburg (Das Johannesevangelium II, Freiburg i. Br. 1971) bemerkt zu Recht, daß der Ausdruck *ek porneias* sich durch Hos 1,2; 2,6 (LXX) erklärt.

wollten das Verbot der *porneia* auf die in Lev 18,6ff. verbotenen Verwandtenehen beziehen. Aber dies wäre eine dem alttestamentlichen Sprachgebrauch fremde Verwendung des Wortes *porneia.* Das Nächstliegende ist deshalb, auch hier, wie Mk 7,21 (s. o.) und bei Paulus (s. u.), an das griechisch-römische Dirnenwesen zu denken, dessen Verwerflichkeit den Heidenchristen nicht ohne weiteres einsichtig sein konnte, während jüdisches Empfinden hier strenger urteilte.

Mehrfach macht die *porneia* dem Apostel Paulus in seinen Gemeinden zu schaffen.

Von insgesamt 26 Stellen findet sich der Begriff *porneia* 10mal in den paulinischen Briefen, darüber hinaus 3mal das Verbum *porneuein* (1 Kor 6,18; 10,8), 3mal das Nomen *porne* (1 Kor 6,15f.; Hebr 11,31) und 8mal *pornos* (1 Kor 5,9–11; 6,9; Eph 5,5; 1 Tim 1,10; Hebr 12,16; 13,4). Von den zehn *porneia*-Stellen stehen vier (2 Kor 12,21; Gal 5,19; Eph 5,3; Kol 3,5) in sogenannten «Lasterkatalogen», jenen für die urchristliche Paränese charakteristischen, mehr oder weniger schematischen Aufzählungen von Sünden, die mit der christlichen Existenz unverträglich sind. Dabei wird 3mal *porneia* an erster Stelle genannt, 2 Kor 12,21 an zweiter Stelle (nach *akatharsia* = Unreinheit, s. u.). Ebenso stehen in den Katalogen 1 Kor 5,10f. und 6,9f. unter den verschiedenen Gattungen von Sündern die *pornoi* an der Spitze.[4] Die *porneia* zählt mit der Habsucht und dem Götzendienst zu den Sünden, «die das Christenleben von Grund auf unmöglich machen» (Vögtle 40), vom Erbe des Reiches Gottes ausschließen (1 Kor 6,9f.; Gal 5,19–21; Eph 5,5) und den Zorn Gottes nach sich ziehen (Eph 5,6; Kol 3,6).

Eine thematische Behandlung erfährt die *porneia* jedoch lediglich im 1. Korintherbrief. Der unmittelbare Anlaß ist der skandalöse Fall, daß ein Christ mit seiner Stiefmutter ein eheliches oder quasi-eheliches Verhältnis unterhielt. Paulus nennt diesen Sachverhalt *porneia:* «Überhaupt hört man bei euch von *porneia*, und zwar von solcher *porneia,* wie sie nicht einmal unter Heiden vorkommt, daß einer die

4 In anderen Lasterkatalogen allerdings ist *porneia* nicht genannt, vor allem fehlt sie in Röm 1,29–31 und 13,13. Zu den Lasterkatalogen siehe vor allem die gründlichen Untersuchungen von Vögtle und Wibbing.

Frau seines Vaters hat» (5,1). Der Geschlechtsverkehr mit der Stiefmutter wird Lev 18,8; 20,11 unter Todesstrafe für beide verboten. Es handelt sich somit in Korinth um einen schlimmen, nach jüdischem Recht der Todesstrafe unterliegenden Fall von Inzest, der in den Augen des Paulus noch schlimmer ist als die (von ihm allgemein verurteilte) *porneia* der Heiden. Mit anderen Worten: Der Inzestfall ist für Paulus ein singulärer Fall von *porneia.* Nicht nur, daß Paulus jedes Taktgefühl fehlt, polternd fällt er mit der Tür ins Haus, ging es ihm doch gerade noch um die Legitimation des Timotheus. Daß sich die beiden lieben könnten und nicht einfach «Unzucht treiben», kommt ihm gar nicht in den Sinn, er verurteilt diesen Fall. Für die Bestimmung des Begriffes *porneia* in seiner eigentlichen Bedeutung ist diese Stelle somit nicht geeignet.

Die Erörterung dieses Falles gibt Paulus Veranlassung, Grundsätzliches über das Verhalten der Christen von Korinth zu ihrer Umwelt zu sagen. Das zentrale Problem ist wieder die *porneia,* die in jeder Straße und Gasse von Korinth ihr verführerisches Gesicht zeigte. In einem früheren Schreiben hatte Paulus die Gemeinde angewiesen, mit den *pornoi* keinen Verkehr zu unterhalten (V. 9), was den Widerspruch der Gläubigen provozieren mußte: Wie soll man das in Korinth praktizieren, wo einem doch die *pornoi* auf Schritt und Tritt begegnen? Paulus berichtigt: Man soll es mit den *pornoi* ebenso halten wie mit den Habsüchtigen, Götzendienern, Trunkenbolden und Räubern. Die Gemeinde soll sie nicht in ihrer Mitte dulden, geschweige denn Mahlgemeinschaft mit ihnen pflegen: «Mit einem solchen sollt ihr nicht einmal essen» (5,11). Der Einwand der Gemeinde, man müßte aus dieser Welt ausziehen, wollte man jeden Kontakt mit den *pornoi* vermeiden, beleuchtet schlaglichtartig das Bild der Prostitution in Korinth (s. dazu S. 159f.; 169–171).

Mit der Mahnung, die Gemeinde solle selbst um ihre Reinheit besorgt sein, verbindet der Apostel die Warnung an die Gläubigen, ihre Streitigkeiten vor heidnischen Gerichten auszutragen und damit Unrecht zu begehen, anstatt zu erleiden. Damit ist ihm das Stichwort gegeben für eine umfassende Aufzählung der Laster, die mit dem

Reich Gottes unvereinbar sind. An der Spitze der Missetäter, die das Reich Gottes nicht erben, stehen wieder die *pornoi,* also jene, die der käuflichen Liebe frönen. Erst nach den Götzendienern folgen im Katalog die Ehebrecher *(moichoi)* – übrigens die einzige Stelle, an der bei Paulus von Ehebruch die Rede ist! – und die, passiv oder aktiv, der Knabenliebe Verfallenen. Schließlich werden Diebstahl, Habsucht, Trunkenheit, Beschimpfung und Raub genannt (6,9f.). All das kann für den Christen deshalb nicht in Frage kommen, weil er in der Taufe das alte Leben des Lasters gegen das neue Leben der Heiligkeit und Gerechtigkeit eingetauscht hat.

Stereotyp charakterisiert *porneia* in der Offenbarung (2,21; 9,21; 14,8; 17,2.4; 18,3; 19,2) das Sittenbild der römischen Welt, und zwar sowohl im buchstäblichen (Hurerei) wie im übertragenen Sinn (Götzendienst). So wie *porneia* die käufliche Liebe bezeichnet, so ist *pornos* nicht einfach der «Unzüchtige», sondern der, der mit der käuflichen Liebe zu tun hat[5] (1 Kor 5,9–11; 6,9; Eph 5,5; 1 Tim 1,10; Hebr 13,5; Offb 21,8; 22,14; übertragen Hebr 12,16), und *porne* die Dirne (Mt 21,31f.; Lk 15,30; 1 Kor 6,15f.; Hebr 11,31 und Jak 2,25: die Dirne Rahab; Offb 17,1 u. ö. wird die Weltstadt Rom unter dem Bild der «großen Hure» Babel dargestellt).

Somit ergibt sich, daß Paulus zwar die *Prostitution* ablehnt. Ein allgemeines Verbot *außerehelicher Sexualität* ist jedoch in der gesamten Bibel nicht zu finden.

akatharsia

Wenn nun schon mit *porneia* nicht die außereheliche Liebe gemeint ist und verboten wird, ist sie es dann mit *akatharsia,* einem weiteren Laster, das nach Paulus vom Reich Gottes ausschließt und das in der

5 *pornos* ist nach ThWNT VI, 580 der «Hurer, der mit Dirnen verkehrt», vor allem aber «der sich selbst für Geld zur Unzucht mißbrauchen läßt». Dover 26 erwähnt nur die zweite Bedeutung («Männer oder Knaben, die homosexuellen Verkehr gewerblich trieben»). Bauer (Wörterb.) gibt für *pornos* «der Unzüchtige, der Hurer» an.

Regel als sexuelles Vergehen interpretiert wird? Dieses griechische Wort wird in den deutschen Bibelübersetzungen oft mit «Unkeuschheit» wiedergegeben. An vier Stellen (2 Kor 12,21; Gal 5,19; Eph 5,3; Kol 3,5 – es handelt sich durchweg um Lasterkataloge) folgt die Sünde der *akatharsia* jener der *porneia* auf dem Fuß, was den Schluß nahelegt, die beiden Begriffe hätten eine parallele oder jedenfalls verwandte Bedeutung. So definiert Bultmann *akatharsia* als «Unsittlichkeit, besonders die geschlechtliche»[6]. In der Zürcher Bibel dominiert die Wiedergabe «Unkeuschheit», während die Einheitsübersetzung sich neutraler ausdrückt, aber immerhin an den vier Stellen, an denen *akatharsia* parallell zu *porneia* steht, an den sexuellen Bereich zu denken scheint (siehe die untenstehende Übersicht). Eine grundsätzliche Einengung auf diesen Bereich verbietet sich allerdings vor allem durch 1 Thess 2,3, wo *akatharsia* die unlautere, eigennützige Gesinnung bedeutet.

		Einheitsübersetzung	*Zürcher Bibel*
2 Kor	12,21	Unreinheit	unsaubere Dinge
Gal	5,19	Unsittlichkeit	Unkeuschheit
Eph	5,3	Schamlosigkeit	Unkeuschheit
Kol	3,5	Schamlosigkeit	Unkeuschheit
Röm	1,24	Unreinheit	Unkeuschheit
	6,19	Unreinheit	Unreinheit
Eph	4,19	Gemeinheit	Unkeuschheit
1 Thess	2,3	in schmutziger Weise ausnützen (!)	Unlauterkeit
	4,7	unrein leben	Unkeuschheit

Schon der Sprachgebrauch der LXX läßt ein einseitig sexuelles Verständnis von *akatharsia* nicht zu. Denn dort bedeutet *akatharsia* so-

6 Der zweite Brief an die Korinther, Göttingen 1976, zu 12, 21.

wohl den materiellen Unrat (2 Chr 29,5.16; Jer 19,13; Ez 7,20) als auch die rituelle Unreinheit[7] und ebenso die moralische Unreinheit der Sünder (Mi 2,10; Jer 32,34; Ez 22,15; 36,17.25.29; 39,24), besonders bei Blutschuld (Ez 24,11.13). Lev 20,21 ist *akatharsia* die durch das Gesetz verbotene Ehe; von der «Unreinheit der Heiden», also ihrer Lebensweise, besonders ihrem Götzendienst, ist Esra 6,21; 9,11; 1 Makk 13,48, 14,7 die Rede. Ein- oder zweimal ist mit *akatharsia* die Schamgegend des Körpers gemeint (Hos 2,12, wohl auch Nah 3,6). Nur an einer einzigen Stelle bezeichnet *akatharsia* im Alten Testament ein sexuelles Vergehen (Tob 3,14). Von einer speziell sexuellen Befrachtung des Wortes *akatharsia* kann somit in der LXX keine Rede sein.

Sehen wir im Neuen Testament einmal von den vier Stellen ab, an denen die *akatharsia* der *porneia* folgt, so ergibt sich ein vielfältiges Bild. Röm 1,24 wird die *akatharsia* der Heiden damit umschrieben, daß «sie ihre Leiber durch ihr eigenes Tun entehrten», was auf den sexuellen Bereich hindeutet. Das einzige diesbezügliche Thema aber, das in diesem Abschnitt weiter ausgeführt wird, ist das der Homosexualität, so daß mit *akatharsia* hier (aber nur hier!) wohl diese gemeint ist. Röm 6,19 mahnt Paulus die Gemeinde: «Wie ihr eure Glieder in den Dienst der Unreinheit und Gesetzlosigkeit gestellt habt..., so stellt jetzt eure Glieder in den Dienst der Gerechtigkeit...». *akatharsia* steht hier parallel zu Gesetzlosigkeit und im Gegensatz zu Gerechtigkeit; sie charakterisiert somit allgemein den sittlichen Zustand der Heiden, die der Gerechtigkeit und Heiligkeit Gottes noch nicht teilhaftig wurden. In Eph 4,19 ist ebenfalls von der Lebensart der Heiden die Rede. Ihre «Ausschweifung» *(aselgeia)*, das heißt ihre Schwelgerei, ihr üppiges Leben, hat zur Folge, daß sie sich «jeglicher Art» *(pases)* von *akatharsia* hingeben, und zwar «aus Gewinnsucht». Schon die Verallgemeinerung «jeglicher Art» verbietet es hier, *akatharsia* auf den sexuellen Bereich zu beschränken. Viel-

7 Allgemein: Lev 16,16.19; bewirkt durch Vorgänge des Geschlechtslebens (Lev 15,2ff.: Ausfluß und Menstruation; 18,19: Menstruation, auch 2 Sam 11,4; Ez 22,10; 36,17), Aussatz (Lev 22,3ff.), Verunreinigung durch Tote (Num 19,13).

mehr ist an «eine in jedem Sinn unreine Existenz»[8] gedacht, wie ja die «Unreinheit» im weitesten Sinn des Wortes in den Augen der Juden das Proprium der Heidenwelt war (vgl. den von einer Schweineherde umgebenen heidnischen Besessenen von Gerasa, Mk 5,1–20 par.). – Welche Bedeutungsvielfalt *akatharsia* haben kann, zeigt 1 Thess 2,3, wo Paulus sich dagegen verwahrt, den Thessalonichern das Evangelium aus Irrtum, *akatharsia* oder Arglist verkündet zu haben, also in unlauterer, gewinnsüchtiger Absicht. Im 4. Kapitel des gleichen Briefes, V. 1–8, warnt Paulus die Gemeinde vor zwei Lastern: der sexuellen Gier, ob sich diese nun außerhalb der Ehe (V. 3: *porneia!)* oder in der Ehe manifestiert (V. 4f.), und der Übervorteilung im Geschäft (V. 6). Beides faßt der Apostel in die Begründung zusammen, Gott habe uns nicht zur *akatharsia,* sondern zur Heiligung berufen. Auch hier sprengt somit *akatharsia* deutlich den sexuellen Bereich.[9]

Kehren wir zu den vier Stellen zurück, an denen *akatharsia* neben *porneia* steht. 2 Kor 12,21 haben wir die Dreiheit *akatharsia, porneia* und *aselgeia* (Ausschweifung); Gal 5,19 desgleichen mit vertauschter Reihenfolge *(porneia, akatharsia, aselgeia);* Eph 5,3 geht es um die Dreiheit *porneia,* «jegliche» *akatharsia, pleonexia* (Habsucht; vgl. Eph 5,5: *pornos, akathartos, pleonektes);* Kol 3,5 stehen die gleichen drei Begriffe in der gleichen Reihenfolge, wobei sich aber zwischen *akatharsia* und *pleonexia* noch *pathos* (Leidenschaft) und *epithymia kake* (böse Begierde) schiebt. *akatharsia* steht offenbar vermittelnd zwischen der eigentlichen *porneia* und anderen heidnischen Lastern; sie schließt den sexuellen Bereich zwar mit ein, beschränkt sich aber nicht auf diesen (2mal, Eph 4,19; 5,3: «jegliche» *akatharsia!),* sondern bezeichnet allgemein «den unsittlichen Zustand des vorchristlichen Lebens» (ThWNT III, 432), wobei vor allem an Prostitution und Habsucht gedacht ist.

8 H. Schlier, Der Brief an die Epheser, Düsseldorf [7]1971, 214.

9 Die Behauptung von B. Rigaux: «L'*akatharsia* ici comme partout chez Paul est l'impureté sexuelle» (Les Epîtres aux Thessaloniciens, Paris 1956, zu 1 Thess 4,7) läßt sich somit nicht aufrechterhalten.

So falsch es also ist, *porneia* global mit «Unzucht» zu übersetzen (s. o.), so unzulässig ist es, unter *akatharsia* grundsätzlich Unkeuschheit zu verstehen.

Du sollst nicht Unkeuschheit treiben

Ist es schon eine unzulässige Einengung, die biblischen Begriffe *porneia* und *akatharsia* mit «Unzucht» und «Unkeuschheit» wiederzugeben, so wird die Verwendung dieser Begriffe in der Morallehre noch fragwürdiger, wenn man ihrer inhaltlichen Bestimmung nachgeht. Man erfährt nämlich an keiner Stelle genau, was mit Unkeuschheit gemeint ist. Ein positiver Begriff, eine Vorstellung von kultivierter Sexualität fehlt in der Bibel. Wurde schon Ex 20,17 das «Du sollst nicht begehren!» zum Verbot erhoben, so forderte Paulus von den Menschen, sie sollten am besten jungfräulich, das heißt enthaltsam leben. Die Kirchen schlossen sich der immer weiter sich abgrenzenden, warnenden, ja drohenden Einschätzung von Sexualität an. Meinte «Keuschheit» ursprünglich das eigenverantwortliche Sexualverhalten[10], so wurde die Wortbedeutung immer mehr in Richtung Enthaltsamkeit eingeengt. Heute hat sich auch hier einiges verändert. Die Befangenheit wird mehr und mehr abgelegt. Über Sexualität und Keuschheit wird wieder gesprochen. Man gewinnt einen Blick für den kreativen Umgang mit dem Geschlechtlichen, wozu

10 Die deutschen Begriffe (Un-)Zucht und (Un-)Keuschheit haben von Haus aus nichts mit Sexualität zu tun. «Zucht» ist das Ergebnis von «ziehen» und meint alles, was in der Aufzucht und Erziehung gelungen ist. «Keuschheit» (mhd. *kiusche,* ahd. *kuski)* wurde zur Zeit der frühmittelalterlichen Christianisierung aus dem Gotischen (*kuskeis*) übernommen und hatte etwa die Bedeutung «der christlichen Lehre bewußt». Es war seinerseits aus dem lateinischen *conscius* «mitwissend, eingeweiht, bewußt» entlehnt. Aus der Bedeutung «der christlichen Lehre bewußt» entwickelten sich später die Bedeutungen «tugendhaft», «sittsam», «enthaltsam», «rein». Das Wort «Unkeuschheit» eroberte in den Katechismen das 6. und 9. Gebot. Im 18. Jh. sind «Unkeuschheit» und «Ehebruch» identisch, dann wird «Ehebruch» im Katechismus bei den Zehn Geboten gar nicht mehr erwähnt (s. Der kleine Einsiedlische Katechismus 1768, 326–329).

auch Zärtlichkeit, Erotik und die Pflege der Beziehungen gehören. Vor allem aber die Liebe. «Der Wert der Keuschheit besteht darin, daß jemand seine eigene geschlechtliche Bestimmung, sein Mann- und Frausein, so in seinen personalen Lebensvollzug integriert, daß sie der Realisierung menschlicher Liebe dient; das ist ein allgemeingültiger Satz, der sowohl für die Verheirateten als auch für die Ehelosen gilt.»[11] Keuschheit wird nicht mehr isoliert, sondern nur im Zusammenhang mit der Liebesfähigkeit gesehen.

Nicht von ungefähr sind die Begriffe Unzucht und Unkeuschheit aus der Umgangssprache praktisch verschwunden. Aus dem deutschen Strafgesetzbuch ist das Wort «Unzucht» seit dem 1. Januar 1975 ganz gestrichen. Es wurde ersetzt durch «sexuelle Handlungen» und betrifft nur noch Nötigung und Ausnutzung der Abhängigkeit Minderjähriger und Untergebener. Ebenso wurde in dem seit dem 1. Oktober 1992 gültigen schweizerischen Sexualstrafrecht das Wort «Unzucht» durch «sexuelle Handlungen» (u. ä.) abgelöst.

11 Fraling 138f. Noch einfacher Bartholomäus (1988, im Anschluß an die sexualpädagogischen Empfehlungen der Arbeitsgemeinschaft für katholische Familienbildung aus dem Jahr 1970): Keuschheit ist, wo die Sexualität Sprache der Liebe ist (133).

12. Liebe auf Treu und Glauben

Bald toleriert, bald bekämpft

Daß die Zahl der unverheiratet zusammenlebenden Paare stark anwächst, ist nicht nur in der Bundesrepublik Deutschland zu beobachten, sondern in allen Industrieländern. Sie sind längst Normalität. Nach Schätzungen des Statistischen Bundesamtes lebten im April 1996 dreieinhalb Millionen Bundesbürger in einer nichtehelichen Gemeinschaft. Vor allem junge Leute nehmen heute für sich in Anspruch, über ihre Lebensform selbst zu entscheiden und dazu auch kompetent zu sein. Allerdings tun sich nicht nur die Kirchen schwer, diese Tatsache zu akzeptieren. Auch in der Politik hält man am Modell Ehe fest. Unverheiratete Paare sind immer noch benachteiligt (finanziell: Steuer, Wohngeld; Recht auf Information im Krankheitsfall), und es herrscht in manchen Bereichen Rechtsunsicherheit.

In der Kirche versuchte man zunächst, den außerehelichen Geschlechtsverkehr unter Berufung auf die Heilige Schrift zu verbieten. Wie der 1. Korintherbrief zeigt, war offenbar unter kynisch-stoischen und gnostischen Einflüssen in den griechisch-hellenistischen Gemeinden die Frage brisant, ob christliche Lebensform auch einen wie auch immer gearteten Verzicht auf Sexualität beinhalte. Paulus hatte die Prostitution als *porneia* abgelehnt und alle Christen, die sich mit einer Prostituierten einließen, zu «Hurengliedern» am Leibe Christi erklärt (vgl. u. S. 169f.). Von da war es kein großer Schritt, alle außerehelichen Beziehungen als Schändung des mystischen Leibes Christi zu verstehen. Denn positiv ausgedrückt galt ja die Ehe als Abbild des Bundes Christi mit der Gemeinde.

Monogames Konkubinat

Dennoch gab es auch in christlichen Gemeinden Alternativen zur Ehe, z. B. das monogame Konkubinat, das seinen Ursprung im römischen Recht hat. Ein auf Kaiser Augustus (27 v. Chr.–14 n. Chr.) zurückgehendes (Lex Julia de maritandis ordinibus, 18 v. Chr.) und von Mark Aurel (161–180) verschärftes Gesetz machte den Töchtern senatorischer Familien den Abschluß der anerkannten Ehe (iustum matrimonium) mit Sklaven oder Freien niedrigen Ranges unmöglich, es sei denn, sie verzichteten auf ihren Stand. Wollten sie an ihrem Stand festhalten, mußten sie sich mit einem Konkubinat begnügen, das zur Folge hatte, daß die daraus hervorgehenden Kinder als «außerehelich» geboren dem Rang der Mutter folgten.[1] Dieser Rechtslage folgt die Entscheidung des Papstes Kalixtus (217–222), die jungen christlichen Frauen vornehmen Standes erlaubt, anstelle eines Ehemannes *(anti andros)* einen unebenbürtigen Partner, Sklaven oder Freien, als «Bettgenossen» *(synkoitos)* zu haben. Die einzige Bedingung, die der Papst stellt, ist, daß es sich um eine monogame, also ausschließliche Verbindung handele: Die Frau darf nur *einen (hena)* «Bettgenossen» haben.[2] Es wäre falsch, diese Entscheidung so zu verstehen, als handelte es sich um eine «zivilrechtlich» ungültige, aber «kirchenrechtlich» gültige Ehe. Damit würden wir moderne Begriffe ins 3. Jahrhundert projizieren, das diese Unterscheidung noch nicht kannte. Die Verbindung, die Papst Kalixtus erlaubt, war auch in seinen Augen keine Ehe, sondern ein *concubinatus,* aber dennoch

1 Die Ehegesetzgebung des Augustus verfolgte einen doppelten Zweck: dem durch die Kriege verursachten Bevölkerungsschwund zu begegnen und durch das Verbot von Mesalliancen die Würde der Familie wiederherzustellen; vgl. P. Csillag, Das Eherecht des Augusteischen Zeitalters, in: Klio 50, 1968, 111–138; Gaudemet 1987, 22–42. Zur unpopulären Ehe- und Familienpolitik des Augustus vgl. Evans Grubbs 101–112, zu ihrer Revision durch Konstantin ebd. 112–139.

2 «Der Grund kann nur der gewesen sein, daß sie einen Christen heiraten wollten. Tatsächlich gab es in den christlichen Gemeinden eher vornehme Frauen als vornehme Männer» (H. J. Vogt, Die Ehe ein Sakrament? Hinweise für eine Antwort aus der frühen Kirche, in: ThQ 168, 1988, 16–23, hier 16).

eine *vor Gott* bestehende Verbindung. Während nach heutigem Verständnis der sakramentale Charakter einer Verbindung mit ihrer Gültigkeit steht und fällt, war das Verhältnis, um das es Papst Kalixtus ging, ein Sakrament, aber keine gültige Ehe. Diese Praxis befolgte die römische Kirche bis zum Beginn des 5. Jahrhunderts. Noch im 4. Jahrhundert ließ man Männer und Frauen, die im monogamen Konkubinat lebten, weil das Staatsgesetz ihnen die Ehe unmöglich machte, zu Taufe und Eucharistie zu.[3]

Aber auch im späteren abendländischen Kulturbereich gab es abweichende Formen sexueller Beziehungen, die gesellschaftlich und moralisch toleriert wurden und sich zum Teil bis heute erhalten haben. Nicht alle nämlich, die nicht heiraten konnten – und da gab es aus Standesgründen z. B. für Knechte und Mägde oft unüberwindliche Einschränkungen –, sahen sich in der Lage, enthaltsam zu leben. Also wurde die Prostitution ebenso geduldet wie eine Lockerung der Sitten zu Zeiten des Karnevals oder der Kirchweihfeste. Schlimmer als eine intime Beziehung zwischen Knecht und Magd galt ein uneheliches Kind – aus sozialen Gründen. In ländlichen Gegenden wurden Bauernkindern voreheliche Beziehungen zugestanden, um sicherzugehen, daß sie zueinander paßten. Diese Probenächte, auch «Kiltgang» oder «Fensterln» genannt, mündeten in die Verlobung, in der sexuelle Beziehungen dann bereits selbstverständlich waren. Geheiratet wurde erst, wenn eine Schwangerschaft vorlag. Dann war für den Hoferben und für den Familienbesitz gesorgt.

Widerwillige Zugeständnisse

Ein Gang durch die Jahrhunderte katholischer Moraltheologie zeigt, daß an der Sündhaftigkeit jedes außerehelichen Geschlechtsverkehrs festgehalten wurde, auch wenn die Argumente wechselten. Auf die Dauer konnte sich die Moraltheologie dennoch der Erkenntnis nicht

3 Vgl. Munier 27–29; Gaudemet 1987, 64–69; Reynolds 156–172.

verschließen, daß gegen den außerehelichen Geschlechtsverkehr ein Schriftbeweis nicht beizubringen ist.

In den 70er Jahren nun haben die Moraltheologen damit begonnen, zwischen völlig unverbindlichen Beziehungen und vorehelichen oder eheähnlichen zu unterscheiden, ohne allerdings daraus Konsequenzen zu ziehen: Auch wenn ein auf Dauer gedachter unehelicher Geschlechtsverkehr anders zu beurteilen sei als völlig unverbindliche sexuelle Begegnungen oder Prostitution, so seien dagegen doch grundsätzlich die gleichen Bedenken geltend zu machen. Es habe keinen Sinn, solchen Paaren die Sakramente zu spenden, wenn sie nicht bereit seien, entweder zu heiraten oder ihr Verhältnis zu lösen.

Sogar die «Gemeinsame Synode der Bistümer in der Bundesrepublik Deutschland»[4] bezeichnet noch die weitverbreitete Auffassung, «man könne das ganze Problem der sexuellen Harmonie vor der Ehe klären», als «Irrtum» (441). «Volle geschlechtliche Beziehungen haben ihren Ort in der Ehe» (442).

Der Ausdruck «volle sexuelle Beziehungen» zeigt, welch überhöhte Ansprüche und welch unrealistische Erwartungen mit dem Sexualleben in der Ehe verknüpft werden. Dabei fehlt jeder Beweis dafür, daß dem Geschlechtsakt ein so eindeutig und einseitig auf die Ehe bezogener Sinngehalt innewohnt.[5] Auch wäre zu fragen, ob etwas, das einem Ideal nicht entspricht, schon deshalb sündhaft ist. Es drängt sich auch hier wieder die Frage auf, welches Interesse die Kirche hat, an dieser selbst aufgebauten Ideologie festzuhalten.

4 Offizielle Gesamtausgabe Bd. 1, Freiburg i. Br. 1976.

5 «Weiß die Theologie ein für allemal so genau, was Sexualität ist, was sie leisten soll und was nicht? Sexualität als biopsychologisches ‹Mehrzwecksystem› mit auch anderen Sinnlinien als denen der Fortpflanzung und der Kommunikation der Partner ist kein von vornherein absurder Gedanke, sondern u. a. eine Faktenfrage an die Forschung, die nicht ausschließlich mit philosophischen Analysen auf der Basis des Schulthomismus beantwortet werden kann» (A. Görres, Kennt die Religion den Menschen? Erfahrungen zwischen Psychologie und Glauben, München 1983, 109).

Ein neues Denken bahnt sich an

Noch die «Gemeinsame Synode der Bistümer in der Bundesrepublik Deutschland» nennt alle außerehelichen Beziehungen «nicht der sittlichen Norm entsprechend» (442). Damit kommt nun der Begriff «Norm» ins Spiel, der in der heutigen Moraltheologie eingehend diskutiert wird.[6] Erst seit kurzem nämlich beginnt die Moraltheologie anzuerkennen, daß es unveränderliche Normen gar nicht gibt, daß vielmehr die sittlichen Pflichten von der sich stets wandelnden Wirklichkeit abhängig sind. Sie spricht deshalb von der «normativen Kraft des Faktischen»: Nicht eine abstrakte «Natur», sondern die konkrete Wirklichkeit, das Faktum, bestimmt die Norm.

In unserer Thematik berücksichtigt, soweit wir sehen, zum ersten Mal H. Ringeling in seinem Beitrag zum Handbuch der christlichen Ethik (II) dieses Problem der Normativität des Faktischen. Tatsachen ziehen notwendig eine bestimmte Interpretation nach sich. Zwar kommt ihnen nicht eo ipso eine normbildende Bedeutung zu, «wohl aber ist die Darstellung empirischer Sachverhalte beweiskräftig gegenüber unzureichend begründeten Regeln. Und umgekehrt, wenn auf diese Weise die alte Moral überholt erscheint, legt sich eine überzeugte Zustimmung zur normabweichenden Praxis nahe, sie beginnt zur Regel zu werden» (168; s. auch o. S. 17–19).

Sowohl die «Evangelische Denkschrift zu Fragen der Sexualethik» (1971) als auch das Synoden-Arbeitspapier wie auch die Synode 72 der Schweizerischen Bistümer fordern wörtlich oder sinngemäß, daß sexuelle Beziehungen im Vorfeld der Ehe, die auf gegenseitige Berei-

6 Die Begriffe «Naturrecht» und «Norm» hängen eng zusammen. Deshalb ist auf das oben (S. 19–22) zum Thema «Naturrecht» Gesagte zu verweisen. Zum Thema «Norm» vgl. im besonderen (ohne Vollständigkeit): J. Gründel, Normen im Wandel, München 1980; A. Redeker, Abweichendes Verhalten und moralischer Fortschritt. Zur Steuerungsfunktion der Normkritik in der theologisch-ethischen Reflexion: Diss. Tübingen, Frankfurt/M. 1993; A. Holderegger, Grundlagen der Moral und der Anspruch des Lebens, Freiburg Schweiz/Freiburg i. Br. 1995, bes. 113–124; A. Auer, Zur Theologie der Ethik, ebd. 1995, bes. 113–130; 205–244; Fraling 146–155.

cherung, Treue, Fruchtbarkeit, Verantwortung und Verzicht angelegt sind, sittlich anders zu bewerten sind, «als wenn es sich um eine bloß vorläufige Episode handelt» (174f.).[7]

Große Beachtung hat schließlich die am 8. Mai 1985 beschlossene Stellungnahme des Kirchenrats der evangelisch-reformierten Landeskirche Zürich zum Thema «Evangelische Ethik und Konkubinat»[8] gefunden. Zwar werden die Wichtigkeit und die Bedeutung der Ehe betont, und die evangelische Kirche wird aufgefordert, die Leistungen der Familien auf allen Ebenen zu würdigen und alles zu tun, um für deren Aufwertung zu sorgen sowie gesellschaftliche Voraussetzungen zu schaffen, die es jungen Paaren ermöglichen, Kinder aufzuziehen. Auf der Beziehungsebene jedoch ist die nichteheliche Partnerschaft der Ehe gleichwertig, denn sie lebt die gleichen Werte wie jene: Ganzheitlichkeit der Beziehung, echte Partnerschaft, Verantwortung, Bereitschaft zu vergeben, Vertrauen und Treue, Glaube, Freiheit und Gemeinsamkeit, Hingabe und Selbstkontrolle im Bereich der Sexualität, Sozialität und Geschichtlichkeit. In beiden Beziehungen können diese Werte eine Rolle spielen, in beiden können sie fehlen. «Ethisch fragwürdig (im Sinne von Schuld und Sünde) ist also nicht das Leben in einem Konkubinat, sondern nur die Mißachtung der grundlegenden Werte.»

Damit vollzieht diese Erklärung eine Abkehr von allen Formalitäten der Tradition. Die Qualität der Beziehung ist nun der einzige Maßstab, von dem aus Sexualität abzulehnen oder gutzuheißen ist. Ein Rückgriff auf die Bibel entfällt, weil es im Neuen Testament «kein einheitliches normatives Modell» der Ehe gibt und weil es Jesus selbst immer nur auf die menschlichen Werte angekommen sei, nicht aber auf die Form.

Daß die Zürcher Kirchenleitung dem bis dahin alleinigen Normalfall der Ehe nun die außereheliche Beziehung als ebenso normal hinzugesellt, läßt darauf schließen, daß sie sich soziologische Urteils-

7 Vgl. Synode 72 Basel VI, 26.

8 In der Schweiz ist der Begriff Konkubinat noch ein offizieller Rechtsterminus.

maßstäbe zu eigen gemacht hat und von der üblichen theologischen Argumentation abrückte.

Inzwischen löst sich die Sexualethik immer mehr von der auf einem biologistischen Menschenbild beruhenden Normenethik und tendiert zu einer Beziehungsethik. Das bedeutet, auf außer- und voreheliche Sexualität bezogen, daß der personale Aspekt in den Mittelpunkt rückt. Zwar halten die meisten Moraltheologen daran fest, daß Sexualität ihre «Vollgestalt in der Ehe» findet[9] oder daß sich die Partner an den «Zentralwerten» orientieren müssen[10], gleichzeitig jedoch möchte man «die Norm nicht zu einer Schranke werden lassen, am kirchlichen Leben überhaupt ... teilzunehmen» (197); schließlich sei es notwendig, die Wirklichkeit differenziert zu betrachten, weil die tatsächliche Situation der Betroffenen sonst nicht genügend wahrgenommen werde (190). Und auch Rotter betont, «daß ein Sakrament nicht erst dann wirksam wird, wenn das äußere Zeichen gesetzt wird, sondern schon dort, wo der Prozeß beginnt, der zu dem sakramentalen Zeichen führt», und er plädiert dafür, «wenn hier von außerehelicher Sexualmoral die Rede ist, sind natürlich nicht ehebrecherische Verhältnisse gemeint, ... sondern jene vielen und manchmal sehr freundschaftlichen Beziehungen mit Männern und Frauen, die natürlich nicht ungeschlechtlich sind, sondern zuletzt von einer reifen, integrierten Sexualität leben» (157).

Moraltheologen sind heute durchaus bereit, eine stufenweise Hinführung zur sexuellen Beziehung (sogenannter Gradualismus)

9 H. Rotter, Versuch einer Theologie der Sexualität, in: Liebe, Eros, Sexualität (vgl. Anm. 1, S. 14), 153–165, hier 160. So auch E. Schockenhoff, Sexualität und Ehe. Moraltheologische Überlegungen zu ihren anthropologischen Grundlagen, in: StZ 122, 1997, 435–447, hier 442: Ehe als «Vollform verbindlicher Liebe und Treue».

10 «Zentralwerte sind hier die Überzeugung von der Schöpfungswirklichkeit der Ehe (ihrer ursprünglichen Stiftung durch Gott), von ihrer im Sakrament begründeten Unauflöslichkeit, von ihrer Hinordnung auf Kreativität und Fruchtbarkeit. Auf sie soll sittliches Handeln gerichtet sein. Dieses wird durch die Normen abgesichert, die jeweils ihren Sinn daher bekommen, daß sie auf die Werte hin orientieren und deren Realisierung schützen» (Fraling 196).

von den Anfängen bis zur sexuellen Vereinigung zu akzeptieren, und zwar nicht nur zu Beginn der Ehe. Mieth etwa ist offensichtlich an einer Normaufstellung gar nicht mehr interessiert. Für ihn gilt als Leitbild die jesuanische Moral (die Bergpredigt, 1 Kor 13, Lk 7, 36–50 u. a.), die nicht auf Verboten beruht, sondern die sich vielmehr – bei aller Differenzierung – auf die sogenannte Goldene Regel zurückführen läßt: «Alles, was ihr wollt, daß es euch die Menschen tun, das sollt auch ihr ihnen tun; denn darin besteht das Gesetz und die Propheten» (Mt 7,12; vgl. Kap 1). Menschliches Handeln beruht darauf, den anderen nicht zu mißbrauchen, nicht zu verletzen, ihm nicht zu schaden, Respekt voreinander zu haben und in Selbstachtung die Verantwortung für die Folgen seines Handelns zu übernehmen. Für die Sexualität heißt das, «mehr darauf zu sehen, wo Werte entfaltet werden, als darauf zu sehen, wo man hinter dem Entfalten weiterer Werte zurückbleibt – es heißt, positive Ansätze zu fördern.» Wir dürfen also hoffen. Die veränderte Wirklichkeit wird auch die Sexualmoral verändern. «Das Gute und Richtige ist immer nur unter genau zu bestimmenden Bedingungen möglich» (Zitate: Mieth 1995, 88).

13. Das «Laster» der Selbstbefriedigung

Der Bibel unbekannt

Das Phänomen der Selbstbefriedigung[1] ist für den biblischen Menschen uninteressant, zumindest wird sie nirgends erwähnt. Sexualität ist ganz auf einen Partner ausgerichtet, grundsätzlich auf einen andersgeschlechtlichen. Umgang mit Gleichgeschlechtlichen oder mit Tieren wird verurteilt, muß also vorgekommen sein (s. S. 183–186). Das Gesetz beschäftigt sich lediglich mit dem unfreiwilligen Samenerguß des Mannes (Dtn 23,11f.; Lev 15,16), was die Pflicht zur Waschung und den Zustand kultischer Unreinheit bis zum Abend nach sich zieht (s. S. 49–52). Diese Unreinheit gefährdet sogar das Gelingen des Krieges, denn Jahwe wohnt mitten unter den Soldaten im Heerlager, und seine Heiligkeit duldet auch dort keine Unreinheit (Dtn 23,15). Daß der Samenerguß ungewollt ist, ergibt sich daraus, daß von einem «nächtlichen Begebnis» gesprochen wird. Von einer bewußt provozierten Pollution ist auch sonst in keinem Text die Rede, auch nicht in Lev 15,18, wo es heißt: «Wenn ein Mann bei einer Frau liegt und Samenerguß eintritt, so sollen sie sich in Wasser baden ...» Wahrscheinlich handelt es sich hierbei um einen vorzeitigen Samenerguß beim ehelichen Liebesspiel, aber auch um das, was wir heute «Petting» nennen. Wie immer dem sei, keinesfalls ist hier Selbstbefriedigung gemeint.

1 Wir ziehen den Begriff «Selbstbefriedigung» der Bezeichnung «Masturbation» vor, weil «Masturbation» von Anfang an einen pejorativen Sinn hatte und zudem ungenau ist. Die Etymologie des Wortes wird verschieden gedeutet: a) manu stuprare = mit der Hand schänden, b) manu turbare = mit der Hand Verwirrung anrichten, c) mas turbatio = Verwirrung in der männlichen Geschlechtlichkeit. Dennoch hat es sich in den Lehrbüchern durchgesetzt.

Die von der Moraltheologie fälschlicherweise «Onanie» genannte Selbstbefriedigung des Mannes leitet ihren Namen von der Erzählung Gen 38,1–10 her, wonach Onan, der zweitgeborene Sohn des Juda, beim Vollzug der ihm aufgenötigten Leviratsehe mit der Frau seines verstorbenen Bruders «es zur Erde vergeudete», aus Verdruß darüber, daß die zu erwartenden Kinder rechtlich als Nachkommen seines Bruders gelten sollten. Daß das mit Selbstbefriedigung nichts zu tun hat, liegt auf der Hand.

Allgemein praktiziert

Wenn nun in der Bibel nichts von Selbstbefriedigung gesagt wird, so heißt das nicht, daß es sie nicht gegeben hätte. In der Tat haben die Ethnologen festgestellt, daß die Selbstbefriedigung uralt ist und in allen Kulturen und bei allen Völkern verbreitet war. Auch das Lebensalter spielt hierbei keine Rolle. Bereits Säuglinge beiderlei Geschlechts können dabei beobachtet werden, wie sie mit Vergnügen ihre Geschlechtsteile am Bett oder an einem Spielzeug reiben. Bis zum 5. Lebensjahr haben schon mehr als die Hälfte aller Jungen einen Orgasmus gehabt, in der Altersgruppe der 10–13jährigen sind es etwa 80%, Bei den älteren Jugendlichen schätzte Clement (Kap. 3,1) bereits vor zehn Jahren die Zahlen auf 99% bei Jungen und 74% bei Mädchen. Während sich Männer und Frauen im sexuellen Verhalten immer mehr annähern, besteht also bei der Selbstbefriedigung im Erwachsenenalter ein deutlicher Unterschied: 92–94% aller Männer, aber nur 58–63% aller Frauen masturbieren bis zum Orgasmus (v. Sydow 1998, 136).

Daß sich Mädchen weniger selbst befriedigen, liegt vermutlich zum Teil an der unterschiedlichen Anatomie, zum Teil an ihrer eher passiven Einstellung zur Sexualität und Lebensführung überhaupt, was immer noch unserem Rollenideal entspricht. Mädchen stoßen meist zufällig darauf, bleiben dabei ganz für sich und reden nur selten mit jemandem darüber, während die Jungen die Techniken von anderen lernen, in Gruppen masturbieren und sich in einem gewissen Alter gern damit brüsten.

Bei Juden, Griechen und Römern

Innerhalb der gesamten europäischen Sittengeschichte nimmt die jüdische Einstellung zur Selbstbefriedigung zunächst eine Sonderstellung ein. Denn die männliche Selbstbefriedigung hat das rabbinische Judentum stark beschäftigt. Der Schulchan Aruch («gedeckter Tisch»), die verbindliche Anweisung jüdischer Sittlichkeit, bezeichnet das absichtliche Vergeuden des Samens als Schuld *(ʿawon)* oder Sünde *(ḥet'),* die schwerer wiegt als alle anderen Übertretungen der Tora.[2] Es wird eine ganze Reihe von Vorsichtsmaßnahmen angeraten, um die Sünde zu vermeiden (kein Anfassen des Gliedes[3], Beherrschung der Gedanken, Enthaltsamkeit von Speise und Trank bei der Abendmahlzeit). Tritt aber, «was der Ewige verhüten möge», eine (ungewollte) nächtliche Unreinheit ein, so spreche der Betroffene nach Waschung der Hände «mit zerknirschtem Herzen: Herr der Welt, ich habe dies ohne Absicht getan, nur infolge von schlechten Gedanken und schlechten Überlegungen.[4] Darum sei es wohlgefällig vor Dir, Ewiger, mein Gott und Gott meiner Väter, in Deinem großen Erbarmen diese Schuld auszulöschen und mich immer und ewig vor bösen Gedanken und ähnlichem zu bewahren. Amen, so möge es Dein Wille sein!» Demjenigen, «der durch diese Sünde gestrauchelt ist», werden die verschiedensten Werke der Frömmigkeit und Wohltätigkeit ans Herz gelegt: etwa Almosen geben, den Sabbat schön gestalten, eine Waise aufnehmen, eine Braut ausstatten.

2 Die Rabbinen sprechen auch vom «Huren mit der Hand» (Nidda 13b).

3 Der Unverheiratete darf sein Glied nie berühren, der Verheiratete nur zum Urinieren (Epstein 1948, 147). Ein rabbinisches Diktum lautet: «Wenn jemand das Glied anfaßt und uriniert, so ist es ebenso, als brächte er eine Sintflut über die Welt» (Nidda 13a).

4 Auch die pollutio nocturna ist nach rabbinischer Auffassung nicht ganz frei von Schuld; es wird vorausgesetzt, daß der Betroffene sich vor dem Einschlafen mit erotischen Gedanken beschäftigt hat.

Diese Einschätzung der Selbstbefriedigung erklärt sich daraus, daß für den jüdischen Mann die Erzeugung von Nachkommenschaft das oberste Gebot ist. Die Sündhaftigkeit der Selbstbefriedigung wird nicht, wie in der katholischen Moraltheologie, in der Herbeiführung einer illegitimen Lust und in dem Fehlen des von der Naturordnung geforderten Partners gesehen, sondern in der Vergeudung des Samens. Dieser gilt als wertvollste, lebenserhaltende Substanz. Deshalb besteht kein Interesse an der weiblichen Selbstbefriedigung, weder in der Bibel noch bei den Rabbinen, noch später im frühen Christentum.

Im westlichen Europa blieb die Selbstbefriedigung sehr lange unbeachtet. Die griechisch-römische Welt fand in ihr nichts Verwerfliches, so wenig wie in der Prostitution oder der Homosexualität. Gerade weil es neben der Ehe noch diese beiden Möglichkeiten der sexuellen Befriedigung gab, spielte die Selbstbefriedigung beim Mann kaum eine Rolle, während die Frauen, vor allem die erwachsenen unverheirateten Mädchen und die alleinstehenden, meist verwitweten Frauen eher darauf angewiesen waren.[5]

Kampfansage von Aufklärung und Kirche

Die erste beiläufige Erwähnung der Selbstbefriedigung stammt aus dem Jahr 1045. Doch bis zum 18. Jahrhundert gab es keine kirchlichen und moraldisziplinarischen Verbote, obwohl bereits Thomas von Aquin die Selbstbefriedigung verurteilt hatte. Man kannte nur eine Form sexuellen Verhaltens, den Geschlechtsverkehr der Erwachsenen. Jedes andere sexuelle Verhalten, ob bei Frauen oder bei Jugendlichen, bei Unverheirateten oder Alten, fiel nicht unter die Kategorie der Sexualität. Denn diesen Begriff in unserem Sinne gab es noch gar nicht. Und deshalb wurde Selbstbefriedigung auch nicht als schuldhaft erlebt.

5 Vgl. H. Rousselle, Porneia, Paris 1983, 88f.

Der Anstoß zur Diskriminierung der Selbstbefriedigung ging nicht von der Kirche aus. Vielmehr ist es der holländische Arzt Bekker, der als erster die Selbstbefriedigung mit der Onanie in Zusammenhang bringt und sie, basierend auf der Idee der Aufklärung, verurteilt. Sie gilt als ein Hindernis auf dem Weg zur Mündigkeit. Der Schweizer Arzt A.-S. Tissot, dessen Buch «L'onanisme ou dissertation physique sur les maladies produites par la Masturbation» (1760) ungeheures Aufsehen erregte und in viele Sprachen übersetzt wurde, wird zur Autorität, an der sich nun Ärzte, Lehrer und Moraltheologen messen. Die Selbstbefriedigung wird nun zum Mittelpunkt der geschlechtlichen Erziehung und Aufklärung, und die Kirche übernimmt das Thema: 1784 fordert der Katechet W. F. Hufnagel eine «Kindermoral», in der das 6. Gebot zur Verhütung der jugendlichen Selbstbefriedigung erweitert und differenziert wird.

1786 schreibt der Pädagoge und Theologe Ch. G. Salzmann eigens für Erzieher «Über die heimlichen Sünden der Jugend», ein Buch, das in der Folgezeit großen Einfluß gewinnt. In ihm bezeichnet Salzmann die Selbstbefriedigung als Laster. Damit wird sie extrem negativ bewertet und seitdem als Todsünde betrachtet. Es ist auffällig, wie emotional und rigoros alle Autoren, ob weltlich oder geistlich, dieses Thema angehen. Aber je mehr man die Selbstbefriedigung bekämpft – und man setzte eine ganze Reihe von Maßnahmen ein: Diät, Abhärtung, Aufsicht, Beschäftigung, um von abstrusen Formen wie Bandagen, Handschuhen mit Dornen, Erektionsanzeigern in Gestalt von Glöckchen, chirurgischen Eingriffen zu schweigen –, um so resistenter wird sie. Und nicht selten entwikkelt sich ein sadomasochistisches Verhältnis zwischen dem Bekämpfer und dem Jugendlichen. Im 19. Jahrhundert kommt noch die Überzeugung hinzu, daß zwischen Gehirn und Genitalien eine Verbindung bestehe: Ist das Gehirn schwach, dann ist die Sexualität stark, und umgekehrt. Nicht selten erhoffte man sich deshalb eine Heilung Geisteskranker durch häufigen Geschlechtsverkehr, der eine Schwächung der sexuellen und eine Stärkung der geistigen Kräfte bewirken sollte. Wer sich aber selbst befriedigte, der lief angeblich Gefahr, zu verblöden – ein Irrtum, der vermutlich auf der Beobachtung von Geisteskranken beruhte, die sich öffentlich befriedigten und dann vermeintlich daran starben.

Die Kirche hatte sich der profanen Entwicklung schnell angepaßt, und sie machte sich nun die Auffassung des Thomas von Aquin zu eigen, wonach Selbstbefriedigung widernatürliche Unkeuschheit ist (S. Th. II a II ae q. 154 art. 11). Das Wort «widernatürlich» durchzieht die gesamte kirchliche Sexualmoral bis heute. Widernatürlich ist demnach ein Verhalten, das im Widerspruch zu der von Gott gesetzten Naturordnung steht, und damit wird ihre schwere Sündhaftigkeit begründet. Daran halten die Autoren grundsätzlich bis in die neuere Zeit einmütig fest.

Die klassische Moraltheologie unterscheidet zwischen Sünden der Unkeuschheit *intra naturam* (z. B. außerehelicher Geschlechtsverkehr) und *contra naturam* (z. B. Homosexualität). Widernatürlich, unnatürlich, naturgemäß – das sind Wertungen, die ein bestimmtes Verständnis von Natur voraussetzen. Aber was heißt Natur? Für Platon etwa war Homosexualität das Natürlichste von der Welt, für die katholische Sexualmoral ist sie widernatürlich.

Natur kann deshalb nicht mehr Norm des Handelns sein. Norm des Handelns kann nur der Mensch selbst sein (s. o. S. 19–22).

Heutige Einschätzung

Das heißt nun, daß sich aus den Fortschritten, die der Mensch macht, und aus den Erkenntnissen, die er nicht zuletzt über sich selbst gewinnt, auch eine neue Verantwortlichkeit ergibt. Wir können heute keine zügellose Fortpflanzung mehr propagieren, weil wir die drohende Überbevölkerung nicht verantworten können. Und ebenso wissen wir heute, daß Selbstbefriedigung weder verblödet noch krank macht.

Die Selbstbefriedigung ist in der Regel die erste sexuell beglükkende Erfahrung, die ein junger Mensch macht, unabhängig vom anderen Geschlecht. (Insofern wird man auch an dem Ausdruck «Selbstbefriedigung» Anstoß nehmen; er orientiert sich am überholten Triebmodell.) Er hat auf diese Weise die Möglichkeit, seine Orgasmusfähigkeit kennenzulernen in einem Alter, in dem er aus sozialen und psychologischen Gründen noch keinen Partner finden kann. Sie ist eine Bereicherung seines Lebens und wird von den Sexualwissenschaftlern als notwendige Entwicklungsstufe zur völligen und verantwortlichen Reifung der Sexualfunktionen gesehen. Sie ermöglicht erst die Erfahrung der Orgasmusbedürftigkeit, die die Voraussetzung für ein gesundes partnerschaftliches Sexualleben bildet. Nicht selten sind ehelos lebende Menschen orgasmusunfähig und -unbedürftig.[6]

Inzwischen wird Selbstbefriedigung jedoch nicht nur als ein Durchgangsstadium zur Geschlechtsreife akzeptiert. Auch Erwachsene praktizieren sie weiter. Bei den einen ist sie Ersatz für eine nicht mögliche Partnerschaft. Andere aber behalten sie neben ihrem hetero- oder homosexuellen Leben bei, weil sie ihnen als eine sexuelle Erfahrung gilt, die «durch diese nicht zu ersetzen» ist.[7] Sexualwissenschaftliche Untersuchungen, sowohl in den USA als auch bei uns, haben ergeben, daß selbstbefriedigendes Verhalten immer mehr zunimmt. Es wird aus dem Beziehungsleben «ausgelagert ... als eine Möglichkeit selbstbestimmter, frei verfügbarer, autonomer, heimlicher und durchaus erholsamer Sexualität» (Schmidt 20f.). Vor allem für Frauen ist dies eine Gelegenheit, den Anforderungen gesellschaftlich legitimierten sexuell-erotischen Verhaltens zu entrinnen. 86 % schätzen sie als eigenständige Foren der Sexualität.

Heute wird über Selbstbefriedigung kaum mehr diskutiert, zumal es keine moralischen Bedenken mehr gibt. Sie schadet keinem, und niemand wird verletzt, ja es ist niemand betroffen. Auch in der Kirche ist sie kaum noch Thema. Denn sie wird nicht mehr als Schuld erlebt und fällt damit auch aus der Beichtpraxis heraus. An der wissenschaftlichen und psychologischen Einschätzung der Selbstbefrie-

6 Vgl. J. Cullberg, Keiner leidet ganz umsonst, Gütersloh 1980, 52.

7 W. Bartholomäus, Formen und Institutionen des Sexuellen in der heutigen Gesellschaft. Gemeinschaft Evangelischer Erzieher (GEE) 4, 1990, 15–27, hier 19.

digung kann auch die Kirche nicht mehr vorbeisehen[8], selbst wenn sie die Selbstbefriedigung immer noch unterschwellig ablehnt, etwa mit dem Argument: Die «Sinnbestimmung der Sexualität ist die, daß der Mensch im leibhaftigen Ausdruck sich selbst in Beziehung auf andere realisiert, daß er den Kreis des eigenen Ich überschreitet; man kann nicht leugnen, daß dieser Grundausrichtung der Sexualität die Selbstbefriedigung als Ausdrucksgeschehen nicht entspricht», oder: «Vermeidung der Masturbation hängt aber davon ab, wie weit jemand wirklich in die Lage versetzt wird, positives Selbstwertbewußtsein zu entwickeln» (Fraling 229f.). Daß diese Einschätzung falsch ist, steht außer Frage.

Wie ein Mensch seine Sexualität in sein Leben integriert, ist seine Sache und muß von ihm selbst verantwortet werden.[9] Normalerweise sind es positive Motivationen und Erfahrungen, die ihn zur Selbstbefriedigung führen. Jedoch ist andererseits nicht zu leugnen, daß zu häufige Selbstbefriedigung ein Symptom für psychische Störungen sein kann, Ausdruck von Spannungen, Angst oder Kontaktarmut. Zwanghaftes Onanieren kann zur Sucht werden und ist darin anderem Suchtverhalten vergleichbar. Solche Probleme gehören allerdings in die Psychotherapie, ebenso wie Realitätsverlust und Isolation, zwei weitere Folgen, die mit solipsistischem Verhalten verbunden sind. Wenn schließlich die sexuellen Reize nur konsumiert (Konsumverhalten) und Frustrationen nicht mehr ausgehalten werden – eine Haltung, die in der Regel mit einem lethargischen Sichgehenlassen verbunden ist –, so gehört das eher zu den Persönlichkeitsstörungen und darf nur bedingt ethisch, keinesfalls aber moralisch beurteilt werden.

8 Zur Geschichte und zu Äußerungen des Lehramts: Fraling 220–226.

9 Nach W. Bartholomäus ist ein Ziel sexualpädagogischen Handelns im Umgang mit der Selbstbefriedigung «die Selbstbestimmung der Betroffenen. Sie selbst müssen mit Gründen darüber entscheiden, in welcher Weise sie wann sexuelle Erfahrungen machen. Sie wollen dazu frei bleiben von beiderlei Zwang: vom Zwang des Verbots und vom Zwang des Gebots» (Selbstbefriedigung – einsames Lieben?, in: Bartholomäus 1988, 156–175, hier 174).

14. Das Ärgernis der Prostitution

Wie sieht es heute damit aus?

Mit attraktiven Mädchennamen werben Callgirls heute in jeder kleinen Provinzzeitung. Es handelt sich dabei um Prostituierte[1], die über das Telefon in ihren oft luxuriös eingerichteten Wohnungen oder eigens dafür gemieteten Appartements zu erreichen sind, sich aber auch in die Wohnung der Kunden rufen lassen. Callgirl (oder Callboy) zu sein ist heute die vornehmste, individuellste und unabhängigste Art, Prostitution zu betreiben. Die Bordelle, in denen sich die Mädchen und Frauen unter der Regie einer Puffmutter ihren Kunden zur Verfügung stellen, sterben mehr und mehr aus. In ihrer Nachfolge stehen die Eros-Centers der Großstädte. Heute nimmt die Prostitution überall zu: in Bars, Massagesalons, als Autobahn- und Straßenprostitution. Dabei gibt es auch männliche Prostituierte für homosexuelle und weibliche Kunden. Diese werden entweder von den Prostituierten in Hotelzimmer oder Stundenhotels mitgenommen, oder die Kunden fahren die ausgewählten Prostituierten mit dem Auto in ihre eigene Wohnung.

Wieviel eine Prostituierte wert ist, bestimmt der Bordellwirt, Kuppler, Mädchenhändler oder meist der Zuhälter. Er schützt seine Mädchen vor dem Zugriff des Gesetzes und vor der Aggressivität mancher Kunden, verfügt aber auch über die Mädchen, verkauft sie weiter, beutet sie aus, hält sie gefangen, verhält sich oft brutal und kassiert das Geld. Deswegen ist Zuhälterei verboten. Denn wie im

1 Das Wort «Prostitution» kommt von prostituere: öffentlich (zur Unzucht) preisgeben. Wir verwenden den objektiven Ausdruck «Prostituierte». Die Wörter «Dirne» und «Hure» sind veraltet. Im süddeutschen Raum wird «Dirne» (vgl. dazu Därn, Dirn, Dirndl) für junges Mädchen gebraucht. Zur Hetäre s. u. S. 160.

übrigen Sexualstrafrecht werden wirtschaftliche und persönliche Abhängigkeitsverhältnisse, Nötigung und Zwang (zur Prostitution) sowie Mißbrauch Minderjähriger bestraft.

Der Hauptgrund, sich zu prostituieren, liegt in der Beschaffung von Geld. Viele Mädchen kommen aus gestörten Familien, oft wurden sie von Vätern oder nahen Verwandten mißbraucht, hatten früh sexuelle Kontakte, sind sozial instabil und ohne Ausbildung. Jugendliche gehen häufig zum «Anschaffen» auf den Strich, um das Geld für Drogen zu bekommen, immer häufiger aber sind auch Ehefrauen unter den Prostituierten zu finden, die zum Teil sogar von ihren Männern geschickt werden, damit man sich die erhöhten Ansprüche an das Leben erfüllen kann. Prostitution ist also reine Geschäftssache.

Die Kunden haben verschiedene Gründe: Sind sie jung, wollen sie Erfahrungen sammeln; sind sie ledig, suchen sie sexuelle Kontakte; sind sie verheiratet, reicht ihnen der Sex nicht, den sie bei ihrer Frau finden, oder sie wünschen andere als die normalen Beziehungen; oft sind sie auch auf Reisen weit weg von zu Hause. Deshalb bieten Hafen- und Weltstädte (Hamburg, Bangkok, Hongkong), heutzutage wie schon in der Antike, die günstigsten Bedingungen für Prostitution.

Inzwischen weitet sich durch den Massentourismus die Dritte-Welt-Prostitution rapide aus. Damit wird nicht nur das Gefälle zwischen den westlichen Industrieländern und den Entwicklungsländern verschärft. Es findet eine extreme Ausbeutung von Frauen statt, die dadurch zu Opfern des Reichtums gemacht werden, aber auch ihre nationale Identität verlieren. Diese Prostitution findet meist in den Fremdländern selbst statt (Thailand hat zum Beispiel zwei Millionen Prostituierte), sie führt zur unkontrollierbaren Zunahme von Aids, auch in Deutschland, und zur Kinderprostitution. Denn je jünger die Mädchen sind, um so geringer ist die Gefahr einer Ansteckung. Zunehmend registriert man den Import von Frauen und Mädchen aus Dritte-Welt- oder Ost-Ländern, vor allem aus Polen.

In der Umwelt Israels

Die Prostitution ist so alt wie die Institution Ehe, und sie kommt, abgesehen von totalitären und primitiven Gesellschaften, in jeder Kultur vor. Für die Umwelt Israels beleuchtet dies schlaglichtartig der Prophet Joel. In der Endzeit wird Gott selbst die Völker zusammenrufen und sie zur Verantwortung ziehen für alles, was sie seinem Volk angetan haben. Und als Beispiele für die Leiden nennt Joel: «Einen Knaben haben sie zu den Dirnen gegeben und Mädchen für Wein verkauft» (Joel 4,3). Mehr wert waren die jungen Israeliten nicht.

Das klassische Land der Prostitution war in der Antike zweifellos Griechenland.[2] Wenn auch nicht jeder Peinlichkeit bar, so war der Umgang mit Prostituierten doch an der Tagesordnung und galt nicht als eigentlich anstößig (Hermann/Herter 1160). «Im allgemeinen galt der Grundsatz, daß man, was käuflich sei, auch kaufen dürfe, ohne Schande befürchten zu müssen» (1161), dies um so mehr, als die Dirnen meist Sklavinnen waren. Die negative Bewertung der Prostitution richtet sich in erster Linie gegen die von seiten des Mannes damit verbundene finanzielle Verschwendung (1164). Moralisch disqualifiziert wird jedoch nur die *moicheia* (Ehebruch [der Frau!]), nicht aber die *porneia* (Prostitution; 1180).

Der Mann hatte drei verschiedene Möglichkeiten für das Eingehen gesellschaftlich tolerierter Beziehungen außerhalb seiner Ehe.

2 S. o. S. 32f. Zum Thema Prostitution bei den Griechen und besonders in Korinth s. Paoli, bes. 77–90; Herter (bei Hermann/Herter und 1960); W. Krenkel, Art. Prostitution: Der Kleine Pauly IV, 1192–1194, mit besonderer Berücksichtigung von 1 Kor: W. Elliger, Mit Paulus unterwegs in Griechenland, Stuttgart 1998.

In der sozialen Rangfolge der Prostitution nahmen die Bordellmädchen den untersten Rang ein und waren am billigsten zu haben; eine Zwischenstufe zwischen ihnen und den nachfolgend erwähnten Hetären bildeten die herumstreichenden Dirnen, die ihre Kunden auf der Straße anlockten und sie in eigenen oder gemieteten Wohnungen, Verstekken oder wohl auch in öffentlichen Bädern empfingen. «Das Dirnenwesen blühte natürlich in den Verkehrszentren und damit auch in den Hafenstädten besonders schnell empor. In Griechenland galten Piräus, Epidauros und Korinth als die bekanntesten Sammelpunkte. Korinth muß auf diesem Gebiet absolut führend gewesen sein» (Elliger108).

Da gab es: 1. die sakrale Prostitution; einheimische Frauen gaben sich im Bereich des Tempels den Fremden hin und vermehrten auf diese Weise den Tempelschatz bzw. verschafften sich ihre Aussteuer. Später wurde die Tempelprostitution von Sklavinnen zur Dauereinrichtung.[3] 2. die profane Prostitution, die meist von Armen und sozial Schwachen betrieben wurde. Der Gesetzgeber Solon führte 594 v. Chr. die ersten Bordelle ein. Dort bestanden feste Taxen, die Frauen mußten sich registrieren lassen und Steuern bezahlen. Solche Bordelle gab es vor allem in den großen Hafenstädten in großer Zahl. 3. Die dritte Art war das Hetärentum (Hetäre = Gefährtin). Bedeutende Männer hielten sich Frauen, mit denen sie nicht nur sexuellen Umgang hatten. Vielmehr ließen sie sich von ihnen auch überallhin begleiten, vor allem zu den Symposien, und auch sonst unterhalten. Die Hetären waren gebildet, beherrschten Sitte und Anstand und hatten meist in eigenen Schulen eine gute Ausbildung genossen. Sie verstanden etwas von Musik und Tanz, von Politik und Philosophie. In ihrem Niveau sind sie den kultivierten Geishas Japans zu vergleichen.[4] Entsprechend hoch waren ihre finanziellen Ansprüche.

Die Ehefrau hingegen war vom öffentlichen Leben ausgeschlossen. Sie brauchte weder schön noch klug zu sein, mußte aber möglichst viele Tugenden verkörpern.

Auch in Rom herrschte gegenüber der Prostitution größte Toleranz. Als unsittlich galt nur der Umgang mit verheirateten Frauen, Witwen und Jungfrauen.[5] Das treibende Motiv für die Prostitution war schon im alten Rom, wie heute, vor allem die Armut.[6]

3 Zur verbreiteten Vorstellung kultischer Prostitution am Aphroditetempel in Korinth s. H.-D. Saffrey, Aphrodite à Corinthe, in: RB 92, 1985, 359–370.

4 Vgl. H. Volkmann, Art. Hetairai: Der Neue Pauly; Paoli 77–90; Reinsberg 80–162.

5 Vgl. Krenkel (Anm. 2); Robert 190–205.

6 Vgl. M. Prell, Sozialökonomische Untersuchungen zur Armut im antiken Rom, Stuttgart 1997, 248–251.

Salomo empfängt Dirnen

Auch im alten Israel war die käufliche Liebe etwas Selbstverständliches. Unbefangen sprechen die Erzählungen der Bibel davon. Freilich spielen diese vorwiegend in einem nicht-israelitischen Milieu. Aus der alten Zeit wird eine Geschichte von Juda überliefert. Seine Schwiegertochter Tamar legt es darauf an, von ihm für eine Prostituierte gehalten zu werden, um von ihm ein Kind zu bekommen.[7] Er fällt darauf herein und bietet ihr ein Ziegenböcklein als Bezahlung an (Gen 38,12–26). Sie aber beharrt, um sich rechtfertigen zu können, auf seinem Siegel. Die Kundschafter, die Josua nach Jericho schickt, finden dort im Haus der Dirne Rahab Unterkunft. Das rettet ihnen das Leben, denn Rahab verhilft ihnen auch zur Flucht (Jos 2,1–21). Dieses menschliche Verhalten der Rahab sowie ihre religiöse und politische Klugheit machen deutlich, daß bereits im Alten Testament Prostituierte Gott näher sein können als andere Menschen, was auch das Neue Testament bestätigt (Hebr 11,31; Jak 2,25). Simson läßt sich in der Philisterstadt Gaza mit einer Prostituierten ein (Ri 16,1). Ohne Hemmungen zanken sich zwei im gleichen Haus (Bordell?) wohnende Dirnen vor dem König Salomo um ein Kind, was zeigt, daß auch diese Folgen der Prostitution nicht ausblieben (1 Kön 3,16–28). Im übrigen war es Sache der Prostituierten, ihre Kinder zu ernähren. Der Vater verstieß und verachtete sie. Der Auftrag Jahwes an Hosea «Nimm dir ein Dirnenweib und Dirnenkinder» (Hos 1,2) kann schwerlich anders denn als Diskriminierung verstanden werden. Sie hatte eine verheerende Wirkung auf die Einschätzung weiblicher Sexualität im Neuen Testament und in der Kirche (s. o. 45f.).

Andererseits konnten auch Kinder von Prostituierten Führungsaufgaben übernehmen. So ist Jiftach, ein Held und Retter Israels, der Sohn einer Dirne, was zu Erbschaftskomplikationen mit den legitimen Söhnen seines Vaters führt (Ri 11,1f.). Es ist kaum vorstellbar,

7 Sie wird im weiteren Verlauf der Erzählung «Geweihte» genannt. Demnach hielt Juda sie für die Kultdirne eines kanaanäischen Heiligtums (s. u.).

daß dies ein vereinzelter Fall war. Besonders in Zeiten des Wohlstandes scheint das Dirnenwesen geblüht zu haben (Jer 5,7, vgl. Am 2,7).

Einer moralischen Disqualifizierung unterliegt die Prostitution nur, wenn die Prostituierte verheiratet ist und der Umgang mit ihr dadurch zum Ehebruch wird. Dennoch hat «Dirne» (hebr. *zonah*) einen pejorativen Beigeschmack. Man braucht die Prostituierte, zugleich aber verachtet man ihre Käuflichkeit: «Der Preis der Dirne ist ein Laib Brot» (Spr 6,26). Deshalb die Bemerkung der Brüder Dinas nach deren Vergewaltigung durch den Hiwiter Hamor: «Durfte er unsere Schwester wie eine Dirne behandeln?» (Gen 34,31). Was die Dirne verächtlich macht, ist nicht ihre sexuelle Freizügigkeit, sondern ihre Verfügbarkeit. Jeder kann sie, im Unterschied zur Ehefrau, nach Belieben haben.[8]

Im übrigen wird vor dem Umgang mit Prostituierten vor allem deshalb gewarnt, weil er zum Verlust der Kontrolle über sich selbst führt (Sir 19,2) und weil er arm macht («Wer mit Dirnen umgeht, bringt sein Vermögen durch»: Spr 29,3; vgl. Sir 9,6).[9] Sehr realistisch schildert Hos 2,7 die gewinnsüchtige Gier einer Dirne: «Ich will meinen Liebhabern nachlaufen. Sie geben mir Brot und Wasser, Wolle und Flachs, Öl und Getränk.» Schließlich hat die Prostituierte in der Allegorie des Ezechiel (Ez 16,33f.) eine doppelt negative Funktion. Jerusalem hat sich nicht nur mit den alten Kulten des eigenen Landes eingelassen, sondern unterhält auch Beziehungen zu den Göttern fremder Völker, und zwar so sehr, daß es sogar die Ordnung, die für Dirnen gilt, ins Gegenteil verkehrt. Jerusalem buhlt so sehr um die Gunst der anderen Völker, daß es bezahlt, wo es verdienen müßte. Das zeigt nicht nur die ganze Verwerflichkeit der Jerusalemer Politik, sondern auch die der dafür stehenden Prostituierten. Und eine tiefere Demütigung kann der Prophet Amos dem König Jerobeam nicht an-

8 Der Tod des Königs Ahab erscheint dadurch um so schmachvoller, als sich die Prostituierten in dem Wasser baden, in dem sein Kriegswagen abgespült wurde (1 Kön 22,38).

9 Ein auch in der griechisch-römischen Literatur beliebter Topos (s. o. und Belege in RAC III, 1164–1167; hier das Dictum: «Die nackte Venus macht ihre Liebhaber nackt [d. h. arm].»).

drohen als die, daß seine Gattin zur öffentlichen Dirne werde (Am 7,17).

Wie überall mußten die Prostituierten auch in Israel auf sich aufmerksam machen. Es scheint, daß sie an ihrer Kleidung für jedermann kenntlich sein mußten, denn sie durften kein Kopftuch tragen (Hld 5,7). Im übrigen kleideten sie sich recht auffällig. Jer 4,30 spricht von einem scharlachroten Kleid, und Spr 7,10 ist von einem (speziellen?) Dirnenkleid die Rede. Sie trugen Schmuck und schminkten ihre Augen (Jer 4,30). Und wie immer und überall stellten sie sich öffentlich zur Schau. Sie erwarteten ihre Kunden am Wegrand (Jer 3,2), am Stadttor (Gen 38,14), auf Gassen und Plätzen (Spr 7,12) oder in ihrem Haus (Jos 2,1; Ri 16,1; Jer 5,7). Sie zogen aber auch durch die Straßen der Stadt und lenkten durch Lautenspiel und Gesang die Aufmerksamkeit auf sich (Jes 23,16).

Was eine Frau dennoch dazu bewog, sich der Prostitution hinzugeben, ist nicht leicht zu sagen. Es wird ihr wie allen Prostituierten ums Geld gegangen sein. Vermutlich handelte es sich vorwiegend um Frauen, die von ihren Männern verstoßen worden waren, oder um Witwen. Junge Mädchen sollten sich unter ihnen nicht befinden. Denn dem Vater wird verboten, seine Tochter zur Prostitution anzuhalten und sie dadurch zu entweihen (Lev 19,29). Aus diesem Verbot darf man allerdings schließen, daß das nicht selten vorkam. Ob damit profane oder kultische Prostitution gemeint ist, ist nicht mit Sicherheit auszumachen. Im ersten Fall wäre Gewinnsucht, im zweiten Aberglaube das Motiv des Vaters gewesen.

Häufig scheinen sich jedoch auch Ehefrauen prostituiert zu haben. Nur so ist verständlich, daß Männer, die mit Prostituierten verkehren, Ehebrecher genannt werden (Jes 57,3; Jer 5,7). Ehebruch lag ja nur vor, wenn die beteiligte *Frau* verheiratet war.[10] Freilich fragen wir uns, wie eine verheiratete Frau sich ungehindert der Prostitution hingeben konnte, wo doch auf Ehebruch die Todesstrafe stand (Dtn

10 Vgl. bei Hos 4,13 die Unterscheidung «Töchter, die huren» und «Schwiegertöchter, die die Ehe brechen».

22,22). Offenbar wurde diese Strafe in Wirklichkeit nur selten vollzogen.[11] Daß auch Ehefrauen sich prostituierten, setzen außerdem all die Stellen voraus, in denen Jerusalem oder das Volk Israel als Gattin Jahwes Dirne genannt wird (Jes 1,21; Jer 3,1 f. u. a.).

Die «Geweihten»

So tolerant man in Israel bei der profanen Prostitution war, so allergisch reagierte man auf die kultische Prostitution, weil hier der Jahweglaube auf dem Spiel stand. Die sakrale Prostitution galt ja in der Umwelt Israels als eine Möglichkeit zur Vereinigung mit der Gottheit. In vielen antiken Kulturen wurde am Neujahrstag der «Hieros Gamos», die «Heilige Hochzeit» gefeiert, ein Ritus, in dem die Priesterin oder die Königin als Vertreterin der Muttergöttin sich mit dem Vertreter eines jugendlichen Gottes – meist war es der König – vereinigte, um für das Land Fruchtbarkeit zu beschwören.

Dieser Hieros Gamos wurde im Bereich des Tempels das ganze Jahr hindurch von Frauen, manchmal auch Männern, auf einer niederen Ebene nachvollzogen: Sogenannte Tempeldirnen standen den Besuchern des Heiligtums zu sexuellem Verkehr zur Verfügung. Diese wollten damit für ihre Familien und ihre Landwirtschaft Fruchtbarkeit erreichen. Der Verdienst daraus floß in die Tempelkasse.

Allem Anschein nach kannten schon die alten Sumerer die kultische Prostitution. Reichlich bezeugt ist sie für den assyro-babylonischen Raum. In Ägypten scheint sie erst in der griechischen Zeit aufgekommen zu sein. Im kanaanäisch-phönizischen Raum, in dem die Israeliten seßhaft wurden, stand die kultische Prostitution in hoher Blüte. Hier gibt es auch vereinzelte Zeugnisse dafür, daß alle Frauen sich vor ihrer Heirat deflorieren lassen mußten.[12] Die daraus erwachsenden Einkünfte fielen dem Heiligtum zu.

11 Wie die Bildsprache Hos 2 zeigt, war es wohl nicht ungewöhnlich, daß ein Mann nichts unversucht ließ, um seine Frau, die er liebte, zurückzugewinnen.

12 Vgl. W. Kornfeld, Art. Prostitution sacrée, in: DBS VIII, 1356–1374, hier 1362.

Die Israeliten übernahmen zunächst den Kult der kanaanäischen Liebes- und Fruchtbarkeitsgöttinnen Astarte und Aschera. Salomo (970–930) errichtete der Astarte ein Heiligtum auf dem südlichen Ölberg (1 Kön 11,5), das erst König Joschija (639–609) zerstörte (2 Kön 23,13). Und auch Aschera hatte ihr Kultbild in Jerusalem, das König Asa (908–868) zwar im Kidrontal verbrennen ließ (1 Kön 15,13), das aber von König Manasse (696–642) sogar im Tempel wieder aufgestellt wurde (2 Kön 21,7; vgl. 2 Chr 33,3f.).

Wie verbreitet der Kult dieser Göttinnen war, beweist die Tatsache, daß bei fast allen Ausgrabungen israelitischer Städte zahlreiche weibliche Götterfigürchen gefunden werden. Trotz der Faszination, die sie ausübten, konnten sich diese Fruchtbarkeitskulte jedoch nicht gegen den Jahweglauben durchsetzen. Die Kulte für Astarte und Aschera wurden in die Illegitimität verbannt. Wir finden sie vor allem an den in die vorisraelitische Zeit zurückreichenden Höhenheiligtümern (1 Kön 14,23: Rehabeam; 15,12.14: Asa; 22,47: Joschafat). Und hier wurde auch die kultische Prostitution ausgeübt. Bezeichnend ist der Titel, den man den Prostituierten zusprach. Sie wurden «Geweihte» (Dtn 23,18) genannt.

Leidenschaftlich kämpften die Propheten gegen sie. Von blühender kultischer Prostitution im Nordreich Israel weiß Hos 4,13f. zu berichten. Der Prophet macht die Ausschweifung der Väter für das Treiben ihrer Töchter und Schwiegertöchter verantwortlich. Dennoch faßte die sakrale Prostitution immer wieder auch am Jerusalemer Tempel Fuß. Wir hören, daß die Liebesdienerinnen der Aschera im Tempelbereich ihre Wohnungen hatten und für ihre Göttin Gewänder webten (2 Kön 23,7). Was mit den Hurenzeichen gemeint ist, die sie auf der Stirn und zwischen den Brüsten trugen (Hos 2,4), läßt sich nicht mit Sicherheit sagen (Amulette? Tätowierungen?). Gegen sexuell geprägte Kulte im Land wird noch in der nachexilischen Zeit polemisiert (Jes 57, 4–8).[13]

Hand in Hand mit der Polemik der Propheten gegen die kulti-

13 Vgl. E. Nielsen, Deuteronomium, Tübingen 1995, 222f.

sche Prostitution geht im deuteronomischen Gesetz (Dtn 23,18) das Verbot, die Einkünfte weiblicher und männlicher Prostituierter («Dirnenlohn» und «Hundegeld»)[14] dem Tempel zufließen zu lassen (Dtn 23,19). Der Jahweglaube soll durch die Praktiken der heidnischen Umwelt nicht entweiht werden.

Das war der Forschungsstand bis in die 80er Jahre. Heute wird besonders von feministischer Seite in Frage gestellt, daß es im gesamten altorientalischen Raum einen sakralen Fruchtbarkeitskult an den Tempeln gegeben habe und daß im Alten Testament die Rolle der «Geweihten» primär sexuell zu definieren sei. Die als «Geweihte» bezeichneten Frauen lebten zwar – so lautet das feministische Forschungsergebnis – als Bedienstete am Tempel, aber ihre Aufgaben waren vielfältig. Sie waren im Opferdienst eingesetzt (Hos 4,14) und mußten in der Webstube arbeiten, um Stoffe für Götterbilder herzustellen (2 Kön 23,7). Deshalb müssen sie zunächst einmal vom wirtschaftlichen Gesichtspunkt her verstanden werden. Vielleicht wurden sie schon als Kinder dem Tempel übergeben (wie Samuel oder Anna) und waren damit schon früh aus dem patriarchalen Familienverband herausgenommen. Das erlaubte ihnen, von klein auf über ihr Leben selbst zu bestimmen, also auch über ihre Sexualität. Indem sie sich an einen Gott oder Kult banden, erlitten sie nicht das Schicksal verheirateter Frauen, die in ihrem Alter als Witwen schutz- und rechtlos waren.

Im Laufe der Zeit wurden die «Geweihten» dann mehr und mehr über ihre Sexualität definiert und in Beziehung zur Dirne gebracht. Dies geschah aber wohl deshalb, weil sie im Unterschied zu den familiengebundenen Frauen ihre Kontakte selbst wählen und sogar finanziell nutzen konnten. Sie hatten sich in ihrer Unabhängigkeit aus dem herkömmlichen Rahmen gelöst. Eine erotische und sexuelle Begegnung mit einer «Geweihten» galt als «glückbringend»[15]. Sie brachte dem Mann das erhoffte ungebundene Glücksgefühl und der

14 «Hunde» wurden die männlichen Prostituierten genannt.

15 Vgl. M.-T. Wacker, Kosmisches Sakrament oder Verpfändung des Körpers?, in: R. Jost u. a. (Hg.), Auf Israel hören. Sozialgeschichtliche Bibelauslegung, Luzern 1992, 47–84,

Frau ein sozial, finanziell und psychologisch gesehen befriedigendes Leben. Eine «Geweihte» ist also vornehmlich ein Mädchen oder eine Frau, die in den Dienst einer Gottheit gestellt wird, um dort verschiedene Dienstleistungen zu erbringen, die auch mit Sexualität in Beziehung gebracht werden können.[16]

Von ihrem sozialen und religiösen Status her darf man wohl zu Recht die «Geweihte» als Vorläuferin der christlichen Nonne verstehen. Auch sie konnte – vor allem im Mittelalter – durch die Bindung an einen Orden dem gesellschaftlichen Zwang zur Ehe entgehen und zugleich als «Braut Christi» erotisch-mystische Erfahrungen machen, die ihr außerdem Bildung und Spiritualität verhießen.

Prostituierte von Jesus bevorzugt

Außerbiblische Quellen lassen erkennen, daß das Bordellwesen zur Zeit Jesu in Palästina durch die römische Besatzung einen merklichen Auftrieb erfahren hatte. Indes nimmt auch Jesus, wie das alte Israel, gegenüber der Prostitution eine offenbar tolerante Haltung ein. Das Wort Prostitution *(porneia)* findet sich in allen vier Evangelien insgesamt nicht mehr als fünfmal: zweimal in den sogenannten Ehebruchsklauseln bei Matthäus (5,32; 19,9; s. u.), zweimal (Mt 15,19; Mk 7,21) in dem (nicht von Jesus stammenden) Katalog der Laster, die aus dem bösen Herzen der Menschen kommen; und schließlich in der theologischen Kontroverse bei Johannes (8,41), in der sich die Juden gegen den Vorwurf Jesu verwahren, sie seien keine rechtmäßi-

und vor allem die umfangreiche Untersuchung von C. Frevel, Aschera und der Ausschließlichkeitsanspruch YHWH's, Weinheim 1995, 2 Bde, bes. II, 557–737.

Der Autor nimmt an, «daß es sich bei den Geweihten um nichtpriesterliches Tempel- oder Kultpersonal beiderlei Geschlechts gehandelt hat. . . . Ein Zusammenhang mit sexuellen Aktivitäten ist sehr unwahrscheinlich. . . . Warum das so genannte nichtpriesterliche Kultpersonal in Mißkredit gekommen ist und aus dem Tempel verdrängt worden ist, läßt sich nicht mehr ermitteln» (735).

16 Vgl. Gen 38,21f.; Dtn 23,18; Hos 4,13f.

gen Söhne Abrahams, sondern entstammten der *porneia* (s. o. S. 131). Da auch die Ehebruchsklauseln bei Matthäus zweifelsfrei Gemeinbildung sind, ist festzuhalten, daß Jesus in den Evangelien das Wort Prostitution gar nie in den Mund nimmt.

Dreimal findet sich in den Evangelien das Wort «Dirne» *(porne):* im Gleichnis vom verlorenen Sohn, worin der ältere Sohn dem jüngeren vorwirft, er habe das Vermögen des Vaters mit Dirnen durchgebracht (Lk 15,30), und zweimal im Gerichtswort Jesu über die Pharisäer, wonach die Zöllner und Dirnen eher in das Reich Gottes eingingen als sie (Mt 21,31f.).[17] Schließlich dürfte mit der stadtbekannten «Sünderin», die Jesu Füße küßt und salbt, eine Prostituierte gemeint sein (Lk 7,37.39)[18], während wir es bei der Samariterin Joh 4,17f. mit einer Frau zu tun haben, die von fünf Männern der Reihe nach entlassen worden war und sich nun offenbar von einem (verheirateten oder ledigen) Mann ohne eheliches Zusammenleben aushalten ließ – eine «postmoderne Sukzessivehe ..., jeder moralischen und dogmatischen Engführung ein Greuel»[19].

Jesus ist den Prostituierten nicht ausgewichen, er hat sie nicht verurteilt. Offenbar nahm er die Prostitution als Gegebenheit hin. Er kam ja gerade deshalb in Verruf, weil er sich mit Zöllnern und Sündern (und dazu gehörten gewiß auch die Prostituierten) abgab. Das hat eine tiefere, eine theologische Bedeutung. Wenn nach Jesu Wort Prostituierte eher in das Himmelreich eingehen als die Pharisäer (Mt 21,31f.), dann heißt das nichts anderes, als daß sie Gott näher sind als all diejenigen, die sich Gott nahe glauben. Gott näher können sie doch wohl nur deshalb sein, weil sie ehrlich zu ihrer Lebensform stehen, weil sie echt sind und sich und anderen nichts vormachen. Sie versuchen gar nicht, ihre menschliche Armut zu vertuschen. Ihre Einschätzung, ihr Wert ist für jedermann offensichtlich, auch ihr Leben

17 Nach J. Gibson (Hoi Telonai kai hai Pornai: Journal of Theol. Studies 32, 1981, 429–433) erklärt sich die Zusammenstellung von Zöllnern und Dirnen dadurch, daß beide der Kollaboration mit der römischen Besatzungsmacht bezichtigt wurden.

18 «Sündig» war das Gewerbe einer Dirne freilich nur dann, wenn sie verheiratet war.

19 D. Mieth (s. Anm. 7, S. 16) 8.

außerhalb der Religion, außerhalb des Gesetzes. Schon im Alten Testament war die Prostituierte ein Symbol der Heilsbedürftigkeit, und bei Jesus wird sie auch Symbol einer besonderen Heilsfähigkeit. Die Prostituierte Rahab, die im Unterschied zu ihrer Umwelt den wahren Gott Jahwe erkennt, wird im Neuen Testament wegen ihres Glaubens und ihres Tuns gelobt (s. o.) und in die Geschlechterreihe Jesu aufgenommen.

Von Paulus verfemt

Wir haben gesehen, daß die Prostitution in der griechischen Welt, vor allem in den Hafenstädten wie zum Beispiel Korinth, zum Alltag gehörte. Das hat sicherlich dazu beigetragen, daß Paulus sie entschieden ablehnte. Die Verurteilung, die Paulus ausspricht, hat jedoch nicht nur etwas mit seiner Einstellung zur Sexualität zu tun (s. o. 53f.), sondern dies ist für ihn letzten Endes ein theologisch-christologisches Problem. Wir finden die paulinische Argumentation in 1 Kor 6,12–20.[20] Der Apostel stellt sich der Frage: Soll der Mensch über die Sexualität nicht frei verfügen dürfen wie über Speise und Trank, das heißt nach dem Kriterium von Nützlichkeit und Genuß? «Die Speisen sind für den Bauch da und der Bauch für die Speisen», lautet der Einwand (V. 13). Auf die Sexualität übertragen, hieße das: Der Leib (die Sexualität) ist für die *porneia* da und die *porneia* für den Leib (die Sexualität). Diese Gleichung geht aber für Paulus – wie auch für uns – nicht auf. Denn der Leib des Christen gehört durch die Taufe Christus, durch sie ist er ein Glied Christi und eines Geistes mit ihm geworden. Folglich kann er nicht mehr Glied einer Dirne *(porne)* und ein Fleisch (Gen 2,24) mit ihr werden (V. 15–17). Der Christ kann also über seinen Leib nicht mehr verfügen. Deshalb wiegt die Sünde, die den Leib direkt betrifft, die nicht nur – wie die übrigen Sünden – *mit* dem Leib, sondern *am* Leib begangen wird,

20 Hierzu vgl. jetzt Kirchhoff.

besonders schwer. «Jede Sünde, die ein Mensch begeht», sagt Paulus, «bleibt außerhalb des Leibes; wer aber hurt, sündigt gegen den eigenen Leib» (V. 18).

Paulus geht es nicht um die Diskriminierung der Frau, sondern um den Mißbrauch des Eigentums. Der Mann hat kein Recht, die Frau auszubeuten.

Wichtiger aber sind die Folgen für den Mann – die Theologie des Paulus ist aus der Perspektive des Mannes geschrieben –; er darf seinen Leib nicht von der Frau ausbeuten lassen, das käme einer Schändung gleich. Da für Paulus die Sexualität rein triebhaft ist und der personale Aspekt fehlt, ist für ihn die Ehelosigkeit das Ideal, Ehe ein Zugeständnis an die Schwäche des Menschen und Prostitution niederdrückendes Unrecht.

Deshalb gilt für den Apostel abschließend: «Flieht die *porneia!*» (V. 18). Ja der Christ soll sogar eher die – in den Augen des Paulus – bessere Ehelosigkeit aufgeben und die Ehe in Kauf nehmen, wenn dies nötig ist, um der *porneia* zu entgehen: «Aber wegen der Prostitution soll jeder seine eigene Frau und jede ihren eigenen Mann haben» (7,2), wobei im Blick auf die Prostituierte der Ton auf «eigen» liegt. Aus dem gleichen Grund insistiert Paulus auf der ehelichen «Pflicht» und warnt vor längerer Enthaltsamkeit (V. 3–5). Welche Abwertung der Ehe in dieser Einschätzung liegt, wird an anderer Stelle gezeigt (s. S. 215–217). Ebenso spricht Paulus in 1 Thess 4,3f. den Wunsch aus, es möge jeder sein «Gefäß» in Heiligkeit und Ehrbarkeit besitzen und sich der *porneia* enthalten. Paulus argumentiert dabei der griechisch-römischen Literatur genau entgegengesetzt. In ihr wird gelegentlich die Prostitution geradezu als Mittel gegen den Ehebruch empfohlen (Hermann/Herter 1180). Noch einmal ist die *porneia* (neben Unreinheit und Ausschweifung) in 2 Kor 12,21 als typisches Korinth-Laster für Paulus Gegenstand der Bekümmernis.

Die Bewertung der Ehe und des ehelichen Verkehrs als Schutz vor der Unzucht ist auch in die frühchristliche Literatur eingegangen. Insgesamt wird, im Gefolge des Neuen Testaments, die Prostitution von den christlichen Autoren strenger beurteilt als von den heidnischen, aber dennoch weniger streng als Ehebruch, Inzest und widernatürliche Sexualität (ebd. 1195ff.). Dennoch war die Prostitution auch zur Zeit der Kirchenväter weit verbreitet: Selbst Mönche und Bischöfe waren gegen sie nicht gefeit (1204f.), denn je rigoroser das moralische System wurde, um so sicherer rief es, sozusagen als notwendige Ergänzung, die Prostitution auf den Plan.[21] Im Mittelalter war die Prostitution in die Kultur integriert. Sie war überall erlaubt, Fürsten, Bischöfe und Städte hatten ihre eigenen Bordelle. Sie lagen meist neben den Kirchen und wurden auch dem Kaiser und seinem Gefolge bei einem Besuch zur Verfügung gestellt. Besonders bekannt für seine enorme Zahl von Prostituierten («Hübschlerinnen») wurde das Reformkonzil von Konstanz (1414–1418).[22]

Ähnliche Zusammenkünfte waren auch die großen Prozessionen, etwa an Fronleichnam. Es gab da kein Tabu. Erst am Ende des 15. Jahrhunderts wurden die Prostituierten an den Rand der Gesellschaft gedrängt.[23] Wahrscheinlich lag der Grund dafür in der schnellen Ausbreitung der Geschlechtskrankheiten, besonders der Syphilis. Seitdem geschieht die Prostitution in der Subkultur.

21 Der Soziologe H. Schelsky nennt die Prostitution deshalb eine «Ventilsitte» (Soziologie der Sexualität, Hamburg 1955).

22 Die oft genannte Zahl von viertausend mag übertrieben sein. Die Chronik des Ulrich von Richental (ed. O. Feger, Starnberg/Konstanz 1964, 278) spricht von 700 (Registrierten), zu denen jedoch noch die «haimlichen» hinzukamen, deren Zahl kaum zu erfassen ist. Aber auch die Zahl 1500 wird in einer Handschrift genannt. Für die Registrierten setzte der Rat der Stadt Konstanz Höchstpreise fest. Dennoch wird von fabulösen Einkünften der «Hübschlerinnen» gesprochen; s. B. Schuster, «Die unendlichen Frauen». Prostitution und städtische Ordnung in Konstanz im 15./16. Jahrhundert, Konstanz 1996, 19–33; K. Schelle, Das Konstanzer Konzil, Konstanz 1996, 35.

23 Vgl. z. B. J. Rossiaud, Prostitution, Sexualität und Gesellschaft in den französischen Städten des 15. Jahrhunderts, in: Ariès/Béjin 97–120.

Heutige Einschätzung

Der Verurteilung der Prostitution schlossen sich die Moraltheologen einmütig an. Allerdings weisen sie darauf hin, daß sowohl Augustinus als auch Thomas von Aquin der Staatsgewalt die Duldung der Prostitution zugestehen, um größere Übel zu vermeiden.[24]

Die Einstellung zu den meist weiblichen Prostituierten hat sich inzwischen auch in der Kirche geändert. Das beruht vor allem auf der Erkenntnis, daß es kaum Prostituierte gibt, die aus eigenem Wunsch dieses Leben führen. Man kann es ihnen deshalb auch nicht als Schuld anrechnen. Man versteht, daß es sich um ein vielschichtiges Problem handelt. Beide Partner haben in ihrer Entwicklung psychisch oder zumindest sexuell Schaden genommen. Keiner meint den anderen als Person, er braucht und gebraucht nur seine Sexualität. Damit macht er ihn zum Objekt und beutet ihn aus. Sexualität ist nicht mehr in die Person integriert, sondern in entfremdender Weise abgespalten.

Gleichzeitig jedoch wird Prostitution gesellschaftlich toleriert, ja in die Gesellschaft eingebunden. Denn die von den Frauen erbrachte sexuelle Gegenleistung ist eine Folge der wirtschaftlichen Abhängigkeit. Das wird besonders deutlich an der Notprostitution in den armen Ländern. Die nackte Not zwingt Eltern, zum Beispiel in Brasilien, oft dazu, ihre Kinder zur Prostitution freizugeben. Ein anderer, wiederum in Lateinamerika weit verbreiteter Faktor ist die Doppelmoral. Die Väter wollen einerseits, daß ihre Söhne «erfahren» in die Ehe gehen, gleichzeitig aber soll es ein unberührtes Mädchen sein, das sie heiraten. Es sind die patriarchalen Strukturen und die damit verbundene Diskriminierung der Frauen, die das Phänomen Prostitution unausweichlich machen. Die gesellschaftlichen Verhältnisse müßten geändert werden, damit Prostitution sich erübrigt.

Prostitution ist in der Bundesrepublik, in Österreich und in der Schweiz grundsätzlich straffrei, sofern sie auf eigener Entscheidung

24 J. Stelzenberger, Lehrbuch der Moraltheologie, ^{2}1965, 250.

beruht. Sie wird als Beruf anerkannt, denn die Prostituierten müssen Steuern zahlen. In den USA wird sie in vielen Bundesstaaten allerdings noch heute als Verbrechen verfolgt. Strafbar ist jedoch überall die Förderung der Prostitution, die Vermittlung von Kindern und Jugendlichen, die Aufrechterhaltung von Abhängigkeitsverhältnissen, um Frauen oder Mädchen zur Prostitution zu zwingen, und der Menschenhandel, etwa die Vermittlung ins Ausland.

15. Das «Existenzmanko» der Homosexualität

Neue Einsichten

Wir sind es aus jahrhundertelanger Tradition gewohnt, die Heterosexualität, das heißt die Ausrichtung auf das andere Geschlecht, als das Richtige und Normale anzusehen. In Wirklichkeit aber ist der Mensch nicht so eindeutig determiniert. Die tatsächliche Variationsbreite sexuellen Verhaltens ist viel größer. Das hat als erster der Naturwissenschaftler A. C. Kinsey mit seiner sogenannten «Kinsey-Skala» deutlich gemacht.[1] An dem einen Ende der siebenteiligen Skala wurden die Menschen eingeordnet, die ausschließlich heterosexuelle Erfahrungen gemacht hatten, am anderen Ende jene mit ausschließlich homosexuellen Kontakten. Bisher hielt man die ausschließlich Homosexuellen für eine verschwindende Minderheit, was dazu berechtigte, sie für unnormal zu erklären und, aus welchen Gründen auch immer, zu verfolgen. Kinsey widerlegte die herkömmlichen Vorbehalte. Er konnte nämlich nachweisen, daß sich zwar nur 4% der Männer und 2% der Frauen ihr ganzes Leben lang ausschließlich homosexuell verhalten, daß aber 50% der Männer und 20% der Frauen irgendwann einmal sexuelle Erfahrungen mit gleichgeschlechtlichen Menschen haben. Man konnte also nicht mehr klar und eindeutig zwischen den beiden Gruppen unterscheiden, und man konnte auch nicht mehr ein sexuelles Verhalten kriminalisieren, das von 20–50% der Menschen praktiziert wird. Die Forschungsergebnisse von Kinsey wirkten befreiend (s. o. S. 28f.). Inzwischen hat sich die Statistik verfeinert. Man rechnet heute mit 4–5% männlichen und 2–3% weib-

1 A. C. Kinsey u. a., Das sexuelle Verhalten der Frau, zuerst Frankfurt 1953; ders., Das sexuelle Verhalten des Mannes, zuerst Frankfurt 1948.

lichen Homosexuellen. 8 % sind, je nach ihrer Lebenssituation, vorübergehend homosexuell. 9 % sind es in einem Durchgangsstadium, in der Pubertät. Wenn aber Homosexualität nicht mehr einfach eine Abartigkeit irgendwelcher Randgruppen ist, dann muß auch die Frage nach den Normen neu gestellt werden. Es gibt nämlich für ein und denselben Menschen verschiedene Formen, Sexualität zu leben: mit sich selbst, mit anderen des gleichen Geschlechts und mit anderen des anderen Geschlechts. Dies sind gleichwertige Varianten der sexuellen Orientierung.

Auf die Frage, warum ein Mensch mehr oder ausschließlich heterosexuell, ein anderer mehr oder ausschließlich homosexuell ist, gibt es noch keine wissenschaftlich gesicherte Antwort. Keine der zahlreichen Theorien, die bislang aufgestellt wurden, läßt sich beweisen. Weder beruht die Homosexualität auf einer anlagebedingten, vererbten Disposition, die etwa durch eine Hormonbehandlung beseitigt werden könnte, noch auf Einflüssen der Umwelt, vor allem der Eltern, so daß sie einer Psychotherapie zugänglich wäre. Sie ist keine Krankheit, nicht frei gewählt, nicht Sünde. Wenn Homosexuelle dennoch selbst immer wieder therapeutische Hilfe suchen, so geschieht das weniger deshalb, weil sie sich selbst als «krank» oder «nicht in Ordnung» fühlen, sondern weil sie den gesellschaftlichen oder religiösen Druck nicht aushalten. Eine Therapie kann lediglich das Ziel haben, den homosexuellen Menschen darin zu unterstützen, daß er zu seiner Veranlagung steht und so zur Identität mit sich selbst findet.

Wenn man auch über die Entstehung der Homosexualität keine Aussage machen kann, so darf man doch eine Voraussetzung nennen, die sie erst möglich macht: Zuneigung und sexuelle Beziehung sind dem Menschen von Natur aus zu beiden Geschlechtern möglich (37 % gelten als bisexuell). Das wiederum liegt daran, daß der Mensch weibliche und männliche Merkmale entwickelt. Alle Sexualhormone kommen, wenn auch in unterschiedlichen Mengen, bei beiden Geschlechtern vor. Beide haben die Anlagen zu männlichen und weiblichen Sexualorganen, erst in der 7. bis 8. Schwangerschaftswoche werden diese differenziert. Im Bereich der Tiefenpsychologie spricht C. G. Jung vom «Animus» als der unbewußten männlichen Seite in der Psyche der Frau sowie der «Anima» als der weiblichen Seite in der Psyche des Mannes. Beide suchen nach einer Synthese, nach der Individuation oder Integration.

Vorurteile

Eine kleine Begebenheit: Ein Versicherungsangestellter bewirbt sich um eine höhere Stelle und fügt seinen Bewerbungsunterlagen die Bemerkung hinzu, er sei homosexuell. Niemandem würde es einfallen, auf seine Heterosexualität zu verweisen. Sexualität gehört doch in den intimsten Privatbereich eines Menschen. Und jeder wird seine beruflichen Pflichten unabhängig von seiner sexuellen Ausrichtung gut oder weniger gut erfüllen. Offenbar fürchtet dieser Bewerber, daß seine Kollegen Vorstellungen und Erwartungen an ihn haben, die er nicht erfüllen kann, etwa daß er verheiratet ist und zu Geselligkeiten seine Frau mitbringt oder daß er für kleine Flirts zugänglich ist. Er möchte peinliche Fragen vermeiden und lieber gleich sagen, was mit ihm los ist. Zwar wurden in den letzten Jahren viele Vorurteile überwunden. Aber immer noch erleben Homosexuelle große Skepsis, weil man sie als anders und fremd empfindet.

Weit verbreitet ist die Ansicht, der Homosexuelle sei ein femininer Mann (bzw. eine männlich wirkende Frau), der bindungsscheu sei und sich davor drücke, Verantwortung zu übernehmen, der zum anderen Geschlecht ein gebrochenes Verhältnis hat und für das eigene Vorlieben entwickelt. Es ist derselbe Vorwurf, den man nichtehelich zusammenlebenden Paaren macht. Ein erneuter Beweis also, daß Sexualität nur in der Ehe verortet wird, und zugleich ein Grund zur Annahme, Homosexuelle seien ungeeignet für eine Führungsrolle.

Immer noch fürchten manche Eltern, ein homosexueller Mann könne ihren Sohn verführen. Sie wissen nicht, daß das nicht möglich ist, weil die homosexuelle Ausrichtung bereits viel früher festgelegt ist. Man hält es für ein bedauerliches Defizit, daß Homosexuelle keine eigenen Kinder haben können. Es war jedoch ein Fehler, Sexualität auf die Fortpflanzung zu reduzieren. Auch heterosexuell begabte Menschen können entscheiden, ob sie überhaupt heiraten wollen und ob sie Kinder haben möchten. Und es gibt gute Gründe, sich dagegen zu entscheiden, zum Beispiel die Überbevölkerung der Erde, finanzielle, soziale Gründe, Zukunftsängste. Es ist schließlich auch ein Menschenrecht, auf dieser Erde erwünscht und willkommen zu sein und nicht dem Hungertod oder einem Leben in Slums ausgeliefert zu sein. Keine Kinder zu wollen ist nicht verwerflich. Sexuelles Verhalten ist grundsätzlich selbstbestimmt, das gilt für den zölibatären Menschen genauso wie für den homosexuellen. Auch er ist von vielen Zwängen frei. Gerade das aber scheint ihn wiederum verdächtig zu machen: Hat er keine Familie, so könnte er doch sexuell zu freizügig leben.

In Wirklichkeit, darin sind sich Sigusch (37; 57) und Schmidt (123f.) einig, wurde die Homosexualität auch deshalb tabuisiert, weil dadurch die Überlegenheit der Heterosexualität bewiesen werden konnte. Sie ist das Ideal. Und deshalb sind die Verheirateten die normalen Menschen und damit auch die gesellschaftlich Besseren und Mächtigeren. Dahinter steht die Vorstellung, daß die patriarchale Grundordnung gewahrt werden muß. Nicht umsonst ist das monosexuelle Denken vor allem bei Männern verbreitet.

Bedingt durch die Auflösung von Ehe und Familie wird allerdings das sexuelle Verhalten der Homosexuellen auch für Heterosexuelle immer attraktiver. Nicht, daß sie selbst zu Homosexuellen werden, dafür ist die sexuelle Präferenz jedes Menschen zu eindeutig festgelegt. Vielmehr ist es ihre Vorstellung von Sexualität und ihr Umgang mit ihr, was die Homosexuellen so anziehend macht. Sie leben ihre Sexualität viel individueller und lebendiger, haben andere Ausdrucksformen in der Körpersprache und variablere Kommunikationsmöglichkeiten. Ihre Beziehungen scheinen von tiefer Liebe und Echtheit getragen zu sein. Ihnen ist das selbständige Fühlen wichtiger als die

Sicherheit und Geborgenheit, die Heterosexuelle im Zusammenleben mit der Familie finden. Aber wie schon die wachsende Zahl der unverheirateten Paare zeigt, möchte niemand mehr auf eine Rolle oder Orientierung festgelegt werden. «So spricht vieles dafür, daß sich Erotik und Partnerwahl vom Diktat der Monosexualität lösen und immer stärker davon abhängig werden, welche Sehnsüchte und Wünsche, vor allem welche geheimen und unbewußten Sehnsüchte und Wünsche wir in jemanden hineinprojizieren können und wie wenig er/sie die Ängste, ebenfalls die geheimen Ängste, auslöst, die mit solchen Wünschen verbunden sind. So könnte das Geschlecht bedeutungsloser für die Partnerwahl werden» (Schmidt 124; s. o. S. 83–87).

Warum ist es dann den Homosexuellen so wichtig, standesamtlich und/oder kirchlich zu heiraten? Allenthalben ist eine heftige Diskussion darüber entbrannt. Bevor wir jedoch auf die Rolle und Funktion der Kirche eingehen, möchten wir fragen, wie es früher war.

Bei den Griechen ein Stück Kultur

Wie die Prostitution, so kommt auch die Homosexualität in jeder Kultur vor. Sehr unterschiedlich ist jedoch ihre Einschätzung und Bewertung. Wir wissen aus der Ethnologie, daß es in den verschiedenen Kulturen und Zeiten eine Vielfalt von divergierenden, ja gegensätzlichem Sexualverhalten gibt und daß jedes Volk seine eigenen Ausdrucksformen für richtig, anständig und natürlich hält. Für die Mehrzahl der bekannten Kulturen ist Homosexualität kein Problem. Nur bei einem Drittel wird sie tabuisiert, ist sie verboten und wird bestraft. Zu der Kultur des Abendlandes, in der Homosexualität einen positiven Stellenwert hatte, gehört das antike Griechenland. Durchgesetzt aber hat sich in unserem abendländischen Raum in israelitisch-jüdisch-christlicher Tradition die Ablehnung der Homosexualität.

Den alten Griechen wird übereinstimmend nachgesagt, sie seien die größten Lebenskünstler gewesen. Das drückt sich auch in der

Großzügigkeit aus, mit der sie ihr Sexualleben gestalteten. Die griechischen Männer kannten gleichermaßen hetero- und homosexuelle Beziehungen. Für die griechischen Frauen liegen nur spärliche Quellen vor, aber auch für sie waren gleichgeschlechtliche Beziehungen kein Tabu. Noch heute bezeichnet man die weibliche Orientierung auf eine andere Frau als lesbisch, nach jener griechischen Insel Lesbos, auf der um 600 v. Chr. die Dichterin Sappho in einem Kreis von Mädchen und Frauen lebte, zu denen sie zum Teil leidenschaftliche Zuneigung empfand.

Im übrigen führte die griechische Frau zumindest in klassischer Zeit als Ehefrau ein eher bescheidenes Leben. Sie war zwar die Herrin des Hauses, in dem sie selbständig wirtschaften konnte, sie war aber vom politischen und gesellschaftlichen Leben ausgeschlossen. Dort nahm ihre Stelle die Hetäre ein (s. o. S. 60). Die Ehefrau besaß kein Vermögen und war rechts- und geschäftsunfähig. Sie genoß keine Schul- oder sonstige Ausbildung. Vielmehr unterstand sie in allem der Herrschaft des Hausherrn oder der Söhne. Erst in hellenistischer Zeit verbesserte sich ihre Position.

Für den Mann bildete die Ehe zwar den moralischen Lebenshintergrund. Er schätzte und liebte seine Frau, und Nachkommenschaft war ihm wichtig. Aber seine eigentlichen geistigen und emotionalen Interessen lagen außerhalb des Hauses.

Die griechische Kultur war ihrem Wesen nach eine Männerkultur, und menschliche Schönheit sahen die Griechen – im Unterschied zu uns – viel mehr im männlichen als im weiblichen Körper verwirklicht. Dichter und Schriftsteller können die Schönheit des männlichen Jugendlichen nicht genug preisen. So wurde denn auch auf die Ausbildung der männlichen Jugend alle erdenkliche Sorgfalt gelegt. Es galt als ungeschriebene Pflicht eines erwachsenen Mannes, einen männlichen Jugendlichen als besonderen Schützling zu übernehmen, und damit ergab sich wie von selbst ein intimes Zusammenleben zwischen den beiden.

So war die erotische Liebe zwischen Männern und männlichen Jugendlichen bei den Griechen eine Selbstverständlichkeit und mit keinem moralischen Makel belastet.[2] Unmoralisch wurde die Beziehung nur, wenn der Junge dafür Geld annahm (d. h. sich der berufsmäßigen männlichen Prostitution hingab). Wer dies je in seinem Leben getan hatte, verlor nach athenischem Gesetz die Rechte eines freien Bürgers und konnte nie mehr ein öffentliches Amt bekleiden (Fremde waren vom Gesetz nicht betroffen).

Das Wort Homosexualität gab es damals noch nicht. Es trifft auch für die griechischen Verhältnisse nicht zu. Denn es ging ja immer um homosexuelles Verhalten prinzipiell heterosexueller Menschen und nicht um die auf einen gleichgeschlechtlichen Partner ausgerichtete Liebe als Alternative zu heterosexuellen Beziehungen. In Griechenland sprach man von Päderastie.[3] Sie stand in hohem sozialem Ansehen. Aber niemand wäre auf die Idee gekommen, die Beteiligten seien zu heterosexuellen Beziehungen unfähig.

Bei der Päderastie mußten gewisse Spielregeln streng eingehalten werden. Sie war eine Liebes- und Sexualbeziehung von einem Mann zu einem Jugendlichen zwischen Pubertät und Erwachsenenalter. Die Initiative ging immer vom Erwachsenen aus. Die Vasenmalereien präsentieren uns ungezählte Darstellungen von Männern, die Jugendliche mit Worten und Gesten umwerben, mit ihrem Glied zu spielen beginnen und schließlich – alles im Stehen – den «Schenkelverkehr» vollziehen.[4] Der jugendliche Geliebte mußte dabei kühl und unbeteiligt bleiben. Gerade die Phase zwischen Kind und Erwachsenem scheint das Reizvolle für den erwachsenen Mann gewesen zu sein.[5] Die Weichheit seiner Körperformen, sein Charme, aber auch die Unsicherheit, Zurückhaltung, Offenheit und Bildsamkeit des Jugendlichen weckten in ihm den pädagogischen Eros.

2 Aus der umfangreichen Literatur seien besonders hervorgehoben die Werke von Licht und Dover; s. ferner W. Krenkel, Art. Paederastie: Der Kleine Pauly IV, 1583f.; Reinsberg 163–215.

3 Von *pais:* der Knabe, und *erastes:* der Liebhaber.

4 Analverkehr war verpönt und findet sich auf den Darstellungen nur unter gleichaltrigen Männern (Dover 93).

5 Vgl. dazu Thomas Manns Novelle «Der Tod in Venedig».

Die Liebe zum Jungen, das Verlangen, ihn durch sein gutes Beispiel zu formen, konnte den Erwachsenen zu heroischen Taten beflügeln, so wie andererseits der Jugendliche der vorgelebten Tugend nacheiferte. Platon beschreibt das in seinem Symposion: «Ich behaupte, daß ein Mann, welcher liebt, wenn er dabei ertappt würde, daß er etwas Schimpfliches tut oder von jemandem erleidet und sich aus Feigheit nicht dagegen wehrt, keinen so großen Schmerz darüber empfände, von seinem Vater oder von seinen Freunden oder von sonst jemand dabei erblickt zu werden, als von seinem Geliebten. Eben dasselbe sehen wir aber auch bei dem Geliebten, daß er sich vor allem vor seinen Liebhabern schämt, wenn er bei etwas Schimpflichem erblickt wird» (178 d–e). – Der griechischen Homosexualität in Gestalt der «Knabenliebe» muß also eine gewisse erzieherische Bedeutung zugemessen werden.[6]

In Rom war die Homosexualität (stuprum cum masculo) schon bekannt, bevor sie aus Griechenland eindrang. Sie wurde jedoch dort nie so «salonfähig» wie bei den Griechen. Gesetzlich verboten war sie zwischen Männern römischen Blutes. Mit Ausländern und Sklaven – vorwiegend Asiaten und Afrikanern – hingegen war alles erlaubt und üblich. Mehrere Kaiser wie Tiberius, Caligula, Hadrian und vor allem Nero gingen mit dem Beispiel voran. Nero «heiratete» sogar öffentlich einen Knaben, nachdem er ihn hatte entmannen lassen.[7]

Dem Alten Orient vertraut

Im gesamten Alten Orient war Homosexualität sozusagen an der Tagesordnung. Das sieht man schon daran, daß sie auch in der Götterwelt vorkommt, sogar in der Mythologie der Ägypter, deren sittliches Empfinden sonst eher eine Aversion gegen die Homosexualität

6 «... doch ist hier vieles idealisierend verbrämt worden» (Krenkel a. a. O.).

7 S. u. a. Robert 185–190; P. Veyne, Homosexualität im antiken Rom, in: Ariès/Béjin 40–50.

zeigt.[8] Im mesopotamischen Raum[9] ist nach der Keilschriftliteratur von weiblicher Homosexualität kaum die Rede. Homosexualität unter Männern aber scheint grundsätzlich als ebenso «normal» gegolten zu haben wie der heterosexuelle Verkehr, wenn dieser auch zweifellos die Regel war. Die mittelassyrischen Gesetze (ca. 1300 v. Chr.) sehen eine Bestrafung der Homosexualität nur für den Fall vor, daß ein Mann einen anderen Mann gleichen Standes dazu nötigt. Im übrigen bestanden weder soziale noch moralische, noch religiöse Bedenken gegen die Homosexualität und am allerwenigsten gegen die berufsmäßig ausgeübte männliche Prostitution, was nicht ausschließt, daß das Gewerbe in schlechtem Ansehen stand und die Homosexuellen sich an den Rand der Gesellschaft verwiesen sahen. Sie galten, wie auch die weiblichen Prostituierten, als Abweichler. Statt *eines* Mannes Frau zu sein, sind die Dirnen zu Frauen «von 3600 (Männern)» geworden, und ähnlich haben die männlichen Prostituierten die Rolle, die die Götter ihnen zugewiesen haben, in ihr weibliches Gegenteil verkehrt.

In Israel «ein Greuel»

So war auch im späteren Siedlungsgebiet der israelitischen Stämme Homosexualität gang und gäbe. Da die Texte von Ugarit diesbezüglich kaum etwas hergeben, müssen wir uns in erster Linie an die Hinweise im Alten Testament halten. Diese führen uns die Homosexualität, allerdings in brutalster Form, vor Augen. Erstmals wird sie Gen 19 erwähnt als schockierendes Erlebnis, das den beiden Männern widerfährt, die in Sodom im Haus des Lot eingekehrt sind. Hier erscheint Homosexualität als typisches Laster der kanaanäischen Stadtkultur. Besonders erschreckend wirkt diese tumultuarische Szene, in die die Gastfreundschaft Lots ausartet, durch ihren Kon-

8 W. Westendorf, Lexikon der Ägyptologie II, 1272–1274.
9 Vgl. J. Bottéro/H. Petschow, Reallex. d. Assyriologie IV, 459–468.

trast zu der im 18. Kapitel erzählten idyllischen Atmosphäre der Gastfreundschaft, die der Nomade Abraham unter der Terebinthe von Mamre den drei bei ihm einkehrenden Männern gewährt. Zugleich erscheint die Homosexualität als ein Akt der Gewalt an einem unschuldigen Opfer: Die Männer von Sodom «umringen» das Haus, und zwar «vom Knaben bis zum Greis, alles Volk von einem Ende (der Stadt) bis zum anderen», und fordern ungestüm die Auslieferung der Gäste, «damit wir ihnen beiwohnen» (V. 4f.). Sie sind so unbeirrbar in ihrer brutalen Aggressivität, daß sie von den beiden jungfräulichen Töchtern Lots, die dieser ihnen als Ersatz bietet, nichts wissen wollen. Entsprechend absolut ist die Verurteilung dieses Verhaltens. Der biblische Erzähler bezeichnet die Homosexualität, von der die ganze männliche Bevölkerung der Stadt besessen ist, als etwas «Böses» (V. 7), als eine «schwere Sünde», die als «Geschrei» zu Gott aufgestiegen ist (Gen 18,20f.), die Männer von Sodom werden «Bösewichte» und «Sünder» genannt (Gen 13,13).

Große Ähnlichkeit mit der Sodom-Sage hat die Erzählung vom Anschlag der Männer von Gibea – sie werden «Söhne Belials» (in unserer Sprache «Teufelssöhne») genannt – auf den wandernden Leviten, der in der Stadt Gastfreundschaft gefunden hatte (Ri 19,22–30), mit dem Unterschied freilich, daß es sich hier um Israeliten handelt und daß sie auf den Tausch mit der (Neben-)Frau des Mannes eingehen. Während über Sodom ein vernichtendes Strafgericht Gottes ergeht, nehmen in diesem Fall die Stämme Israels selbst Rache, indem sie Gibea und Benjamin den Krieg erklären.

Freilich handelt es sich in beiden Fällen weniger um die Bestrafung des homosexuellen Verhaltens als der homosexuellen Vergewaltigung und der eklatanten Verletzung des Gastrechts. Das läßt sich auch aus jenen Stellen des Alten Testaments schließen, wonach die Sünde der Sodomiter gar nicht in der Homosexualität bestand, sondern in der Verwilderung der Rechtsprechung (Jes 1,10–17; 3,9), in unsozialem Verhalten der Reichen gegenüber den Armen (Ez 16,49) oder Ehebruch, Heuchelei und Unbußfertigkeit (Jer 23,14). Und im Deuteronomium werden unter den «Greueln», die die Kanaaniter verübt haben, Wahrsagerei, Zauberei, Schlangenbeschwörung und Totenbefragung genannt, nicht aber sexuelle Vergehen (18,9–12). Es ist demnach in den beiden Erzählungen über das Verhalten der Einwohner von Sodom und Gibea mit einer überzogenen Polemik zu rechnen, die betonen möchte, daß die Homosexualität den vorisraelitischen Bewohnern wie angeboren zu sein schien und daß die Israeliten nach ihrer Seßhaftwerdung darin zunächst deren gelehrige Schüler waren und sich nur mühsam davon distanzieren konnten.

Dieses Ringen um die eigene Identität, die Abkehr von der Sexualpraxis der Umwelt, wird im Gesetz spürbar. Lev 18 werden den Ägyptern und Kanaanitern fast ausschließlich sexuelle Vergehen angelastet, die die Israeliten nicht begehen sollen, unter anderen: «Einem Mann sollst du nicht beiliegen wie einer Frau: das ist ein Greuel» (18,22). Als Sanktion wird sogar die Todesstrafe festgesetzt: «Wenn ein Mann bei einem Mann liegt, wie man bei einer Frau liegt – einen Greuel haben die beiden begangen, den Tod sollen sie sterben, ihr Blut komme über sie» (Lev 20,13). Freilich hören wir im ganzen Alten Testament von keinem Fall, in dem diese Strafe wirklich vollzogen worden wäre. Indes hätte es wiederum keines Gesetzes bedurft, wäre Homosexualität nicht tatsächlich vorgekommen. Daß sich aber erst das jüngste Gesetzeswerk Israels damit befaßt, läßt erkennen, daß der Wandel des sittlichen Empfindens, hier: der Verurteilung der Homosexualität, sich in langsamen Schritten vollzog.

Wahrscheinlich gehört zu dieser Thematik auch das Verbot, sich andersgeschlechtlich zu kleiden: «Eine Frau soll nicht Männertracht tragen, und ein Mann soll nicht Frauenkleider anziehen, denn ein Greuel ist für Jahwe, deinen Gott, jeder, der solches tut» (Dtn 22,5). Damit könnte die Neigung der Homosexuellen gemeint sein, das Verhalten des anderen Geschlechts zu imitieren.

Die Aversion der Jahwereligion gegen die Homosexualität dürfte verschiedene Gründe gehabt haben: zunächst das Bestreben, sich von Kult und Sitte der synkretistischen Umwelt abzusetzen. Überdies aber widersprach die Homosexualität der Pflicht, Nachkommenschaft zu erzeugen, dem für die Juden ersten und höchsten Gebot. Daß diese Pflicht jedoch nur für den Mann gilt (s. o. S. 152), mag erklären, warum sich das Gesetz um die weibliche Homosexualität nicht kümmert. Allerdings darf man wohl kaum daraus schließen, es habe sie nicht gegeben. Schließlich aber hatte das alte Israel (wie auch das spätere Judentum) ein betontes Empfinden für das, was es als von Gott gesetzte Ordnung ansah, der sich der Mensch zu beugen hat – im Grund die gleiche Überlegung, der wir auch in Mesopotamien begegnet sind (s. o.). Und da der Mensch grundsätzlich als heterosexuell galt, waren gleichgeschlechtliche Handlungen «nicht in Ordnung». Nicht ohne Grund ist das Verbot der Homosexualität in Lev 18 und 20 eingebettet in die Bestimmungen über verbotene Verwandtschaftsgrade. Der Respekt der Gemeinde vor sich selbst forderte eine einheitlich geordnete Praxis der Sexualität.

Homosexualität im Sinne einer den Menschen prägenden Disposition war der Bibel unbekannt. In ihr handelt es sich jedesmal um konkrete, rein sexuelle Kontakte, nicht um dauerhafte Liebesbeziehungen oder um seelisch-geistige Werte, die für uns heute zur Homosexualität gehören können. Und insofern ist die alttestamentliche Ablehnung als theologischer Beweis gegen die Homosexualität unbrauchbar.

Für Paulus widernatürlich

Es gehört zum sexuellen Desinteresse der Evangelien, daß sie Homosexualität wie auch Prostitution (s. o.) mit keinem Wort erwähnen. Wir wissen somit nicht, wie Jesus über die Homosexualität dachte und wieweit er sich den Standpunkt des Alten Testaments zu eigen machte. Als sicher darf freilich gelten, daß die Homosexualität in jüdischen Kreisen eine viel geringere Rolle spielte als in der griechisch-römischen Welt.

Ein Sittenbild dieser Welt zeichnet Paulus im 1. Kapitel des Römerbriefs. Die für uns wichtige Stelle heißt: «Ihre Frauen vertauschten den natürlichen Geschlechtsverkehr mit dem widernatürlichen. Ebenso gaben auch die Männer den natürlichen Verkehr mit der Frau auf und entbrannten in Begierde zueinander: Männer trieben mit Männern Schändliches» (V. 26f.). Es ist eindeutig, daß die Homosexualität hier von Paulus als widernatürlich abgelehnt wird. Aber sie wird nicht besonders betont. Sie steht neben vielen anderen Verfehlungen, die davor und danach genannt werden, als Zeichen des sittlichen Verfalls, und zwar der Heiden. Homosexuelles Verhalten ist wie Götzendienst, Lüge, Habsucht, Mord, Betrug u. a. (V. 29–31) Ausdruck von Gottesferne und Gottlosigkeit. Ja, Gott selbst hat die Heiden mit all diesen Lastern gestraft, weil sie, obwohl sie dazu in der Lage gewesen wären, den wahren Gott nicht erkannten, sondern sich eigene Götter machten. «Sie vertauschten die Erhabenheit des unvergänglichen Gottes mit Bild und Gestalt von vergänglichen Menschen und Vögeln und vierfüßigen und kriechenden Tieren» (V. 23). Paulus greift in seiner Argumentation auf das jüdisch-hellenistische Weisheitsbuch zurück. Auch in ihm wird der Götzendienst der Heiden mit einer langen Aufzählung sittlicher Verfallserscheinungen verknüpft (Weish 14,21ff.), und auch da wird unter anderem «Geschlechtsvertauschung» *(geneseos enallage)* genannt (V. 26). Aber nicht die einzelnen Laster fordern Gottes Zorn heraus – sie sind ja gerade als Strafe verhängt –, sondern die Vergottung des Ungöttlichen, die Pervertierung von Gott und Götze, von Schöpfer und Geschöpf. Und das macht den Menschen unfrei und bewirkt den sozialen und sittlichen Verfall. Die Homosexualität gilt dabei als ein Faktor unter vielen.

Daß Homosexualität nur unter Heiden, nicht aber unter Juden vorgekommen wäre, wie man aus dieser Paulusstelle schließen könnte, entspricht jedoch nicht der Wirklichkeit. Das lassen nicht nur die oben angeführten Gesetzesbestimmungen (Lev 18,22; 20,13), sondern auch die rabbinische Literatur erkennen (vgl. StB III, 68–73). Angesichts der Dimension jedoch, die die Homosexualität in der griechisch-römischen Welt annahm, mußten die Juden darin *das* Laster der Heiden sehen, und Paulus scheint auch nur in den heidenchristlichen Gemeinden mit dem Problem konfrontiert worden zu sein. Gegenüber der Gemeinde von Korinth nennt er im Katalog derer, die das Reich Gottes nicht erben, neben den Prostituierten und den Ehebrechern auch die «Männerbeischläfer» *(arsenokoitai),* also die männlichen Homosexuellen (6,9). Aber auch hier stehen neben denen, die sich nach dem Verständnis des Paulus gegen die Sexualordnung verfehlen, Götzendiener, Diebe, Habgierige, Trunksüchtige, Verleumder und Räuber. Und sie alle werden «Ungerechte» genannt. Auch hier wird also zwischen sozialem und sittlichem Fehlverhalten nicht unterschieden. Offenbar steht auch hier der heidnische Geist im Hintergrund: Paulus möchte seine heidenchristliche Gemeinde vor einem Rückfall in alte Praktiken warnen, und da gehören wie im Römerbrief Götzendienst und Sittenlosigkeit zusammen.

Weiterhin werden im deuteropaulinischen 1. Timotheusbrief, einem Pastoralbrief aus dem Ende des 1. Jahrhunderts n. Chr., der zudem sein eigenes Gepräge hat (Vögtle 13,234–237), unter den lasterhaften Menschen neben den Prostituierten die «Männerbeischläfer» genannt (1,10). Sie bedürfen der Disziplin des Gesetzes, denn Irrlehre und Sittenlosigkeit gehen Hand in Hand (vgl. 1 Tim 6,3–5). Auch hier ist also Homosexualität Ausdruck eines irrigen Glaubens.

Wenn Paulus die Homosexualität widernatürlich nennt, dann erhebt er den Naturbegriff seiner Zeit zur Norm. Bei allen Bibelauslegern aber besteht Einigkeit darüber, daß wir bei den moralischen Auffassungen der ersten zwei Jahrhunderte deren kulturelle Bedingtheit zu berücksichtigen haben. So wie in den Vorstellungen des Paulus über die Ehe die personale Liebe keinen Platz hat, so sieht er auch in der Homosexualität «eine willkürliche Praxis, die man jederzeit auch aufgeben kann» (Wiedemann 88). Das Ergebnis ist also mager. Homosexualität als eine Liebesbeziehung ist der Bibel nicht bekannt. Sie wird nur unter dem Aspekt einer sittlichen Verirrung betrachtet. Heute wäre jedoch eher zu fragen, ob 1 Kor 7,9 («Es ist besser zu heiraten als zu brennen») nicht auch für die Homosexuellen gelten sollte und wie auch der homosexuell veranlagte Mensch seine Natur in personalen Beziehungen kultivieren kann (s. o.).

Wird zur himmelschreienden Sünde

Im Anschluß an die Bibel lehnen auch die Kirchenväter die Homosexualität ab. Als Argumente dienen ihnen durchgehend der Schöpfungsbericht, wonach Gott den Menschen als Mann und Frau geschaffen habe, und Paulus (Röm 1,24–32), der deshalb Homosexualität widernatürlich nennt. Aber der Bericht spricht weder von der Ehe noch von Sexualität. Sodom und Gomorra sind warnendes Beispiel für die Strafe, die sie heraufbeschwört. Auch die Samenvergeudung wird häufig als Vergehen gegen die Schöpfungsordnung genannt.

Bis ins Mittelalter werden jedoch homosexuelle Vergehen nicht strenger beurteilt und bestraft als heterosexuelle. Und als Petrus Damiani (1007–1072) die schärfsten Strafen für Homosexuelle fordert und selbst den Umgang mit Tieren (Bestialität) für weniger schlimm hält, weist ihn Leo IX. entschieden in die Schranken. Für Thomas von Aquin ist Homosexualität so widernatürlich wie Selbstbefriedigung und Bestialität. Seine Ansicht hatte großen Einfluß auf die Nachwelt.

Homosexualität in den Katechismen

Die Katechismen der Neuzeit zeigen eine deutliche Aversion gegen die Homosexualität. Der Katechismus des Petrus Canisius rechnet sie sogar zu den «himmelschreienden Sünden», und allmählich kann man die Argumentation weder biblisch noch anthropologisch nennen.

Heute nehmen die Katechismen die Homosexualität in der Regel als Gegebenheit hin. So wirbt der Evangelische Erwachsenen-Katechismus[10] um Verständnis: Wir müssen heute neu unterscheiden lernen: Es gehört zu unseren Aufgaben, auch den homosexuellen Näch-

10 Hannover ^{3}1976.

sten voll anzunehmen und zu tolerieren; aber wir haben ebenso immer noch die pädagogische Verantwortung, zu verhindern, daß Jugendliche homosexuellen Verführungen durch Erwachsene ausgesetzt werden (649). Ähnlich die deutsche Ausgabe des Holländischen Katechismus, Nijmegen 1968, wobei überdies die biblische Verurteilung der Homosexualität relativiert wird. «Wer von sich weiß, daß er homosexuell veranlagt ist, sollte sich darüber mit einem Arzt, einem Seelsorger, einem Menschen mit Weisheit und Verständnis aussprechen. Hoffentlich wird ihm dann die Erkenntnis zuteil, daß jedes Menschenleben groß ist durch Geben und Empfangen. Man darf keine falschen Schlüsse ziehen aus der Tatsache, daß die Heilige Schrift sich sehr streng über den homosexuellen geschlechtlichen Umgang äußert (Genesis 19; Röm 1). Sie tut das nicht, um Menschen anzuprangern, die ohne ihre Schuld diese Neigung in sich erfahren. Hier handelt es sich um Menschen, die sich von einer Modeerscheinung anstecken ließen, die sich auch verbreitet bei vielen, die sich eigentlich wohl zum anderen Geschlecht hingezogen fühlen» (431 f.).

Voller Widersprüche hingegen ist der Katechismus der katholischen Kirche (Weltkatechismus, 1993). Er pendelt hin und her zwischen Werbung um Verständnis für die Homosexuellen und rigoroser, ja arroganter Verurteilung der Homosexualität. Zwar sind «eine nicht geringe Anzahl von Männern und Frauen (...) homosexuell veranlagt. Sie haben diese Veranlagung nicht selbst gewählt; für die meisten von ihnen stellt sie eine Prüfung dar. Ihnen ist mit Achtung, Mitleid und Takt zu begegnen. ... Auch diese Menschen sind berufen, in ihrem Leben den Willen Gottes zu erfüllen und, wenn sie Christen sind, die Schwierigkeiten, die ihnen aus ihrer Veranlagung erwachsen können, mit dem Kreuzesopfer des Herrn zu vereinen» (2358).

Die Erfüllung des Willens Gottes kann jedoch für diese Menschen nach dem Weltkatechismus nur in einer totalen sexuellen Abstinenz bestehen. Denn homosexuelle Handlungen «verstoßen gegen das natürliche Gesetz», weil die Weitergabe des Lebens beim Geschlechtsakt ausgeschlossen bleibt. Deshalb sind sie «in keinem Fall zu billigen» (2357). «Homosexuelle Menschen sind zur Keuschheit gerufen», und Keuschheit bedeutet den totalen Verzicht auf Sexualität. «Durch die Tugenden der Selbstbeherrschung, die zur inneren Freiheit erziehen, können und sollen sie sich – vielleicht auch mit Hilfe einer selbstlosen Freundschaft – durch das Gebet und die sakramentale Gnade Schritt um Schritt, aber entschieden der christlichen Vollkommenheit annähern» (2359).

Eine ambivalente Einschätzung der Homosexualität prägt auch den von der Deutschen Bischofskonferenz herausgegebenen Erwachsenenkatechismus («Leben aus dem Glauben», 1995). Einerseits ist er zurückhaltender als der «Katechismus der Katholischen Kirche», andererseits jedoch lädt er den Homosexuellen die gleiche Verantwortung auf wie den Heterosexuellen, ohne sie jedoch als gleichwertig anzuerkennen: «Was immer in wissenschaftlicher Hinsicht von der homosexuellen Prägung oder Neigung zu sagen ist, so ist doch in ethischer Hinsicht klar, daß der Homosexuelle für seine homosexuellen Handlungen nicht weniger verantwortlich ist wie der Heterosexuelle für seine heterosexuellen Handlungen. ... Von der Schöpfungsordnung und vom Schöpfungsauftrag Gottes an Mann und Frau her kann Homosexualität nicht als eine der Heterosexualität gleichwertige sexuelle Prägung angesehen werden. Der eigentliche Raum der vollen Geschlechtsgemeinschaft ist nach dem Verständnis der Bibel die Ehe zwischen Mann und Frau, und die Keimzelle der menschlichen Gesellschaft ist die Ehe. ... Eine kirchliche Anerkennung als Institution können gleichgeschlechtliche Partner nicht erlangen» (386f.).

Unter diesen Voraussetzungen kann man für die Homosexuellen in der Tat nur Mitleid aufbringen, wie es vor allem der Weltkatechismus fordert. Denn sie sind zwar so veranlagt, dürfen aber nicht ihrer Veranlagung gemäß leben, ohne schwer zu sündigen.[11]

11 «Insgesamt dominiert so im Moralteil des Weltkatechismus ein Denken in *vorgegebenen, merkwürdig geschichtslos konzipierten Ordnungsstrukturen*. ... Es werden Gebote und Verbote statuiert ..., ohne daß die heutige Wirklichkeit ausreichend in den Blick käme» (HK 47, 1993, 28f.).

Recht und Gewalt

Nach dem Reichsstrafgesetz von 1871 waren sexuelle Handlungen zwischen Männern und mit Tieren strafbar. Trotzdem brachten die gezielte Sexualforschung, die am Ende des vorigen Jahrhunderts begann, und besonders die Bemühungen M. Hirschfelds (1868–1935) um ein besseres Verständnis der Homosexualität eine gewisse Liberalisierung. Im Jahre 1935 kam es dann allerdings unter den Nationalsozialisten zuerst zu einer Verschärfung des Strafrechts für homosexuelles Verhalten, und bald setzte eine grausame Verfolgung ein, von der in den Jahren zwischen 1933 und 1945 etwa 50 000 Männer betroffen waren. Mit dem Zeichen des «Rosa Winkels» behaftet, kamen Unzählige in den Konzentrations- und Arbeitslagern um. Heute sind in der Bundesrepublik homosexuelle Handlungen nur noch strafbar, wenn sie nach dem Prinzip der Abhängigkeit zwischen einem Mann über 18 Jahren und einem Jugendlichen unter 16 Jahren stattfinden. Provokativ nennen sich die Homosexuellen heute «schwul». Was früher ein Schimpfwort war, ist Ausdruck des Selbstbewußtseins geworden. In der Schweiz liegen die strafrechtlichen Verhältnisse ähnlich wie in der Bundesrepublik (strafbar: Verführung eines Unmündigen durch einen Erwachsenen, Ausnützung einer Abhängigkeit unter Erwachsenen und gewerbsmäßige Betreibung der Homosexualität: StGB Art. 194).

Lesbische Liebe

Bis in unsere Zeit hinein hat das sexuelle Verhalten der Frau überhaupt kein Interesse geweckt, weder bei den Gesetzgebern noch bei der Kirche, noch in der Öffentlichkeit. Sie wurde nicht ernst genommen, weil sie überhaupt nicht wahrgenommen wurde. Man hielt die Frau für unsexuell. Ihre einzige Aufgabe war es, Kinder zu gebären. Und so wurde sie in Anstand und Sittsamkeit für den Mann erzogen. Zudem hatte sie keinen Samen, der hätte vergeudet werden können (was die jüdische und christliche Religion bei den Männern ahndete). So blieb sie also unbehelligt. Und auch ihre homosexuellen Beziehungen interessierten niemanden. Trotzdem wurden Frauen, deren homosexuelle Neigung bekannt wurde, mehr diskriminiert als Männer. Gerade weil sie als sexuell weniger begabt galten, empfand man bei ihnen gleichgeschlechtliche Liebe noch «widernatürlicher» als bei Männern. Außerdem brauchten sie die Männer offenbar nicht. Sie waren selbständiger und selbstsicherer als andere Frauen. Gerade deshalb wirkten sie verunsichernd und bedrohlich auf viele Männer. Sie bedrohten sie in ihrem Selbstwertgefühl und brachten das festgelegte patriarchale System in Gefahr.[12] In der Tat ist die Frau potenter, lebensmäßig klüger und vitaler als der Mann, ein zusätzlicher Grund mit, warum der Mann in die unabhängige Frau die Hexe hineinprojizierte.

Frauen erleben homosexuelle Liebe anders als Männer. Sie müssen ja auch ein anderes Bild von sich haben als Frauen, die einen Mann lieben. Ihnen kommt es weniger auf sexuelle Befriedigung an als auf gelebte Emotionen und ein geradezu romantisches Streben nach seelischer Vereinigung. So können Lesbierinnen jahrelang ohne körperlichen Kontakt zusammenleben, wenn sie nur «ein Herz und eine Seele» sind. Deshalb haben es auch homosexuelle Frauen bei der Partnerschaft schwerer. Sie suchen ein Verhältnis auf Dauer, in dem sie sich geborgen fühlen. Und häufig leiden sie darunter, keine Kinder haben zu können. Dagegen sind ihre männlichen Kollegen unsteter, sie können auch zwischendurch einmal den Partner wechseln. Insgesamt kann man wohl sagen, daß die homosexuelle Liebe hohe Ansprüche an den Partner stellt und oft intellektuell und künstlerisch ausgerichtet ist. In der Regel handelt es sich um sensible, geistige, kreative Menschen. Leonardo da Vinci gehörte ebenso dazu wie Michelangelo, Alexander v. Humboldt, André Gide, Oscar Wilde. Lesbierinnen sind, gesellschaftlich bedingt, weniger bekannt. Ger-

12 S. dazu H. P. Duerr, Obszönität und Gewalt. Der Mythos vom Zivilisationsprozeß Bd. 3, Frankfurt/M. 1995, 433.

trude Stein sei genannt und die jüngst durch ihren Briefwechsel mit Virginia Woolf bekannt gewordene Vita Sackville-West.

Von den Kirchen verurteilt

Noch heute gilt in der katholischen Kirche Homosexualität als schwere Sünde, noch heute bekommt deshalb ein Homosexueller, gleich ob männlich oder weiblich, in der Beichte nur dann die Lossprechung, wenn er verspricht, seine Beziehung zu seinem gleichgeschlechtlichen Partner aufzugeben. Er kann also nicht am sakramentalen Leben der Kirche teilnehmen. Ein Bischof, der von einer Gruppe Homosexueller um ein Gespräch gebeten wurde, stellte die Bedingung, sie sollten erst ihr Leben ändern. Und Papst Johannes Paul II. verbot in einer auf seiner Amerikareise im Oktober 1979 gehaltenen Ansprache einfach die Homosexualität.[13] Man nahm die Homosexuellen nicht ernst, man nahm sie gar nicht zur Kenntnis, aus der pastoralen Fürsorge fielen sie heraus. Und wenn man sie nicht offen ablehnte, so mied man sie doch. Solange Homosexualität als «Existenzmanko» galt und Homosexuelle in ihrem Anderssein der Schöpfungsordnung widersprachen, konnten sie auch nicht akzeptiert werden.

Von den lehramtlichen Dokumenten soll hier zunächst die Erklärung der Glaubenskongregation von 1975 zu Worte kommen: Sie wurde geschrieben, um dem zunehmend um sich greifenden Sittenverfall zu wehren, «dessen ernstes Kennzeichen die maßlose Verherrlichung des Geschlechtlichen» ist. Diesen Sittenverfall sieht die Glaubensbehörde vor allem im vorehelichen Geschlechtsverkehr, in der

13 In einer am 5. 10. 79 vor der amerikanischen Bischofskonferenz gehaltenen Rede bezeichnete der Papst es als Verrat an den Homosexuellen, würde man ihnen unter dem Vorwand des Verständnisses und Mitleids oder aus irgendeinem anderen Grund falsche Hoffnung machen, und er lobte die amerikanischen Bischöfe für das Beispiel der «wirklichen Liebe Christi», das sie mit dieser Einstellung gegeben hätten (AAS 71, 1979, 1224); vgl. auch HK 33, 1979, 542–544.

Selbstbefriedigung und in der Homosexualität verwirklicht. Sie beklagt, daß «im Gegensatz zur beständigen Lehre des kirchlichen Lehramtes und des sittlichen Empfindens des christlichen Volkes heute einige unter Berufung auf Beobachtungen psychologischer Natur damit begonnen (haben), homosexuelle Beziehungen mit Nachsicht zu beurteilen, ja sie sogar völlig zu entschuldigen». Was mit «Beobachtungen psychologischer Natur» gemeint ist, wird nicht deutlich, auf jeden Fall sind sie für die Glaubensbehörde nicht akzeptabel. Die Erklärung unterscheidet dann zwischen «nicht unheilbaren» und «unheilbaren» Homosexuellen, wirbt für die «unheilbaren» um Verständnis und fordert für ihre Schuldhaftigkeit kluge Beurteilung. Zugleich stellt sie indes eindeutig fest:

«Nach der objektiven sittlichen Ordnung sind homosexuelle Beziehungen Handlungen, die ihrer wesentlichen und unerläßlichen Zuordnung beraubt sind. Sie werden in der Heiligen Schrift als schwere Verirrungen verurteilt und im letzten als die traurige Folge einer Verleugnung Gottes dargestellt. Dieses Urteil der Heiligen Schrift erlaubt zwar nicht den Schluß, daß alle, die an dieser Anomalie leiden, persönlich dafür verantwortlich sind, bezeugt aber, daß die homosexuellen Handlungen in sich nicht in Ordnung sind und keinesfalls in irgendeiner Weise gutgeheißen werden können.»

Diese Beurteilung der Homosexualität durch die oberste Instanz der Kirche ist erschütternd. Es erfolgte keinerlei Auseinandersetzung mit dem heutigen Stand der Wissenschaft, es werden Vorurteile wiederholt, es wird lieblos und ohne Begründung über Menschen, die nicht in die kirchliche Norm passen, der Stab gebrochen. Sie haben keine Chance, akzeptiert zu werden. Und die Ergebnisse der Bibelwissenschaft werden nicht zur Kenntnis genommen.

Denselben Ton schlägt das «Schreiben an die Bischöfe der katholischen Kirche über die Seelsorge für homosexuelle Personen» an, das Kardinal Joseph Ratzinger als Präfekt der römischen Glaubenskongregation am 1. Oktober 1986 veröffentlichte.[14] Anlaß dazu war die

14 Text: HK 41, 1987, 26–31; vgl. H. Haag, Neues zur Homosexualität, in: ThQ 167, 1987, 56 f.; HK 40, 1986, 558.

Feststellung, daß Homosexualität «in zunehmendem Maße zu einem Thema der öffentlichen Debatte geworden» ist, «auch in katholischen Kreisen», daß aber dabei «oft Argumente vorgebracht und Positionen bezogen werden, die der Lehre der katholischen Kirche nicht entsprechen».

Schon hier wird ersichtlich, daß nicht, wie vorgegeben, die *Seelsorge* an den Homosexuellen das Thema des Schreibens bildet, sondern die Lehre *der Kirche über* die Homosexualität. Wie in den Katechismen kommen die homosexuellen Menschen selber gar nicht in den Blick. Vielmehr wird über sie befunden. Was sie denken, wie sie mit Diskriminierungen umgehen, wie sie mit sich selber ins reine kommen, welche Rolle sie in der Kirche einnehmen könnten – darüber kein Wort. Für die Pastoral wird den Bischöfen empfohlen, das geistliche Leben der Homosexuellen durch Sakramente zu fördern, besonders «den häufigen und ehrfürchtigen Empfang des Bußsakramentes»; sie sollen alle Gläubigen über dieses wichtige Thema informieren; sie dürfen aber Homosexuellen für religiöse Feiern keine kirchlichen Gebäude zur Verfügung stellen; sie sollen besonders sorgfältig die Seelsorger auswählen, die mit dieser «heiklen Aufgabe» betraut werden. Diese dürfen «die Mitarbeit psychologischer, soziologischer und medizinischer Wissenschaften heranziehen», aber nur, soweit diese sich mit der «vollen Treue zur Lehre der Kirche» deckt.

Unter Berufung auf die Bibel wird schließlich homosexuelles Tun als unmoralisch deklariert. Im Hintergrund steht freilich das Dogma, «daß einzig und allein in der Ehe ... der Gebrauch der Geschlechtskraft moralisch gut sein» kann. Die Neigung der Homosexuellen ist obendrein «von Selbstgefälligkeit geprägt» und steht der schöpferischen Weisheit Gottes entgegen (wobei die Frage erlaubt sei, ob die Kirche darüber zu befinden hat, wie weit die Weisheit Gottes reicht). Wie auch immer, homosexuelle Menschen sollen keusch leben und ihr Kreuz tragen, mit anderen Worten: den Zölibat halten, der schon den Priestern schwer genug fällt.

Womöglich noch eine Verschärfung statt eine Milderung dieses römischen Dokuments stellt ein im Juli 1992 an die US-Bischöfe gerichtetes Schreiben der Glaubenskongregation dar, das US-Gesetzesvorlagen abwehren sollte, die sich gegen Benachteiligungen und Diskriminierungen von Homosexuellen richteten. Das Schreiben hält fest, es gebe Bereiche, in denen es keine ungerechte Diskriminierung sei, die sexuelle Veranlagung in Betracht zu ziehen. Statt zu argumentieren, «beläßt man es in diesem Schreiben lediglich dabei, Altbekanntes ein weiteres Mal einzuschärfen, und stellt damit alle diejenigen ins Abseits, die sich um eine andere Haltung bemühen»[15].

Erneut bekräftigt die Moralenzyklika Johannes Pauls II. «Veritatis splendor» vom 5. Oktober 1993 die «sittliche Unzulässigkeit» der Homosexualität (Nr. 47–49). Gegen Bestrebungen des Europäischen Parlaments zur rechtlichen Regelung der Lebensgemeinschaften Homosexueller protestierten 1994 sowohl Papst Johannes Paul II. als auch der Vorsitzende der Deutschen Bischofskonferenz, Bischof Karl Lehmann.[16]

Auch die offiziellen Verlautbarungen der evangelischen Kirche waren lange Zeit negativ oder ambivalent.

Die Denkschrift der Evangelischen Kirche in Deutschland (EKD) von 1971 behauptete, Sexualität ohne Ehe bleibe ohne Sinn und Erfüllung, und Homosexualität sei eine Störung, die, wenn möglich, medizinisch zu behandeln sei.

Auch die Stellungnahme «Gedanken und Maßstäbe zum Dienst der Homophilen in der Kirche», eine Orientierungshilfe der Vereinigten Evangelisch-Lutherischen Kirche in Deutschland (VELKD) von 1980, beurteilte die Homosexualität im Grundton negativ. Homosexuelle Menschen seien in der «Idealitätsfindung» und «Personwerdung» behindert, verfügten nur über «eingeschränkte Entwicklungsmöglichkeiten» und blieben hinter dem «Schöpfungsange-

15 HK 46, 1992, 399.

16 HK 48, 1994, 213f. – In diesen Kontext gehört auch, daß (vor allem amerikanische) Theologen, die zur Homosexualität eine konziliantere Haltung einnahmen, wie Curran, Hunthausen, McNeill, Guindon, mit dem römischen Lehramt in Konflikt kamen.

bot» zurück. Das heißt, auch hier wurde Homosexualität, gemessen an der Heterosexualität, als Defizit bewertet.[17] Einen als sehr hoch zu wertenden Fortschritt stellt die «Orientierungshilfe» dar, die der Rat der EKD im März 1996 unter dem Titel «Mit Spannungen leben» veröffentlichte. Obwohl sie keine Frage ultimativ entscheidet, vielmehr der Schärfe der gegensätzlichen Stellungnahmen Rechnung trägt, verdient sie mit Recht die Bezeichnung «Orientierungshilfe». So hält sie der (nicht zuletzt vom katholischen Lehramt erhobenen) Forderung nach sexueller Enthaltsamkeit der Homosexuellen entgegen, diese sei nach Schrift und Bekenntnis eine von Gott geschenkte Gabe und dürfe homosexuell geprägten Menschen nicht als «Ausweg» gewiesen werden.[18]

Die Theologen sind zukunftsorientiert

Inzwischen hat sich auch bei den katholischen Theologen viel verändert. Zwar bestehen immer noch Vorbehalte. Die katholische Kirche lehnt offiziell weiterhin praktizierte Homosexualität ab, und auch in der Bevölkerung lösen sich Vorurteile nur langsam auf. Erfahrungsgemäß ist das nur durch den konkreten Umgang miteinander möglich. Von Schuld und Krankheit ist jedoch nicht mehr die Rede. Im Vordergrund steht heute in der katholischen Kirche die Diskussion über den homosexuellen Priester. Und auch in der evangelischen Kirche spielt die Zulassung zum Amt eine große Rolle und, nach außen sichtbarer, die Segnung homosexueller Paare.

Etwa 20 % der katholischen Priester seien homosexuell. Diese Zahl, von dem Augsburger Pastoraltheologen Hanspeter Heinz, un-

17 Immerhin sprach sich die Synode der Evangelisch-Lutherischen Landeskirche Hannover Ende November 1993 mit knapper Mehrheit dafür aus, «Pastorinnen und Pastoren und ebenso anderen Mitarbeiterinnen und Mitarbeitern, die in gleichgeschlechtlicher Partnerschaft leben, Arbeitsmöglichkeiten in der Landeskirche Hannover zu eröffnen» (HK 48, 1994, 50).

18 HK 50, 1996, 70–72.

ter Berufung auf Untersuchungen in Amerika vorgetragen[19], setzte die Bischöfe und die Öffentlichkeit in Aufregung. 20 % wären weit mehr als der Durchschnitt der Bevölkerung. Warum ist das Priesteramt für homosexuelle Männer so interessant? Natürlich, weil sie hier bessere Bedingungen haben, ihre Neigung zu leben. Sie sind, da Frauen ohnehin ausgeschlossen sind, unter sich, finden schneller geeignete Partner und genießen ihres Amtes wegen öffentlichen Schutz. Bildet sich hier also eine Subkultur?

Aber es geht den Bischöfen um weit mehr. Die Frage lautet: «Ist Homosexualität ein Weihehindernis?» Mit wenigen Ausnahmen (u. a. Dyba) sind die Bischöfe der Ansicht, daß eine homosexuelle Ausrichtung kein Hindernis für die Priesterweihe sei, vorausgesetzt, der Kandidat hält sich an die zölibatäre Lebensordnung. Es kommt also wiederum weniger darauf an, ob der junge Mann eine erwachsene, psychisch gesunde Persönlichkeit und seelsorglich qualifiziert ist. Wichtiger ist den Bischöfen, daß der Zölibat eingehalten wird. Auch hier geht es um ein Dilemma. Gesteht der junge Mann, daß er gern einer jungen Frau nachsieht, dann traut man seinem Entschluß zum Zölibat nicht, gibt er zu, daß ihm ein Mann gefällt, kann er nicht Priester werden. Asexuelle Menschen jedoch gibt es nicht. Auch wer den Zölibat wirklich lebt, ist so oder so sexuell orientiert. Ist aber die Homosexualität als «eigenständige Variante»[20], also der Heterosexualität «gleichwertig» zu verstehen, kann die homosexuelle Lebensform nicht als Weihehindernis gelten. Letztlich steht damit wiederum die Haltung der Kirche zur Sexualität und ihre Sexualmoral auf dem Prüfstand. Es reicht auch bei Priestern nicht, Sexualität auf kasuistische Geschlechtsakte (z. B. Zölibatsbruch, Vergehen an Ministranten) zu reduzieren. Man muß endlich zugeben, daß Sexualität Ausdruck der Person ist.

In der evangelischen Kirche wird die Diskussion über Pfarrer, die sich zur Homosexualität bekennen und in einer festen Beziehung

19 StZ 214, 1996, 681–692, und HK 49, 1995, 362–366; 51, 1997, 460–464.
20 U. Rauchfleisch, in: LThK[3] 5, 254.

leben, schon seit längerem geführt.[21] Vertritt man theoretisch eine fortschrittliche Position, in der man alle Vorurteile abwirft, so zeigt man praktisch Zurückhaltung. Ehe und Familie bleiben auch hier die bevorzugten Leitbilder. Das heißt nicht, daß nicht auch ein homosexueller Theologe eine Gemeinde übernehmen kann, vorausgesetzt allerdings, daß er seine Lebensform nicht als mit der Ehe gleichrangig darstellt und daß die Gemeinde einverstanden ist.

Besondere Segensgottesdienste jedoch werden für problematisch gehalten und deshalb im allgemeinen grundsätzlich abgelehnt, weil sie den Charakter der göttlichen Einwilligung haben und damit die Gemeinde irritieren könnten. Die Rheinische Landeskirche ist hier allerdings einen Schritt weiter. So vertritt das «Diskussionspapier der Synode der Evangelischen Kirche im Rheinland» zu Sexualität und Lebensformen sowie zu Trauung und Segnung vom Januar 1995 die Meinung, daß es kein theologisches Argument gebe, den Wunsch eines gleichgeschlechtlichen Paares nach einer Segenshandlung im öffentlichen Gottesdienst abzulehnen»[22]. Auch nach der «Orientierungshilfe» des Rates der EKD von 1996 (s. o.) dürfen homosexuell geprägte Menschen, die eine Segnung erbitten, nicht abgewiesen werden. Insgesamt jedoch befindet sich auch die evangelische Kirche in einem Dilemma. Da nämlich weder die Bibel selbst noch die Bekenntnisschriften eine Argumentationshilfe bieten, muß zunächst geklärt werden, ob mit der Streitfrage Homosexualität ein Bekenntnisfall gegeben ist. Auch hier geht es also letzten Endes um die Einstellung zur Sexualität. Verweigert man einem homosexuellen Paar, das wie Eheleute dauerhaft zusammenleben möchte, den Segen, dann spricht man ihnen die Fähigkeit ab, eine verantwortliche Beziehung zu führen.

So erstaunt es nicht, daß in jüngster Zeit in Synoden und Kirchenleitungen verschiedener EKD-Gliedkirchen intensiv und offen,

21 Rheinische Kirche: Homosexuelle Liebe, 1992; Hessen-Nassauische Kirche: Schwule, Lesben ... Kirche, 1996; Rat der Evangelischen Kirche in Deutschland: Orientierungshilfe, 1996 (s. u.).

22 H.-G. Wiedemann, Evangelische Aspekte 4, 1996, 9.

wenn auch sehr kontrovers über einen kirchlichen Segen für gleichgeschlechtliche Paare nachgedacht wird. Dasselbe gilt auch für Nachbarländer (Österreich, Schweiz[23], Niederlande, Skandinavien, England). Die biblischen Aussagen zur Homosexualität werden historisch-kritisch neu überprüft, aber auch in den größeren Zusammenhang des biblischen Menschenbildes gestellt. Allen Stellungnahmen ist – bei all ihrer Unterschiedlichkeit – gemeinsam die Absage an die Diskriminierung homosexueller Menschen. In der katholischen Kirche hat die ökumenisch ausgerichtete Bewegung «Homosexuelle und Kirche» (HuK) maßgeblich zu einer Veränderung des Klimas beigetragen.[24]

Aids – eine Herausforderung

Aids wurde 1981 erstmals als ein eigenständiges Krankheitsbild beschrieben. Ein paar statistische Angaben:

An freiwillig gemeldeten Aids-Fällen waren bis einschließlich 1. 1. 1996 in Deutschland 14 078 Personen registriert, davon 12 638 (= 89,2 %) Männer und 1440 (= 10,2 %) Frauen. Von diesen sind bereits 9055 (= 64,3 %) verstorben. Hinsichtlich der Infektionsquelle wurden für das Jahr 1995 ermittelt: 73,4 % homo- und bisexuelle Männer, 10,6 % Drogenabhängige, 3,1 % Hämophile, 0,7 % Empfänger von Bluttransfusionen, 3,7 % Infizierte durch heterosexuelle Kontakte, 2,4 % Patienten aus afrikanischen Ländern und der Karibik und 5,9 % ohne Angaben.[25] Daß besonders die Homosexuellen betroffen sind, zeigt Michael Bastian für die USA:

23 In den evangelisch-reformierten Kantonalkirchen mehren sich die Tendenzen, die kirchliche Segnung homosexueller Paare zuzulassen.

24 Vgl. A. Foitzik, Kein tragfähiger Konsens. Die theologisch-ethische Bewertung der Homosexualität ist in Bewegung geraten, in: HK 49, 1995, 424–429.

25 Vgl. Aids-Forschung 11, 1996, 48 u. 52, zitiert nach J. Gründel, Widerspruch zwischen Gesundheitspolitik und ethischen Normen der Kirche?, in: H. Heinz/H. Mendl (Hg.), Aids. Eine Herausforderung für die Theologie, Augsburg ^{2}1997, 62–73, hier 63.

«Seit 1981 sind 160 000 (schwule) Männer an dieser Krankheit gestorben. Man schätzt, daß wenigstens zwei Millionen weiterer (schwuler) US-Amerikaner infiziert sind.»[26] Nach offiziellen Schätzungen sind in New York und San Francisco 50 % der homosexuellen Männer positiv oder bereits an Aids erkrankt.

Theologisch kontrovers wurde das Thema durch das von Kardinal Höffner geprägte Wort, Aids sei eine «Strafe Gottes»[27]. Das war zu der Zeit, als man noch glaubte, Aids sei ein reines Männerproblem und die Hauptrisikogruppe seien die Homosexuellen. Sofort war klar, daß diese nicht nur ihr Unheil selbst verschuldet hatten, sondern auch noch die Volkswirtschaft finanziell extrem belasteten.

Aids (= acquired immune deficiency syndrome), so war die weitverbreitete Meinung, sei nicht schicksalhaft über einen Menschen verhängt wie sonst eine Viruserkrankung (zum Beispiel multiple Sklerose) oder eine Seuche (zum Beispiel Pest im Mittelalter), sondern er habe sie sich «geholt». Das heißt, der Erkrankte habe entgegen unseren gesellschaftlichen Spielregeln auf eine abwegige Art Geschlechtsverkehr gehabt. Die freizügige Lebensweise mit häufigem Partnerwechsel, die nach offizieller Meinung vor allem die Homosexuellen (oder Sextouristen oder Bordellbesucher) führten, sei nicht ohne Grund verwerflich.[28] Schließlich räche sich Gott selbst an der Mißachtung der Sexualgebote. Aids sei also eine gerechte Strafe für eine unmoralische Lebensweise.[29] Man konnte auch eine biblische

26 Die soziopsychologische Lage der HIV-Infizierten und Aids-Kranken, in: Heinz/Mendl, a. a. O. 18–27, hier 19.

27 J. Höffner, AIDS. Vier Aussagen des Erzbischofs von Köln, Kardinal Joseph Höffner, in: Informationen für Religionslehrer im Bistum Essen, Juni 1987, 5–10; vgl. H. Haag, Aids ist keine Gottesstrafe: Wir Brückenbauer, 17. 2. 1987, 3.

28 Offizielle kirchliche Stellungnahmen, wie zum Beispiel in Ansprachen des Papstes oder Ermahnungen, sich an die Moralvorstellungen der Kirche zu halten, erweckten nicht selten den Eindruck, das Unglück der Aidskranken sei Anlaß zu moralischen Verurteilungen.

29 Gleichzeitig aber war die Kirche nicht bereit, wenigstens Kondome zu tolerieren. Sie befürwortete den sexuellen Verzicht, ließ aber die Menschen im übrigen in ihrem Dilemma allein.

Begründung dazu liefern. Zwar kommt Aids weder im Alten noch im Neuen Testament vor. Aber es gibt vor allem im Alten Testament immer wieder die Überzeugung, daß Krankheit und Leid eine Strafe für Sünden ist, zum Beispiel in der Sintflutgeschichte und beim hybriden Turmbau von Babel. Diese Theologie erreicht in der Ijob-Geschichte ihre Zuspitzung. Sie besagt, daß es einen Zusammenhang geben muß zwischen Tun und Ergehen, zwischen einer Tat und ihren Folgen. Konkret: Wenn sich der Mensch recht verhält, wird Gott für sein Wohlergehen sorgen; wenn es ihm schlechtgeht oder er krank wird, muß er gesündigt haben. Dieser Tun-Ergehen-Zusammenhang wird zwar schon im Ijob-Buch selbst ad absurdum geführt, aber er geistert auch in unseren Moralvorstellungen noch herum. Man kehrte also zu den alten, eigentlich inzwischen längst überholten Vorstellungen und zu einer anklagenden Sexualmoral zurück, die nicht nur ein grausames Gottesbild zurückrief, sondern auch eine selbstgerechte Haltung zeitigte.

Während die Kirche ihre hohen ethischen Forderungen wiederholte, setzte in der Gesellschaft ein Prozeß der Angst, Verdrängung und Tabuisierung ein. Ist Sexualität an sich schon tabuisiert, so ist die Verbindung von Sexualität und Tod, nämlich die Tatsache, daß Sexualität zum Tode führen kann, unerträglich. Sie verdunkelt die helle, lebensfreundliche Seite der Liebe. Die Tabuisierung und Schuldzuweisung, die man bisher auf das Krankheitsbild «Krebs» konzentriert hatte, ging nun auf Aids über. Galten allerdings die Homosexuellen noch als mehr oder weniger geschlossene Gruppen, denen man nun vollends die Solidarität aufkündigen konnte, nachdem sie ohnehin schon ausgegrenzt waren, wurde die Situation bedrohlicher, als auch Drogensüchtige und immer mehr Frauen, ja sogar Kinder betroffen wurden. Frauen werden von den Männern leichter infiziert. Sie sind also unter den Heterosexuellen am stärksten gefährdet.

Für die Homosexuellen allerdings bedeutet Aids mehr noch als für andere einen Einbruch in ihr Leben. Denn Autonomie und Selbstbestimmung sind die Ressourcen, aus denen sie schöpfen. Sie sind mehr als andere gewohnt, ihre Lebensentscheidungen allein und selbständig zu treffen. Dennoch geht diese Krankheit alle an. Denn sie verlangt, daß wir unsere Einstellung zur Sexualität überprüfen. Die Antwort kann nur in einer Kultivierung der Beziehungen liegen.

So gerne man es täte, man kann dem Menschen Sexualität nicht verbieten. Jeder hat ein Bedürfnis nach Nähe und Wärme, jeder ist ein wie auch immer geartetes sexuelles Wesen. Wozu wir allerdings verpflichtet sind, ist ein verantwortlicher Umgang mit Sexualität. Und das bedeutet zum einen, sich und den Partner zu schützen. So wie man sich nicht mit überhöhter Geschwindigkeit im Straßenverkehr bewegen darf, so darf man auch sexuell den anderen und sich selbst nicht gefährden. Nicht die Sexualität an sich ist schlecht, sondern der Leichtsinn, sie angesichts der Bedrohung ungeschützt zu praktizieren. Notwendig ist außerdem eine Solidarität, die im Kranken den leidenden Mitmenschen sieht, der Zuwendung braucht und Würde verdient. So wird heute die These, Aids sei eine Strafe Gottes, selbst von einzelnen kirchlichen Stellen entschieden zurückgewiesen.[30] Und auch diese Toleranz kann die Bibel zur Unterstützung heranziehen: In Joh 9,3 heißt es: «Und im Vorübergehen sah er einen Menschen, der von Geburt an blind war. Und seine Jünger fragten ihn: Rabbi, wer hat gesündigt, dieser oder seine Eltern, daß er blind

30 Ethisch-Theologische Überlegungen zum Thema Aids, Arbeitspapier des Bischöflichen Hilfswerks Misereor Aachen 1995. In der evangelischen Kirche war die Problematik schon früher erfaßt worden. Unter dem Titel «Orientierung und Wege in der Gefahr» veröffentlichte der Rat der EKD am 28. Juli 1988 eine Stellungnahme zu grundlegenden ethischen, sozialen, anthropologischen und theologischen Fragen, die sich im Zusammenhang mit der Immunschwäche Aids stellen. Darin wird u. a. gesagt: «Niemals haben die Menschen, um Gefährdungen oder Infektionen zu vermeiden, den Intimverkehr auf dauerhafte Partnerschaften beschränkt. Deshalb kann sich die Kirche so wenig wie der Staat mit dieser ethischen Forderung zufriedengeben. Die Verantwortung zweier Partner muß auf jeden Fall das Risiko einer Infektion vermindern, z. B. auch durch Anwendung von Kondomen. Dabei wird es vor allem darauf ankommen, daß die Männer, die den Schutz vor Empfängnis seit der Einführung der Pille weitgehend der Frau überlassen haben, jetzt die Initiative ergreifen» (Text in: HK 42, 1988, 424–430, hier 429).

geboren wurde? Jesus antwortete: Weder er noch seine Eltern haben gesündigt» (vgl. auch Lk 15).

Damit haben wir allerdings noch keine Antwort auf die an die Wurzel greifenden theologischen Fragen: «Worin liegt der Sinn eines solchen Schicksals?» Oder: «Wie soll man ein solches Handeln Gottes verstehen?» Mehrfach ist bereits ein Vergleich mit Auschwitz gezogen worden. Dankenswerterweise sind auch die Theologen heute zurückhaltender mit frommen Deutungen. Der Moraltheologe Gründel sagt, Aids sei «Ausdruck unserer Lebensbedrohung in einer noch unheilen Welt»[31]. Aber wird sie je heil?, so darf man fragen. Oder gehören Leid, Schuld, Einsamkeit nicht konstitutiv zum Menschen, und das heißt auch, konstitutiv zum Sinn seines Daseins? Das Leben des Menschen ist brüchig. Das wird an der Herausforderung Aids besonders schmerzlich erfahrbar.

31 J. Gründel, Aids – Anlaß zur Enttabuisierung ethischer Fragestellungen, in: ders. (Hg.), Aids. Herausforderung an Gesellschaft und Moral, Düsseldorf 1987 (= Schriften der Katholischen Akademie in Bayern 125), 80–106, hier 98.

16. Gewalt und Perversion

Eine erschreckende Situation

Jährlich werden in der Bundesrepublik laut Kriminalstatistik 7000 vollendete oder versuchte Fälle von Vergewaltigung registriert. Rechnet man die entsprechende Dunkelziffer hinzu, so steigt die Zahl bis auf 28 000 an.[1] Zu den 28 000 vergewaltigten Frauen gehören 28 000 Männer. Was sind das für Menschen?

Juristisch wird eine Vergewaltigung als Gewaltverbrechen behandelt, die sexuelle Komponente spielt dabei nur eine untergeordnete Rolle. Wenn auch – äußerst selten – Frauen Männer vergewaltigen und, vor allem in Strafanstalten, Männer andere Männer und Frauen andere Frauen sexuell mißbrauchen, so sind doch in der Regel die Täter Männer und die Opfer Frauen. Die Männer sind meist unverheiratet, zwischen 20 und 45 Jahre alt. Sie kommen aus solidem Elternhaus, sind sozial angepaßt und unauffällig. Die wenigsten sind psychisch abnorm. Die Opfer sind meist zwischen 13 und 25 Jahre alt und ebenfalls unverheiratet. Meistens handelt es sich um eine «Beziehungstat», das heißt, die Beteiligten kannten sich vorher schon.

Die Dunkelziffer ist deshalb so hoch, weil sich immer noch nur wenige Frauen, etwa ein Drittel, bereit finden, das Verbrechen anzuzeigen. Der Grund dafür liegt darin, daß die Frauen keine Hoffnung haben, überhaupt ernsthaft wahrgenommen zu werden, weil die Polizei diese Frauen falsch und erniedrigend behandelt und sowohl die Behörden als auch das Gericht Überlegungen anstellen, ob nicht die Frau die Untat selbst verschuldet habe (dolus eventualis). Die betroffene Frau ist meistens die einzige Zeugin ihrer Vergewaltigung, sie

1 Zahlen nach R. Gödtel, Sexualität und Gewalt, Hamburg 1992.

muß sich nach allen Einzelheiten in peinlicher, oft entwürdigender Weise befragen lassen und ist zur Wahrheit verpflichtet, während der angeklagte Täter einen Verteidiger hat, der alles versucht, um seinen Mandanten zu schützen und die Frau zur Mitschuldigen zu machen.

Auch wenn die Vergewaltigung immer die Tat eines einzelnen ist, so darf man sie doch nicht als individuelles Problem betrachten. Eine Auseinandersetzung mit dem Thema «Gewalt gegen Frauen» muß notwendig auf dem Hintergrund der männlich dominierten Gesellschaft gesehen werden.[2] Benachteiligung, Unterdrückung, Fremdbestimmung, Ausnutzung und Belästigung sind Vorstufen, die sich auf mannigfache Weise äußern: über die Werbung, über verbale Einschüchterung und Anpöbelung bis hin zum Prügeln, zur Pornographie und Prostitution. In patriarchalen Gesellschaften hat der Mann die Kontrolle über die Frau, besonders über ihre körperliche Verfügbarkeit und ihre Sexualität, und zugleich ist sie gefühlsmäßig und oft noch finanziell von ihm abhängig.[3] In den Medien wird die Frau häufig als schwach und verführerisch dargestellt, so daß sie zu männlicher Gewalttätigkeit geradezu herausfordert. Immer und in jeder Form ist diese ein Angriff gegen die Personenwürde der Frau und gegen ihr (sexuelles) Selbstbestimmungsrecht. Vergewaltigung hat lebenslange psychische Folgen, die nicht nur in einer generellen Lebensangst bestehen. Die Entfremdung vom eigenen Körper kann bis zur Spaltung der Ich-Identität führen. Meistens ist die mißhan-

2 Zu der Frage, wieweit sexuelle Gewalt auch als religiöses Problem zu verstehen ist, s. Hedwig Meyer-Wilmes, Zwischen lila und lavendel, Regensburg 1996, 100–104, das Kapitel: Intimität, sexueller Machtmißbrauch und Gottesbild. Vgl. dazu grundsätzlich R. Ammicht-Quinn, Körperdiskurs, Religion und Sexualität. Zur theologischen Anthropologie und Ethik der Geschlechter, Habilitationsschrift Tübingen 1998.

3 Die Pekinger Weltfrauenkonferenz der Vereinten Nationen vom September 1995 stellte fest, daß die Gewalt gegen Mädchen und Frauen weltweit in erschreckendem Maß zugenommen hat. Hierher gehört auch, daß jährlich etwa zwei Millionen Mädchen beschnitten werden (HK 49, 1995, 583). Gemäß einer Stellungnahme der US-Bischöfe vom November 1992 werden in den Vereinigten Staaten jährlich drei bis vier Millionen Frauen von ihren Ehemännern oder Partnern geschlagen (HK 46, 1992, 581). Ebensoweit geht eine Schätzung des Bundesfamilienministeriums aber auch für Deutschland (HK 44, 1990, 113).

delte Frau unfähig, später eine Beziehung zu einem Mann einzugehen. Daß Frauen Vergewaltigungen auch lustvoll erleben können, gehört in die Phantasiewelt der Pornographie.

Es ist deshalb kein Wunder, daß die Angst vor Gewalt zum Lebensgefühl der Frau geworden ist (s. etwa die Einrichtung von Frauenparkplätzen). Auch in der Öffentlichkeit wird die Gewaltdiskussion ernsthafter und die Suche nach Schutzmaßnahmen dringender. Nachdem in den 60er Jahren die sexuelle Freiheit propagiert wurde und viele Einschränkungen, nicht nur moralischer Art, wegfielen, wurde Sexualität zum allgemeinen Thema. Aber nun sind es oft die Frauen, die mit der «Bedrohung durch männliche Gewalt» immer wieder auf die Gefahren im alltäglichen Leben hinweisen (s. o. S. 87 bis 90; zu dieser Zeitanalyse s. Schmidt 7–11).

Oft gilt die Vergewaltigung nicht der Demütigung des Opfers, sondern des Ehemannes oder der Familie. Seit dem Altertum gibt es Beispiele dafür, daß Männer sich an ihren Feinden dadurch rächten, daß sie deren Frauen überfielen und vergewaltigten, wenn möglich sogar vor den Augen des Ehemannes. Vor allem in islamischen Ländern werden Frauen von den politischen Feinden vergewaltigt, um ihre Ehre zu vernichten, und nicht selten versuchen die Frauen, diese Ehre durch Selbstmord wiederherzustellen. Die Brutalität eskalierte im serbisch-bosnischen Krieg, als die Vergewaltigung systematisch eingesetzt wurde, um durch die Veränderung des Erbgutes die Identität des feindlichen Volkes auszulöschen. Diese neue Variante des Völkermords macht deutlich, daß die straf- und völkerrechtliche Diskussion weitergehen muß.

Es darf schließlich nicht verschwiegen werden, daß auch Frauen Männern gegenüber sexuell gewalttätig sein können. Gemeint sind hier nicht die sexuellen Phantasien, die zur eigenen Erregung und Befriedigung dienen, aber auch Ausdruck der Selbstbehauptung sind.[4] Natürlich wird eine Frau einen Mann körperlich nur selten zum Geschlechtsverkehr zwingen können. Immerhin ist aber aus Kli-

4 I. Azoulay (s. Anm. 9, S. 112).

niken und Altersheimen durchaus bekannt, was wir heute «Anmache» nennen, einschließlich des Griffs an die Genitalien oder der Berührung mit der eigenen Brust.

Aber die Frauen haben durchaus noch andere Mittel zur Verfügung. Wie oft fallen Männer auf Frauen herein, weil diese sie für ihre Zwecke instrumentalisieren. Wir brauchen nur an die biblische Geschichte von Simson und Delila (Ri 16,4–22) zu denken, die für Simson so grausam endete, weil es Delila verstanden hatte, ihn zu verführen und ihm sein Geheimnis zu entlocken. Normalerweise geht es nicht um politische Macht oder Erpressung von Geld, sondern um eine subtile psychische Dominanz. Frauen machen Männern Lust, überlassen ihnen die Initiative, um sie dann abblitzen zu lassen. Sie verlangen immer mehr von den Männern und wissen doch, daß sie sie damit überfordern. Sie signalisieren ihnen: «Ich möchte ein Kind, auf dich kommt es mir nicht so sehr an.» Sie stellen Bedingungen oder zeigen sich hilflos. Auch die Verweigerung ist ein oft gut eingesetztes Mittel, um den Mann «auflaufen» zu lassen. Die Frau hat sehr wohl Mittel, um den Mann (sexuell) zu beherrschen.

Der sexuelle Mißbrauch von Kindern

Jesus verurteilte den Mißbrauch von Kindern in aller Entschiedenheit. Das bezeugen alle drei Synoptiker (Mt 18,6; Mk 9,42; Lk 17,2). Heute hat man den Eindruck, daß die Sexualität für Kinder zur Hauptgefahrenquelle wird. Selbst vorsichtige Fachleute sprechen von 80 000 Kindern unter 14 Jahren, die in Deutschland Opfer sexueller Delikte werden (Schmidt 99), von exhibitionistischen Zur-Schau-Stellungen über sexuelle Berührungen bis hin zu Vergewaltigungen. Ein Drittel dieser Delikte geschieht in den Familien, ein hoher Prozentsatz in der Verwandtschaft und Nachbarschaft. Wie aktuelle Fälle zeigen, besteht allerdings auch die Gefahr, dieses Problem zum Teil bis ins Hysterische hinein hochzuspielen. Auch ein solcher «Mißbrauch des Mißbrauchs» ist zu verurteilen.

Was den sexuellen Mißbrauch an Kindern zusätzlich so unmenschlich macht, ist die schwere psychische Schädigung. Das Vertrauen des Kindes wird mißbraucht. Das Kind wird unter Drohungen zum Schweigen gebracht und entwickelt dadurch sich selbst, den Eltern und dem Täter gegenüber Schuldgefühle. Das Kind hat keine Möglichkeit, aus seiner Isolation herauszukommen. Es schämt sich und haßt sich selbst für sein Versagen. Das Ertragen von Erniedrigung und Demütigung wird dann auch im späteren Leben zur Überlebensstrategie. Die Kinder entwickeln Angst vor dem anderen Geschlecht und werden beziehungsunfähig. Sehr viele Prostituierte sind mißbrauchte Kinder. Hinzu kommt noch, daß die Kinder gar nicht verstehen, was ihnen geschieht, weil sie nicht wissen, was Sexualität ist. Deshalb ist die beste Art, Kinder vor sexuellem Mißbrauch zu schützen, sie altersgemäß aufzuklären.

«So etwas tut man nicht in Israel»

Die Erzwingung des Sexualverkehrs durch Gewalt hat freilich eine lange Geschichte. Ihre Beurteilung hängt allerdings von den gesellschaftlichen Verhältnissen ab. Livius (Ab urbe condita 1,9) berichtet vom Raub der Sabinerinnen. Im Alten Testament (Ri 21,16–25) steht die Geschichte, wie die frauenlosen Benjaminiten aus den Weinbergen hervorbrechen und sich Mädchen, die zum Tanzen gehen, rauben. Sie alle werden gezwungen, mit diesen Männern zu leben und Kinder zu haben. Frauen wurden offenbar gar nicht als Menschen mit dem Recht, über sich selbst zu befinden, wahrgenommen. Sie wurden geraubt, gekauft und der Willkür der Männer schutzlos preisgegeben. Im Krieg erbeutete Frauen werden auf die Männer aufgeteilt (Dtn 20,14). David läßt Batseba einfach zu sich holen (2 Sam 11,4.27) – wie hätte sie sich dem Befehl des Königs widersetzen können? Lot bietet der tobenden Männermeute seine zwei jungfräulichen Töchter als Ersatz für seine Gäste an (Gen 19,8), der wandernde Levit tut das sogar mit seiner (Neben-)Frau (Ri 19,25).

Aber auch Vergewaltigungen in unserem Verständnis kommen in der Bibel vor. Da ist die Geschichte von Amnon und Tamar (2 Sam 13,1–22). Amnon war besessen von der Idee, mit seiner Stiefschwester Tamar zu schlafen. Aber er konnte es nicht machen wie sein Vater David mit Batseba. Denn als Königstochter lebte sie in strenger Klausur. Da verhalf ihm sein Vetter zu einer List. Er riet Amnon, sich krank zu stellen und den König zu bitten, er möge gestatten, daß Tamar zu ihm komme, um ihm seine Lieblingsspeise, «Herzkuchen», zu bereiten. Wenn er diese essen könne, würde er sicher schnell wieder gesund.

David geht auf die Bitte ein, und Tamar kommt arglos zu Amnon, um für ihn zu backen. Amnon schaut ihr dabei zu, und die freundliche, anmutige Art des Mädchens mag sein Verlangen noch gesteigert haben. Unter dem Vorwand, er könne nur essen, wenn er allein sei, schickt er alle Bediensteten hinaus. Und ohne Umschweife ergreift er Tamar und fordert ihre Hingabe. Tamar bittet ihn, von ihr abzulassen, und stellt ihm die Folgen vor Augen: «Denk doch an mich – wo sollte ich mit meiner Schande hin. ... Und du selbst, wie einer der Allergemeinsten stündest du da in Israel!» Aber er hört nicht auf sie, sondern überwältigt und vergewaltigt sie.

Eine andere Geschichte rankt sich um Dina, die Tochter Jakobs, die ausgeht, um Kontakt zu den Mädchen des Landes aufzunehmen, in dem sich Jakob ansiedeln will. Sie wird von Sichem, dem Sohn des Landesfürsten, vergewaltigt (Gen 34).

Wie gingen die Israeliten mit solchen Vergehen um? Sowohl die Vergewaltigung Tamars als auch die Dinas wurden grausam gesühnt, und dabei schreckten die Rächer weder vor Hinterlist noch vor Lüge zurück. Amnon wird auf einem Gelage von Tamars Bruder Abschalom erschlagen. Die Brüder Dinas erschlagen sogar alle Männer der Sippe ihres Übeltäters. Blutrache also. Aber dahinter steht doch auch noch eine religiös-ethische Wertung. Tamar beschwört Amnon: «So etwas tut man nicht in Israel. Begehe doch keine Schandtat!» Die Brüder Dinas schätzen die Vergewaltigung ihrer Schwester genauso ein: Sie verstehen sie als «eine Schandtat in Israel. ... Dergleichen durfte nicht geschehen» (Gen 34,7). Das Ethos Israels duldete diese Art von Verbrechen nicht. Deshalb wurde es mit unausweichlicher Konsequenz gesühnt.

Und welchen Stellenwert der sexuelle Umgang mit einer verheirateten Frau hatte, zeigt die Geschichte, wo Abimelech, der Stadtkönig von Gerar, die Frau Abrahams zu sich holt, ohne zu wissen, daß sie bereits verheiratet ist (Gen 20). In der Parallelerzählung, die von Isaak und Rebekka handelt, ist Abimelech sogar ein Philister (Gen 26,7–11). Gott selbst bewahrt ihn vor dieser Schuld. Am Hof aber verbreiten sich Furcht und Schrecken allein bei der Vorstellung, daß die Tat für alle den Tod bedeutet hätte.

Vergewaltigung als Eigentumsdelikt

Die alttestamentliche Rechtsprechung allerdings versteht Vergewaltigung ausschließlich als Eigentumsdelikt. Dabei wird unterschieden, ob die Frau verlobt war, was juristisch unserer Eheschließung gleichkam, oder ob sie ledig war. Traf sich ein Mann mit einer Verlobten in der Stadt und wohnte ihr bei, so setzte man deren Einverständnis voraus, und dann wurde sie selbst mitbestraft. Wurde sie aber auf dem Feld vergewaltigt, so hielt man ihr zugute, daß ihre Hilfeschreie nicht gehört wurden, und sie blieb straffrei. Die Bestimmung für die Vergewaltigung einer ledigen Frau lautet nach dem deuteronomischen Gesetz: «Wenn ein Mann ein jungfräuliches Mädchen trifft, das nicht verlobt ist, und er ergreift sie und legt sich zu ihr, und sie werden ertappt, dann soll der Mann, der bei ihr gelegen hat, dem Vater des Mädchens fünfzig Silberschekel geben, und sie soll seine Frau werden, weil er sie erniedrigt hat, und er darf sie Zeit seines Lebens nicht entlassen» (Dtn 22,23–29).

Die Ehe war im alten Israel zwar nicht *nur* ein Kauf, aber eben doch ein Kauf (s. o. S. 235–237). Der Mann hat grundsätzlich Anspruch auf eine «neuwertige» Frau. Bereits «gebraucht» zu sein, vermindert ihren Wert. Deshalb darf der Vater für die Tochter, die verführt wurde, nur einen weniger hohen Brautpreis fordern. Um ihn für diesen Verlust zu entschädigen, sieht das Gesetz vor, daß der Mann, der das Mädchen vergewaltigt hat, sofort den vollen Brautpreis bezahlt und sie zur Frau nimmt. Das Gesetz schützt damit den Besitz des Vaters mehr als die Ehre der jungen Frau. Und um zu verhindern, daß der Mann sie später unter dem Vorwand entläßt, sie sei beim Abschluß der Ehe «minderwertig» gewesen, wird bestimmt, daß er sie – im Unterschied zur allgemeinen Gesetzgebung (Dtn 24,1; vgl. u. S. 282f.) – nie entlassen darf. Einen Nachklang dieser Einschätzung können wir bis in unsere Zeit feststellen. Es gehörte zum herkömmlichen Ehrenkodex, daß ein Mann das Mädchen, das von ihm ein Kind bekam, heiraten «mußte».

Das deuteronomische Gesetz greift hier auf eine ältere gesetzliche Tradition zurück. Schon im sogenannten «Bundesbuch», der ältesten biblischen Gesetzessammlung, die teilweise noch in die nomadische Vergangenheit Israels zurückreicht, finden wir eine sachlich gleichlautende Bestimmung: «Wenn ein Mann eine Jungfrau, die nicht verlobt ist, verführt und sich zu ihr legt, so soll er sie für den Brautpreis zur Frau erwerben. Weigert sich aber ihr Vater, sie ihm zu geben, so soll er (trotzdem) soviel zahlen, wie es dem Brautpreis für Jungfrauen entspricht» (Ex 22,15f.). Im Unterschied zum deuteronomischen Gesetz wird hier die Höhe des Brautpreises nicht festgesetzt. Dieser ist offenbar durch altes Gewohnheitsrecht geregelt. Ferner wird der Fall vorgesehen, daß der Vater des Mädchens sich weigert, seine Tochter dem Verführer zur Frau zu geben. Dieser hat durch die Vergewaltigung keinen Anspruch auf sie bekommen. Trotzdem ist er verpflichtet, den Vater für seinen Verlust zu entschädigen.

Während das deuteronomische Gesetz deutlich von Vergewaltigung spricht, ist hier nur von «Verführung» die Rede, was die Einwilligung des Mädchens vorauszusetzen scheint. Dennoch wäre es verfehlt, aus dieser Stelle abzuleiten, auch der freiwillige Geschlechtsverkehr mit einer ledigen Frau sei in Israel verboten gewesen. Denn das hier verwendete hebräische Zeitwort *pth* (Pi.) bedeutet das Ausnützen der Unwissenheit und Unerfahrenheit des «Einfältigen» *($p^e ti$)*, und zwar mit einer gewissen Anwendung von Gewalt.[5] Somit sieht die Bestimmung Ex 22,15f. den gleichen Fall vor wie jene von Dtn 22,28f., nämlich den unter Anwendung von Gewalt vollzogenen Verkehr mit einer ledigen Frau.[6] Wir müßten deshalb Ex 22,15 sinngemäß übersetzen: «Wenn ein Mann eine Jungfrau ... gewaltsam verführt ...» Aus all diesen Texten wird die Tendenz deutlich, die Frau auch noch für das Unrecht, das ihr angetan wurde, büßen zu lassen, weil sie ja dadurch an «Marktwert» verloren hat. Auffallen muß, daß sich im israelitischen Gesetz keine Bestimmung über die Vergewaltigung einer verheirateten Frau findet. Ob damit einfach deshalb nicht gerechnet wurde, weil die Ehefrauen gut «behütet» waren? Oder ob in einem solchen Fall die Einwilligung der Frau vorausgesetzt wurde wie bei der Vergewaltigung der Verlobten in der Stadt (Dtn 22,23f.), so daß der Fall als Ehebruch behandelt wurde? Nach talmudischem Recht indes genügt schon eine anfängliche Nötigung, um das Delikt des Ehebruchs auszuschließen, selbst wenn die Frau in der Folge ihren Widerstand aufgab und sogar an dem Geschehen Gefallen fand.[7]

«Eheliche Pflicht» – Freibrief für Gewalt

Weniger durch das Christentum als vielmehr durch die griechisch-römische Kulturwelt, in der sich das Christentum ausbreitete, ver-

5 Jeremia beklagt sich, er habe sich von Jahwe verführen lassen, weil dieser mit Gewalt über ihn gekommen sei (Jer 20,7). Spr 16,29 ist vom «Gewalttätigen» die Rede, «der seinen Nächsten verführt» und ihn damit auf einen schlechten Weg führt. Gelegentlich ist schon die *Aufforderung* zur Überredung mit der Androhung von Gewalt (Ri 14,15) oder dem Angebot von Bestechung (Ri 16,5) verbunden.

6 Diese Deutung z. B. bei M. Noth, Exodus (Göttingen ^{2}1961, 150): «Zu den Eigentumsvergehen gehört schließlich auch die Vergewaltigung eines noch nicht verlobten Mädchens, das noch im Besitz des Vaters ist.»

7 Ket. 51b; Epstein 1948, 210; Jüd. Lexikon II ^{2}1968, 268 (Art. Eherecht, Abschn. Ehebruch).

besserte sich das Schicksal der Frauen (vgl. S. 75–77). Dennoch wurden Eigentumsdenken und sexuelle Verfügungsgewalt in der Ehe beibehalten. Paulus brachte den Begriff der «ehelichen Pflicht» ins Spiel (1 Kor 7,3; vgl. S. 241 f.), aber obwohl er dazu Mann und Frau verpflichtet, wurde die Frau darauf festgeschrieben. Unter diesem christlichen «Gebot» hat sie sich viel sexuelle Unterdrückung und Gewalt in der Ehe gefallen lassen müssen. Später hat dann das englische Recht nicht wenig dazu beigetragen, diese ihre Frauenrolle festzuschreiben. Im Common Law galt seit dem 17. Jahrhundert die Vergewaltigung in der Ehe als straflos, und zwar mit der Begründung, Mann und Frau seien bei der Ehegründung auch juristisch zu einer Einheit verschmolzen, die Frau willige damit auch in den jeweiligen Wunsch nach Sexualverkehr ein. Auch im deutschen Bürgerlichen Gesetzbuch ist die Pflicht zum «ehelichen Verkehr» gesetzlich verankert (§ 1353), und auch hier ist die juristische Vorschrift nur auf Frauen anwendbar. So hatte der Ehemann das Recht, den ehelichen Verkehr jederzeit zu erzwingen. Der Mann konnte ja nicht gezwungen werden. Erst in jüngster Zeit wird der Frau in der Ehe strafrechtlicher Schutz gewährt.

Was sich aus der geschichtlichen und empirischen Untersuchung der ganzen Problematik Vergewaltigung ergibt, erscheint eindeutig: Nicht weil die betreffenden Männer Triebtäter, Psychopathen oder Asoziale sind, vergewaltigen sie Frauen. Experten sind der Meinung, daß es Vergewaltigern nicht primär um die sexuelle Befriedigung geht, sondern um den Beweis ihrer Stärke und Dominanz. Auch wenn, durch eine schwierige Lebenssituation bedingt, ein unkontrollierter Aggressionsstau die Ursache der Gewalt ist, handelt es sich doch immer um einen Mann, der kein gesundes Selbstgefühl hat und deshalb weder zu sich selbst noch zu anderen, besonders Frauen, eine geordnete Beziehung aufbauen kann. Durch die Vergewaltigung sucht er Nähe und Geborgenheit, läßt alle sozialen Zwänge und Abhängigkeiten hinter sich und erlebt sich als mächtig und sexuell potent. Fast immer ist die Vergewaltigung für ihn eine Genugtuung für vermeintliche Demütigungen oder aufgekündigte Freundschaften von Frauen, für die er sich rächen will. Die Tat hat also Abwehr- und Ersatzfunktion. Sie ist der Versuch, sein labiles Selbstwertgefühl in die Balance zu bringen. So sind Gewalt und Vergewaltigung der subtilste und entwürdigendste Ausdruck der Männerherrschaft.

Der sogenannte Triebtäter

Auch der Sexualmord oder, juristisch gesprochen, das «Töten zur Befriedigung des Geschlechtstriebes» geschieht nicht zur Steigerung sexueller Lust. Vielmehr ist die Tötung das Ende eines langen Kampfes gegen destruktive Kräfte, die aus dem Inneren des Täters aufsteigen und über die er nicht Herr wird. Seine Abwehr bricht zusammen. Wenn dabei sexuelle Befriedigung eine Rolle spielt, so «drückt sich darin lediglich die spezifische Abwehrbemühung, der unbewußte Versuch aus, die Konflikte und Impulse durch Sexualisierung zu kanalisieren und zu entschärfen».[8]

Genau das gleiche gilt auch für andere Formen abweichenden Sexualverhaltens. So ist es z. B. falsch anzunehmen, der Sadist werde herrschsüchtig, aggressiv und gewalttätig, weil er seine Sexuallust steigern will. Vielmehr benutzt er die Sexualität, um von seinen Ängsten und zerstörerischen Zwängen nicht überwältigt zu werden. Alle destruktiven Kräfte konzentriert er auf die sexuelle Befriedigung, die für ihn in der Beherrschung seines Partners besteht und die ihn vor der psychischen Dekompensation bewahren soll. Sexualität ist dann, selbst noch in einer perversen Form, für gestörte Menschen oft die einzige Möglichkeit, einigermaßen angepaßt und unauffällig zu leben.[9]

8 E. Schorsch/N. Becker, Angst, Lust, Zerstörung. Sadismus als soziales und kriminelles Handeln, Reinbek 1977, 232.

9 In Deutschland hat H. Giese (1967) als erster eine auch in der Gerichtspraxis brauchbare Theorie der Perversion entwickelt. E. Schorsch und R. J. Stoller haben dann die große Bedeutung des Sexualisierungsprozesses für die Entstehung von Perversionen deutlich gemacht (E. Schorsch/N. Becker a. a. O.).

Konfliktlösung durch Perversion

Zur Perversion wird sexuelles Verhalten dadurch, daß sich ein sexueller Teilbereich verselbständigt und überbewertet wird. Der Betroffene kann sich dem Zwang, der von ganz bestimmten sinnlichen Reizen ausgeht, nicht entziehen, er hat keine Freiheit mehr, sich gegen sein eingeengtes Verhalten zu entscheiden. Dennoch wird die Meinung, daß es sich bei den Perversionen um krankhaftes Verhalten handelt, zumindest in der Psychiatrie und in der Psychotherapie immer mehr aufgegeben. Ebensowenig hält man die Perversionen für Veranlagungen. Vielmehr versteht man sie als Versuche, Bedrohungen der eigenen Geschlechtsidentität zu bewältigen.[10] Jede perverse Handlung ist das erneute Durchleiden eines Kindheitstraumas und wird als Racheakt und Triumph gefeiert.

Dies alles ist ein Ärgernis für jeden, der in der Sexualität einen einzigartigen persönlichen Wert sieht. Denn Sexualität wird hier nicht mit Liebe verbunden, sondern mit Haß, Gewalt, Erniedrigung und Feindseligkeit, gespeist aus Ängsten und Konflikten. Und sie wird als Mittel zur Konfliktlösung gebraucht, um das psychische Gleichgewicht wiederherzustellen.

Bedenkt man, daß sexuelle Gewalt fast ausschließlich von Männern verübt wird und daß auch unter Perversionen hauptsächlich Männer zu leiden haben, so erhebt sich die Frage, ob das mehr ein Kennzeichen des männlichen Geschlechts oder der (patriarchalen) Geschlechterrolle ist. Denn gegen die Frau wird auch außerhalb des sexuellen Bereichs Macht und Gewalt ausgeübt. Die vielerorts entstehenden Frauenhäuser und die vielfältigen Formen von Unfreiheit und Ungerechtigkeit, denen Frauen allenthalben unterworfen sind, sprechen eine deutliche Sprache.

Weil Sexualität mit Gewalt, Betrug, Mißbrauch von Abhängigkeiten, Erpressung und Bedrohung zu tun haben kann, bedarf es der

10 R. J. Stoller, Niederlagen in Triumph verwandeln, in: Kentler 1984, 287–291; dort noch fünf weitere Beiträge zum Thema Perversionen; N. Becker u. R. Reiche, in: Sigusch 222–265.

Sexualgesetze. Diese brauchen allerdings mit der herrschenden Sexualmoral nicht übereinzustimmen. Liebloses und quälendes Verhalten unter Eheleuten ist gewiß unmoralisch und dennoch legal. Die Begründung dafür, welches sexuelle Verhalten legal oder illegal, moralisch oder unmoralisch ist, liegt im jeweiligen Interesse des Staates oder der Kirche beziehungsweise dem, was sie für das Interesse der ihnen anvertrauten Menschen halten.

17. Ehe im Umbruch

Ewiges Recht in vielerlei Gestalt

Bis heute gilt die Ehe als eine durch Sitte oder Gesetz gesellschaftlich anerkannte und vertraglich geregelte Institution, die einer Paarbeziehung Halt und Dauer verleihen und den Lebensbereich einer Familie sichern soll. Aber genau das – Institution und funktionsunfähige Gewohnheitsehe – ist der Spannungsbogen, zwischen dem sich die Ehe durch die Jahrtausende bewegt.

Es gibt allerdings noch weitere gegenläufige Entwicklungen. Auf der einen Seite nimmt die Zahl der Single-Haushalte immer mehr zu, andererseits wurden noch nie so viele Ehen geschlossen. Die Zunahme der Ehehäufigkeit ist zum einen bedingt durch das oft sehr junge Heiratsalter, das aber gleichzeitig für die Häufigkeit der Scheidungen mit verantwortlich ist, und schließlich fördern die Scheidungen sogar die Ehehäufigkeit. Es gibt immer mehr Menschen, die zweimal und öfter verheiratet sind, und es ist nicht unberechtigt, auch auf sie den Ausruck «serielle Monogamie» anzuwenden. Den jung geschlossenen Ehen stehen die spät geschlossenen gegenüber, die wegen des Kinderwunsches zustande kommen. Beides läuft parallel zur längeren Lebensdauer und zum Kleinerwerden der Familie. Man sucht Heimat, Geborgenheit und heiratet natürlich aus Liebe. Gerade diese emotionalen Werte aber machen eine Ehe instabil.

Ursprünglich führten geradezu entgegengesetzte Intentionen zur Eheschließung. Das zeigt deutlich die Sozialgeschichte. Steht heute die Familie unter dem Schutz der Ehe, so stand ursprünglich die Ehe unter der Vormundschaft der Familie oder Sippe. Bei den primitiven Jäger- und Sammlervölkern suchten sich Männer und Frauen ihre Partner frei aus, Kinder wurden nach der Stillzeit in der Großfamilie erzogen. Alle Kräfte mußten gemeinsam in die Bewältigung der Anforderungen, die das Leben und Überleben stellten, investiert werden. Zwar gab es wohl keine Promiskuität, aber die «Ehe» im Sinne eines freigewählten Geschlechtsverhältnisses hatte praktisch keine Bedeutung, von persönlicher Beziehung ganz zu schweigen.

Das änderte sich mit dem Übergang zur Ackerbau- und Viehzuchtkultur. Nun waren Investitionen nötig, Besitz wurde erworben und persönliches Eigentum von fremdem abgegrenzt. Während der Mann auf die Jagd ging, bildete die Frau zu Hause in der von ihr betriebenen Stecklingswirtschaft das Zentrum der Großfamilie. In dieser Übergangszeit zu einer höheren Kulturstufe galt bei mehreren Völkern das Mutterrecht. Dies bedeutet, daß die Abstammung von der Mutter die Grundlage der rechtlichen und gesellschaftlichen Existenz eines Menschen bildete. Diese «matrilineare» Abstammung zu verfolgen war sinnvoll, weil die Herkunft eines Kindes von der Mutter immer feststand, während die Vaterschaft oft schwer festzustellen war. Nirgends ist allerdings ethnologisch ein Matriarchat nachgewiesen, in dem die Frau auf allen Gebieten, vor allem auch politisch, die Vorrangstellung innehatte. Mit der Entwicklung der Ackerbaukultur jedoch wechselte die mutterrechtliche in die patriarchalische Herrschaftsstruktur, nach Lévi-Strauss eine Logik der Überlebenssicherung, denn dadurch, daß der Mann durch Zuheirat die Zahl der Frauen erhöhen konnte, sicherte er den Bestand seiner Familie. Für ihn ging es – evolutiv gesehen – darum, bei minimalem Aufwand möglichst viele Kinder zu zeugen. Die Frauen aber wurden abgeschirmt und kontrolliert, damit nicht familienfremde Kinder erbberechtigt werden konnten. Die Einehe scheint erst in den höheren Kulturen eine Art Protestaktion der Frau zu sein. Sie ist mit großen wirtschaftlichen Verpflichtungen verbunden, die vor einem Stammesfürsten oder Priester eingegangen werden.

Seitdem wurde die Sexualität an die «Ehe» gekoppelt. «Ehe» war allerdings bis ins Mittelalter ein rein juristischer Begriff. In der Bibel gibt es nur die Ausdrücke «jemanden zur Frau nehmen» oder «eine Frau entlassen», beides vom Mann her gesehen als Akt des Gesetzes.

Durch das lateinische Wort «*matrimonium*» schimmert noch die Wichtigkeit der Frau als Mutter *(= mater)* durch, es macht aber zugleich deutlich, zu welchem Zweck sie ihren Stand wechselt. *In matrimonium dare* bedeutet: eine Frau verheiraten, offenbar damit sie Mutter werde. Auch der althochdeutsche Ausdruck *diu hoha gizit* (das Fest) und das mittelhochdeutsche *hoch(ge)zit* (hohes kirchliches oder weltliches Fest) beziehen sich auf den gesetzlichen Akt der sozial und juristisch veränderten Lebensweise. Ebenso hat das althochdeutsche Wort *ewa*, von dem sich unser Wort «Ehe» herleitet, die Bedeutung «Gesetz», und wenn als seine Grundbedeutung «ewig geltendes Recht» angenommen werden darf, ist es mit «ewig» verwandt. Die heutige Bedeutung «Ehe» beruht auf einem zuerst von Notker um 1000 vorgenommenen Sonderverständnis: Unter den gesetzmäßigen Verträgen war der zur Ehe führende der wichtigste. Erst durch das Christentum drangen ideologische Begründungen in die Ehe ein.

Sexualität und Fortpflanzung

Kinder als Überlebenssicherung – das war der ökonomische Grund dafür, daß die Sexualität ausschließlich mit der Ehe verbunden und die Fortpflanzung als erstes Ziel der Ehe angesehen wurde. Und bis heute beherrscht die Vorstellung, daß Mensch und Tier deshalb mit Sexualität begabt sind, weil sie in der Fortpflanzung ihre Art erhalten müssen, das Feld. Fortpflanzung gibt es jedoch auch ohne Sexualität. Bei niederen Tieren findet sie ungeschlechtlich statt. Erst die evolutiv höherstehenden Lebewesen haben die zweigeschlechtliche Fortpflanzung entwickelt. Am deutlichsten aber ist die Loslösung von Fortpflanzung und Sexualität beim Menschen vollzogen. Von 100 sexuellen Begegnungen der Eheleute können 99 gar nicht der Kinderzeugung dienen. Dies macht deutlich, daß die Häufigkeit des Geschlechtsverkehrs im umgekehrten Verhältnis zur Fruchtbarkeit steht. Die heute mögliche Zeugung von Retortenbabies geschieht ohne direkte Sexualität. Eine Trennung von der Fortpflanzung liegt schließlich auch bei all den Menschen vor, die ohne Partner leben müssen, Jugendliche und Alte, Unverheiratete, Zölibatäre, Behinderte. Doch auch sie sind in der Regel sexuell normal begabt.

Heute stehen wir vor dem entgegengesetzten Problem. Nicht möglichst viele Kinder sichern den Fortbestand der Menschheit, sondern möglichst wenige. Geht die Bevölkerungsexplosion so weiter wie bisher, dann wird sich die Menschheit in 35 Jahren verdoppelt haben und acht Milliarden zählen. Das Gebot der Stunde heißt also Trennung von Sexualität und Fortpflanzung, denn schließlich wäre es unrealistisch, Milliarden von Menschen auf sexuelle Enthaltsamkeit zu verpflichten.

Diese Trennung von Sexualität und Fortpflanzung bedeutet sicher nicht den Tod der klassischen Ehe. Denn auch in Zukunft werden wirtschaftliche Vorteile für eine Eheschließung sprechen. Mehr allerdings noch emotionale Gründe: Der Wunsch nach einem Kind und nach einem richtigen Familienleben spielt bei der Entscheidung für oder gegen die Ehe mehr und mehr die dominierende Rolle. Eine Ehe ohne Kinder erscheint nicht mehr plausibel. Ja, man kann fragen, ob Ehen nur noch geschlossen werden, wenn der Wunsch nach Kindern besteht. Kinder zu haben wird ja schon lange nicht mehr als «Pflicht» oder gesellschaftlich erstrebenswert angesehen, sondern ist in die Freiheit und Verantwortung der einzelnen gestellt. Für manche kann es durchaus richtiger sein, im sozialen Dienst oder in der Friedens- und Konfliktlösungsarbeit zu stehen, als eigene Kinder großzuziehen. Die Aufforderung: «Seid fruchtbar und mehret euch» (Gen 1,28) gilt weder generell noch für den einzelnen. So wird die Ehe zwar heute zu einer kinderorientierten Institution, aber auf merkwürdig andere Weise, als es die katholische Kirche immer in ihr sah: Der Wille zum Kind wird nicht von der Kirche befohlen, sondern geht von den Lebenspartnern selbst aus. Im Prinzip aber haben diese eine ganz andere Auffassung. Das Ja zum Kind ist oft an optimale, gar utopische Voraussetzungen gebunden: Sicheres Einkommen soll mit einer gelungenen Partnerschaft verbunden sein, und die eigenen

Ansprüche dürfen nicht beeinträchtigt werden. Auch das Bedürfnis, seine Zusammengehörigkeit zu legalisieren und nach außen hin deutlich zu machen, spielt bei der Entscheidung für die Ehe eine immer größere Rolle, und Kinder gehören dann dazu.

18. Ehe – was sie war

Mehrere Modelle in Israel

Nach einer Lehre über die Ehe oder gar nach einer Definition der Ehe suchen wir in der Bibel vergeblich, ja das Alte Testament kennt – wie wir gesehen haben – nicht einmal ein Wort für Ehe, geschweige denn eine «Ehelogie». Aber im Unterschied zum Neuen Testament, wo Ehepaare überhaupt nicht erwähnt werden und noch weniger Familien, wird uns im Alten Testament gelebte Ehe in vielfältiger Gestalt vorgeführt. Freilich handelt es sich auch hier um eine relativ spärliche und mehr oder weniger zufällige Zahl von Beispielen.

Zunächst stehen wir vor der für unser abendländisches Empfinden befremdlichen Tatsache, daß die israelitische Ehe grundsätzlich *polygam* war.[1] Das kann jedoch nicht überraschen, wenn wir bedenken, daß die Ehe zuerst der Erhaltung und Besitzstandswahrung von Sippe und Stamm diente (weshalb die Frauen auch mit Vorliebe aus dem gleichen Stamm und Sippenverband genommen wurden) und daß die Kindersterblichkeit hoch war und die Lebenserwartung gering. Indes war die Polygamie nicht einfach die Regel. Schon für die Frühzeit setzt die Bibel das Nebeneinander von Monogamie und Polygamie als ganz selbstverständlich voraus.[2] Wird Kain nur eine Frau

1 Wir verwenden hier den geläufigen Ausdruck «Polygamie» für die Ehe eines Mannes mit mehreren Frauen, obwohl dieser Begriff sowohl die «Vielweiberei» als auch die «Vielmännerei» umfaßt und deshalb für das hier Gemeinte die Bezeichnung «Polygynie» angemessen wäre.

2 Diese Variabilität kennzeichnet auch den übrigen Alten Orient. Ist die babylonische Ehe zur Zeit Hammurapis grundsätzlich monogam (freilich kann der Mann sich eine unbegrenzte Zahl von Sklavinnen-Konkubinen halten), so ist die assyrische Ehe im Prinzip polygam. Vgl. W. Groß, Elemente biblischer und altorientalischer Eheregelungen, in: ThQ 167, 1987, 82–89.

zugeschrieben (Gen 4,17), so seinem Nachkommen Lamech deren zwei (Gen 4,19); umgekehrt nehmen Noach und seine drei Söhne nur je eine Frau mit in die Arche (Gen 7,13, vgl. 1 Petr 3,20). In den Erzählungen über die Patriarchen finden wir verschiedene Modelle. Da heiratet Jakob die beiden Schwestern Lea und Rahel als gleichberechtigte Frauen, und jede stellt ihm auch noch ihre Magd zur Verfügung (Gen 29, 15–30; 30,1–4). Esau, der Bruder Jakobs, nimmt sich sogar drei Frauen ohne ersichtlichen Unterschied des Ranges (Gen 26,34; 28,9). Abraham hat nur eine Frau, Sara, als eigentliche Gefährtin seines Lebens. Aber auch diese bietet ihrem Mann, angesichts ihrer Kinderlosigkeit, ihre Magd Hagar an (Gen 16, 1–3). Nach dem Tod Saras wird noch von einer Heirat Abrahams mit Ketura berichtet (Gen 25,1). Als eine ausschließliche Liebesehe wird die Verbindung von Isaak und Rebekka dargestellt (Gen 24,62–67). Auch die Ehe Josefs wird als monogam verstanden (Gen 41,45).[3] Hingegen werden Mose zwei Frauen zugedacht (Ex 2,21; Num 12,1).[4]

Bei der *Magd,* die bei Kinderlosigkeit der Ehefrau an deren Stelle tritt, handelt es sich um einen Rechtsvorgang: Die Kinder der Magd galten als die legitimen Kinder der Ehefrau (übrigens ein Rechtsdenken, das heute durch die In-vitro-Fertilisation und den Embryotransfer mit seinen «Miet-» oder «Leihmüttern» über Nacht neue Aktualität erfahren hat).

Anders verhält es sich mit den öfters erwähnten *Nebenfrauen* («Kebsweibern»), die die Rolle von Konkubinen spielten. So wird Nahor, dem Bruder Abrahams, eine Nebenfrau zugeschrieben (Gen 22,24), Gen 25,6 ist global von «den Nebenfrauen» Abrahams die Rede. Jakob hat neben seinen beiden Frauen Lea und Rahel eine Nebenfrau namens Bilha, um die es zu einem Konflikt mit seinem

3 In späterer Zeit werden (wahrscheinlich) als monogam angesehen die Ehen Elimelechs und seiner Söhne (Rut 1,1–4), die des Boas (Rut 4,10.13) und die Ijobs (Ijob 2,9; 31,10), wohl auch die Jesajas (Jes 8,3) und Ezechiels (Ez 24,16–18).

4 Mit der «Kuschitin» (Num 12,1) dürfte schwerlich Zippora (Ex 2,21) gemeint sein.

ältesten Sohn Ruben kommt (Gen 35,22). Aber auch in der späteren Zeit sind solche Nebenfrauen eine gewohnte Erscheinung.

Von den «vielen Frauen», die der Nationalheld Gideon hat, wird eine Nebenfrau besonders erwähnt (Ri 8,31). Die Nebenfrau eines Leviten ist das Opfer der sexuellen Brutalität der Männer von Gibea (Ri 19,22–30; vgl. S. 183–185). Das Verhältnis Abners, des Heerführers Sauls, zu dessen Nebenfrau Rizpa entscheidet das politische Kräftegewicht zwischen dem Haus Sauls und seinem Gegenspieler David (2 Sam 3,6–12).

Die Zahl der Frauen und Nebenfrauen wurde durch Reichtum und Macht des Mannes bestimmt. Daß der König über den größten Harem verfügte, versteht sich von selbst. Während Saul sich offenbar noch mit einer Frau (1 Sam 14,50) und einer Nebenfrau (2 Sam 3,7) begnügte, sind die Frauen und Nebenfrauen Davids zahlreich (2 Sam 5,13, vgl. 15,16; 16,21 f.; 19,6; 20,3). Salomo werden gar siebenhundert Frauen und dreihundert Nebenfrauen zugeschrieben (1 Kön 11,3), vom Harem des Perserköngis Xerxes, dem Ester angehörte, gar nicht zu reden (Est 2, vgl. auch Dan 5).

Gewiß sind manche dieser Angaben *cum grano salis* zu verstehen. Die Vielzahl der Frauen, die Salomo zugeschrieben werden, ist zweifellos eine spätere Glorifizierung seiner Person. Manchmal, vor allem in den Patriarchenerzählungen, dienen mehrere Frauen nur dazu, komplizierte Verwandtschaftsverhältnisse und Beziehungen zwischen Stämmen, Sippen und Gruppen zu erklären. So stellt die Herleitung der zwölf Stämme Israels von zwei Frauen Jakobs und deren zwei Mägden einfach eine volkstümliche Erklärung dafür dar, daß der Zwölfstämmeverband sich aus vier Stämmegruppen von unterschiedlichem politischem Gewicht zusammensetzte (Gen 29,31–30,24). Aber auch wenn solche Erzählungen keine Historizität für sich in Anspruch nehmen können, spiegeln sie doch die kulturellen und gesellschaftlichen Verhältnisse ihrer Zeit wider.

Rivalitäten

Daß polygame Ehen den häuslichen Frieden nicht immer leicht machten, leuchtet ein. Zwar forderte schon ein altes Gesetz (Ex 21,10), daß durch eine zweite Frau die Ansprüche der ersten auf Nahrung, Kleidung und Beischlaf nicht geschmälert werden durften. Indes galt normalerweise die Frau mehr, die mehr Kinder gebar. Denn das ist die erste Pflicht der Ehefrau, weshalb der Braut in die Ehe der Wunsch mitgegeben wird: «Werde zu tausendmal zehntausend!» (Gen 24,60). Der Nachkommenschaft wegen kommt es zum Zerwürfnis zwischen Sara und ihrer Magd Hagar, das zur Vertreibung der Magd führt (Gen 16,4–6). Die unfruchtbare Rahel ist eifersüchtig auf die fruchtbare Lea, ja sie versteht ihr Leben geradezu als «Kampf» gegen ihre Schwester (Gen 30,8), und sie bestürmt ihren Mann: «Schaffe mir Kinder, sonst sterbe ich» (Gen 30,1). Ähnlich sieht sich die kinderlose Hanna von ihrer mit Kindern gesegneten Rivalin[5] Peninna gedemütigt (1 Sam 1,2–6).

Eifersucht gab es auch um den Beischlaf des gemeinsamen Mannes (Gen 30,14–16). Andererseits zeigt die Erzählung von den beiden Frauen Elkanas, Hanna und Peninna, daß die Liebe des Mannes auch andere Wege gehen konnte. Elkana tröstet die unglückliche Hanna: «Bin ich dir nicht mehr wert als zehn Söhne?», und er bevorzugt sie beim Mahl, was freilich der Lieblosigkeit Peninnas neue Nahrung gibt (1 Sam 1,5f.). Offenbar konnte nie ein Mann zwei Frauen die gleiche Liebe schenken. Nicht ohne Grund wird im Gesetz selbst von zwei fruchtbaren Frauen die eine Frau die «Geliebte», die andere die «Gehaßte», das heißt die weniger Geliebte[6], genannt (Dtn 21,15).

5 Buchstäblich heißt sie im biblischen Text «Feindin».
6 Vgl. im NT Mt 6,24; Lk 14,26.

Die einzige Frau

Diese Schattenseiten der Polygamie mögen dazu beigetragen haben, daß die Einehe im Judentum immer mehr die Oberhand gewann und zur Zeit Jesu die Regel gewesen sein dürfte. Sicherlich war das biblische Judentum auch vom Beispiel der monogamen griechischen und römischen Ehe beeinflußt. Wie sehr auch ethische Überlegungen im Spiel waren, ist schwer zu sagen. Die Mahnung des deuteronomischen Gesetzes (7. Jh. v. Chr.) an den König, sich nicht viele Frauen zu nehmen (Dtn 17,17), ist wohl kaum als Kritik an der Polygamie zu werten. Hier geht es dem Gesetzgeber um die Erhaltung des reinen Jahweglaubens, den er – in Anspielung auf Salomo – durch die ausländischen Frauen des Königs gefährdet sah. Hingegen kann das Lob, das mehrere biblische Texte auf die Ehefrau singen, schwerlich anders als auf die einzige Frau bezogen werden:

> Deine Frau gleicht einem fruchtbaren Weinstock
> im Inneren deines Hauses,

so wird im 128. Psalm (V. 3) dem gottesfürchtigen Mann der Segen Gottes zugesprochen. Die gleiche Sprache sprechen die «Sprüche» (5,15.18f.), wenn sie zur ehelichen Treue auffordern:

> Trinke Wasser aus deiner eigenen Zisterne,
> Trunk aus deinem Brunnen ...
>
> Dein Brunnquell sei gesegnet,
> freue dich an der Frau deiner Jugend!
>
> Die liebliche Hinde,
> die anmutige Gemse –
>
> Ihre Liebkosung mache dich allezeit trunken,
> an ihrer Liebe berausche dich immerfort!

Und das bekannte «Lob der tüchtigen Hausfrau» (Spr 31,10–31) scheint nur *eine* Frau zu kennen, die königlich im Hause schaltet und waltet und ihres Mannes Stütze ist.

So gewinnt das insgesamt eher unpersönlich wirkende eheliche Verhältnis doch immer wieder eine persönliche Note, in der auch Akzente der Liebe nicht fehlen.[7] Daß die jungen Frauen und Männer Israels zum Verliebtsein und zur ausschließlichen Hingabe fähig waren, zeigt uns allein schon das Hohelied zur Genüge. Und das junge Eheglück wird für so wichtig angesehen, daß der Mann das erste Jahr nach der Hochzeit vom Wehrdienst befreit ist, «damit er fröhlich sei mit seiner Frau, die er genommen hat» (Dtn 24,5). Wenn überdies in der Bildsprache der Propheten, die den Bund Jahwes mit Israel mit einem Ehebund vergleichen, der Ehemann seine Frau anredet: «Mit ewiger Liebe habe ich dich geliebt» (Jer 31,3), «ich verlobe dich mir in Treue» (Hos 2,22), «als für dich die Zeit der Liebe da war, breitete ich meinen Mantel über dich» (Ez 16,8), so zeigt dies, daß sich für das alte Israel mit dem Phänomen der Ehe durchaus die Vorstellung von Liebe und Treue verband. Zweimal fällt in diesem Zusammenhang das Wort «Bund» (*b^erit:* Ez 16,8; Mal 2,14).

Die Monogamie von Gott verordnet?

Eine grundsätzliche Höherbewertung der Monogamie gegenüber der Polygamie ist der Bibel freilich nicht zu entnehmen. Im Gegenteil: In der prophetischen Bildsprache werden sogar – in Anspielung auf das Nordreich Israel und das Südreich Juda – Jahwe zwei Frauen zuge-

7 Daß in der Gesetzgebung Israels wie der des Alten Orients überhaupt einseitig der Rechtsstandpunkt zu Wort kommt, ist nicht verwunderlich. Auch in unserer modernen Gesellschaft ist es nicht anders; vgl. W. Groß zum mittelassyrischen Gesetzbuch: «Erwägungen bezüglich partnerschaftlicher Bindungen, personaler und emotionaler Beziehungen fallen völlig aus: sie zählen nicht zu den rechtlich relevanten Charakteristika der ehelichen Gemeinschaft; das ist auch für die übrige altorientalische und alttestamentliche Gesetzgebung anzunehmen» (a. a. O. 84).

schrieben (Jer 3,6ff.; Ez 23). Noch weniger kann sich die Monogamie auf ein göttliches Gebot berufen (auch das Neue Testament setzt sie mehr voraus, als daß es sie gebietet). Sie ist genauso wie die Polygamie das Ergebnis einer zeitbedingten Entwicklung und läßt sich auch nicht aus dem Wesen des Menschen begründen. Mit der menschlichen Natur sind sowohl die Monogamie als auch die Polygamie und die Polyandrie vereinbar.

Für die Begründung der Monogamie als gottgewollte Institution berief man sich in der Vergangenheit einmütig auf die biblische Erzählung von der Erschaffung der ersten Frau aus einer Rippe des Mannes (Gen 2,18–24), die in die Aussage mündet: «Deshalb verläßt der Mann seinen Vater und seine Mutter und klebt an seiner Frau, und sie werden zu einem Fleisch.» Dieser Satz galt als klassischer Schriftbeleg für die Institution der Ehe, und zwar der monogamen wie der unauflöslichen Ehe.[8] Freilich sah schon Hermann Gunkel, daß die Erzählung die unwiderstehliche Anziehungskraft der Geschlechter zu erklären beabsichtigt und nicht etwa für die Ehe eine Idealforderung durchsetzen will, die zudem dem sittlichen und kulturellen Niveau der Zeit fremd war. Er bemerkt zutreffend: «Der Mythos ist oft mißverstanden worden; er redet nicht von der ‹Ehe›; auch davon, daß er die Einehe als normal hinstellen wolle, ist nicht die Rede. ... Der Mythos stellt nicht Ideale hin, sondern er will Tatsachen erklären.»[9] Unter den neueren Auslegern hat sich vor allem Westermann diese Sicht zu eigen gemacht: «An die Begründung irgendeiner Institution ist hier nicht gedacht; es handelt sich um urgeschichtliches Geschehen. ... Dieser Vers hat seine Bedeutung darin, daß er im Unterschied zu den bestehenden Institutionen und

8 Als Beispiel unter vielen P. Heinisch, Das Buch Genesis, Bonn 1930: «‹Seinem Weibe› (Sing.) hängt der Mensch an und geht mit ihm die eheliche Gemeinschaft ein; mithin ist die *Monogamie* die von Gott gewollte Grundlage des Menschengeschlechtes. Zugleich wird die *Unauflöslichkeit* der Ehe betont: die Ehe ist fester als das Verhältnis zwischen Eltern und Kind» (119). Heinisch gehörte in seiner Zeit zu den aufgeschlossenen und fortschrittlichen katholischen Exegeten. Ähnlich unter den Neueren P. Dacquino, Storia del matrimonio cristiano alla luce della Bibbia, Leumann (Torino) 1984, 567f.

9 Genesis, Göttingen [2]1910, 10.

z. T. sogar im Gegensatz zu ihnen auf die elementare Kraft der Liebe von Mann und Frau weist.»[10]

Leitbild Ehe?

Mit ihrer Forderung, die Ehe solle monogam sein und lebenslang währen, verlangt die Kirche, daß die Menschen durch die Jahrhunderte hindurch auf gleiche Art und Weise Partnerschaft, Liebe und Sexualität leben sollen. Die Ehe wird damit aus allen Lebensformen herausgehoben und als die einzig richtige deklariert. Keine andere ist ihr gleichwertig. Als Begründung dient neben Gen 2,24 das Wort Jesu: «Was Gott verbunden hat, das soll der Mensch nicht trennen» (Mk 10,9 par.). Aber diese Formel führt gerade zu einer mythischen und irrationalen Überhöhung der Ehe, die, wie im Alten Testament, auch heute der Wirklichkeit nicht standhält. Die Ehe als Institution ist nicht von Gott gewollt, sie liegt nicht im «Schöpfungssinn» (s. u. 243–246). Sie ist nicht vom Christentum geschaffen – deshalb gehört sie auch nicht in die Zuständigkeit der Kirche –, sondern aus jüdischen, römischen und hellenistischen Rechts- und Sozialformen erwachsen. Diesen allen müßte man sonst die Vollgültigkeit einer Ehe absprechen. Gerade ihre Entwicklung und Veränderung ist Ausdruck davon, daß jede Kultur ihr eigenes Bild von der Ehe hat. In der Bibel wird sie anders gelebt als heute. Die biblischen Vorbilder sind für uns nicht in ihren konkret gelebten Formen gültig, sondern nur in den ethischen Grundaussagen, und das sind Liebe, Freiheit, Wahrheit, Vergebung.

Auch heute erscheint die Frage berechtigt, ob die Ehe überhaupt die einzige Lebensform sein soll. Manfred Josuttis verneint das.[11] Er argumentiert, daß die Kirche selbst die in der Gesellschaft erfolgte Veränderung längst akzeptiert habe. Das zeigt, daß es letztlich nicht

10 Genesis, Neukirchen ^{2}1976, 317f.

11 M. Josuttis, Ehe und Familie – christliches Leitbild? Das kirchliche Leitbild der Ehe und die Problematik seiner Begründung, in: Evangelische Aspekte 6, 96, 4–6.

um die Rechtfertigung einer Institution geht, sondern um die Menschen, die in unserer Welt sinnvoll leben sollen. Fixierte und jahrhundertelang tradierte Formen können ihnen eher hinderlich als nützlich sein. Insofern gibt es Kriterien, die für alle Beziehungen gelten sollten: Sie müssen freiwillig und auf der Basis der gleichen Rechte geschlossen worden sein, und sie betreffen den Partner als ganzen Menschen in seiner Personwürde, nicht nur Teile von ihm, etwa Arbeitskraft, Sexualität, emotionale Versorgung. Und das heißt, daß eine solche Beziehung auch schlechte Zeiten überdauern sollte. Treue ist nicht nur ein Postulat, sondern in sich vernünftig. Denn es wird in Zukunft noch mehr neue Formen des Zusammenlebens geben: die nur standesamtlich oder nur kirchlich geschlossene Ehe, die Ehe auf Zeit, die Gruppenehe, die homosexuelle Ehe. Das hängt von den wirtschaftlichen, sozialen und kulturellen Bedingungen des einzelnen und der Gesellschaft ab. Im Zuge der Individualisierung wird sowohl der Ehestatus als auch die Eheform zur reinen Privatsache.[12] Und nichts anderes war sie im alten Israel.

Wie kam Ehe zustande?

Obwohl an der bereits genannten Stelle Mal 2,14 Jahwe als Zeuge und Schützer des Ehebundes erscheint, ist also die Ehe in Israel, wie überall im Alten Orient, weder eine religiöse[13] noch eine öffentliche,

12 Schon vor 20 Jahren stellte R. J. Siebert die Frage: Die Zukunft der Ehe und der Familie: Schwinden sie dahin oder strukturieren sie sich um?, in: Concilium 15, 1979, 21–27. Er beschreibt die Modelle, die sich aufgrund der kritischen Gesellschaftstheorie bei Hegel, Marx und Horkheimer entwickelt haben: Für Hegel besteht die Zukunft der Ehe in der Harmonie gegensätzlicher Interessen, für Marx in der Solidarität der Freiheit, für Horkheimer in einem Ausgleich zwischen «herzlicher Solidarität und persönlicher Befreiung» (27).

13 Freilich haben wir es in Israel mit einer theokratischen Gesellschaft zu tun, in welcher der religiöse und der weltliche Bereich nicht streng geschieden waren. Für den israelitischen Menschen wäre es undenkbar gewesen, etwas «ohne Gott» zu tun. Insofern, aber nur insofern, hatte auch die Ehe einen religiösen Charakter.

sondern eine rein private Angelegenheit zwischen zwei Familien, im Näheren zwischen dem Vater der Braut und dem Vater des Bräutigams (Gen 24,2ff.; 38,6), gelegentlich auch diesem selbst (Ex 22,15). Daß der junge Mann dabei den Willen seiner Eltern mißachtete, dürfte die Ausnahme gewesen sein (Gen 26,34f.). In der Regel wählt der Vater für seinen Sohn die Frau (wobei mildernd zu berücksichtigen ist, daß für unsere Begriffe ungewöhnlich jung geheiratet wurde[14]) und erwirbt diese für ihn durch Zahlung des Brautpreises *(mohar)* an deren Vater. Der Brautpreis betrug fünfzig Schekel (ca. 570 g) Silber (Dtn 22,29). Er konnte, wie im übrigen Alten Orient, auch durch Dienstleistung ersetzt werden. Das dürfte vor allem dort praktiziert worden sein, wo der Bewerber arm war. So diente Jakob seinem Schwiegervater Laban 14 Jahre um dessen beide Töchter Lea und Rahel (Gen 29,15–30). Saul verlangt von David für seine Tochter Michal die Vorhäute (d. h. den Tod) von hundert Philistern (s. S. 69f.).

Aus dem Brauch des Brautpreises abzuleiten, daß die Frau wie eine Ware behandelt wurde, würde hebräischem Denken nicht gerecht. Nirgendwo kommt im Alten Testament in diesem Zusammenhang das Wort «kaufen» vor. Es scheint sich beim Brautpreis vielmehr um eine Abgeltung der Rechte auf die Frau zu handeln, die vom Vater auf den zukünftigen Ehemann übergehen.[15] Zu bedenken ist ferner, daß der Brautpreis ganz oder großenteils wieder in der Mitgift aufging, mit der der Vater seine Tochter auszustatten hatte. Das schließt freilich nicht aus, daß im konkreten Fall der Brautpreis zur reinen Geschäftssache werden konnte. Keinesfalls bedurfte es für das Übereinkommen zwischen den beiden Vätern der Zustimmung der betroffenen Frau; nur gelegentlich hören wir davon, daß diese eingeholt wurde (Gen 24,58).

14 Genaue Angaben über das Heiratsalter sind aus der Bibel nicht zu gewinnen. Das spätere rabbinische Recht setzte als Mindestalter für die Mädchen das vollendete 12., für die jungen Männer das 13. Lebensjahr fest.

15 Vgl. R. de Vaux, Das Alte Testament und seine Lebensordnungen I, Freiburg i. Br. 1960, 56.

Die Übergabe des Brautpreises bedeutete praktisch die *Verlobung*. Mit ihr ging die Autorität über die junge Frau vom Vater auf ihren künftigen Mann über, dem sie fortan absolute Treue schuldete, auch wenn sie noch bei ihren Eltern lebte. Der junge Mann konnte aber auch sofort mit dem Mädchen die Ehe eingehen. Die Einhaltung eines zeitlichen Abstandes zwischen Verlobung und Heirat scheint in seinem freien Ermessen gelegen zu haben. Die *Ehe* kommt dadurch zustande, daß die Braut in das Haus des Mannes einzieht. Schriftliche Eheverträge sind im jüdischen Bereich seit dem 5. Jahrhundert v. Chr. belegt. In ihnen kommt freilich nur der Mann zu Wort, der erklärt: «Sie ist meine Frau, und ich bin ihr Mann von heute an für immer.»

Für Juden die höchste Pflicht

War im alten Israel die Fortpflanzung von Familie und Sippe das eigentliche Ziel der Ehe, so hat das Judentum diesen Zweck zu einer von Gott – freilich nur dem Mann – auferlegten Pflicht erhoben. Das Gebot «Wachset und mehret euch» (Gen 1,28) ist das erste und damit auch wichtigste, das Gott dem Menschen gibt, kaum daß er ihn erschaffen hat, ein Gebot, das jedoch nur in der Ehe erfüllt werden soll. Der Schulchan Aruch, der maßgebliche Gesetzeskodex des Judentums, formuliert: «Man ist verpflichtet, eine Frau zu nehmen, um fruchtbar zu werden und sich zu vermehren. Diese Pflicht beginnt für den Mann, sobald er in das 18. Jahr eintritt, jedenfalls überschreite er nicht das 20. Jahr ohne Frau.» Der Mensch erfährt aber auch nur in der Ehe die volle Verwirklichung seines Menschseins (Falk 313). «Der Mann ohne Frau lebt ohne Segen, ohne Thora, ohne das Gute, ohne Freude und ohne Frieden. ... Ein Mensch, der keine Frau hat, ist kein Mensch.»[16]

Auch die jüdische Ehe kann wie die altisraelitische an jedem pro-

16 Schulchan Aruch nach Jebamot 62b/63a, vgl. Levy 21.

fanen Ort und ohne Mitwirkung eines Priesters oder Rabbiners geschlossen werden. Der eigentliche Akt der Eheschließung besteht darin, daß der Bräutigam der Braut vor zwei Zeugen den Ring oder eine andere Kostbarkeit überreicht und dazu spricht: «Du bist mir damit geheiligt nach dem Gesetz von Mose und Israel»[17] und die Frau dies akzeptiert. Dieser Akt wird Kidduschin, «Weihung», genannt, aber wohlgemerkt: Gemeint ist nicht die Weihung der Ehegatten an Gott, sondern der Frau an den Mann.

Dennoch scheint die Ehe im Judentum stärker religiös geprägt gewesen zu sein als im alten Israel. Von dem berühmten Gesetzeslehrer Rabbi Akiba (gest. 135 n. Chr.) wird der Spruch überliefert: «Wenn Mann und Frau würdig sind, so weilt die Schechina (Gegenwart Gottes) zwischen ihnen.»[18] Vor allem die eheliche Hingabe wird von der Gegenwart Gottes begleitet. Als religiöses Gebot gilt deshalb der Beischlaf am Sabbat, er ist integrierender Bestandteil der Sabbatfeier. Während in der christlichen Tradition der Beischlaf den Gottesdienst entheiligte (Eheleute hatten sich vor dem Empfang der Eucharistie zu enthalten[19]), wird er im Judentum in den häuslichen Gottesdienst «eingeheiligt».

Von diesem Gebot her ist es verständlich, daß im Judentum die eheliche Hingabe von beiden Partnern als Anspruch und Pflicht betrachtet wird. Indes widmet der Talmud «der Wichtigkeit der Gefühlsseite viele Stellen. Diese sind zusammengefaßt in der Regel, welche besagt: ‹Ein Mann soll seine Frau mit einer Mizwa (wörtl.: Gebot) erfreuen› – das ist der Talmudausdruck für die ehelichen Beziehungen. Das bezieht sich auf seine Pflichten, die sexuellen Bedürfnisse seiner Frau zu erfüllen, auch wenn sie das Gesetz der Zeugung überschreiten. Sogar mit dem Einverständnis seiner Frau sollte er nicht längere Zeit wegbleiben, um sie nicht leiden zu lassen» (Levy 28).

17 Vgl. Tob 7,12: «Nimm sie hin nach dem Gesetz des Mose.»

18 Sota 17a, Levy 20.

19 Vgl. Pfürtner 48. In der fränkischen Kirche des frühen Mittelalters bestand die Vorschrift, daß die Neuvermählten, zumindest die Frauen, nach der Hochzeit dreißig Tage lang dem Gottesdienst fernbleiben mußten.

19. Ehe – was sie wurde

Für die Evangelien uninteressant

Die Aussagen des Neuen Testaments über die Wirklichkeit der Ehe sind äußerst dürftig.[1] Außer seinen Weisungen zu Ehebruch und Ehescheidung (s. S. 281 ff.) hat sich Jesus mit keinem Wort dazu geäußert, wie Ehe gelebt werden soll. Vielmehr kommt eine gewisse Distanz zur Ehe schon darin zum Ausdruck, daß offenbar nicht nur Jesus selbst unverheiratet war, sondern auch andere wichtige Träger der neutestamentlichen Verkündigung wie Johannes der Täufer und Paulus. Zwar ist anzunehmen, daß die Menschen, die mit dem Evangelium in Berührung kamen, in der Regel auch verheiratet waren, aber sie treten nicht als Verheiratete in Erscheinung. Die einzigen christlichen Ehepaare, die im Neuen Testament erwähnt werden, sind die wenig ruhmreichen Ananias und Saphira (Apg 5,1–11) sowie Aquila und Priszilla (Priska), bei denen Paulus in Korinth Unterkunft fand (Apg 18,2). Von ihrer Ehe erfahren wir nichts. Abgesehen von den genannten Ausnahmen (Röm 16,3; 1 Kor 16,19; 2 Tim 4,19) richten sich alle anderen in den Paulinischen Briefen ausgesprochenen Grüße an einzelne Männer und Frauen.[2]

Noch weniger wird uns im Neuen Testament eine lebendige und gelebte Familie vorgestellt. In den Evangelien werden zwar die Umstände der Geburt Johannes des Täufers erzählt (Lk 1), dann aber verbringt er sein Leben nicht in der Familie, sondern in der Wüste. Ein paar Streiflichter werfen die Evangelien auf die Familie Jesu. Wir

1 Auch im NT fehlt das Wort «Ehe». Das gut ein dutzendmal vorkommende Wort *gamos* bedeutet «Hochzeit» und steht nur Hebr 13,4 für «Ehe».

2 Um Ehepaare mag es sich auch handeln bei Andronikus und Junia (sic!, s. o. S. 78) und bei Philologus und Julia (Röm 16,7.15).

hören, daß die Eltern ihren Sohn gewissenhaft nach den Weisungen des Gesetzes erzogen haben, daß es dabei aber trotzdem zu Spannungen zwischen den Erwartungen der Eltern und dem Anspruch des Sohnes kam (vgl. bes. Lk 2,41–51; Mk 3,20f. 31–34). Von einem Familienleben ist indes keine Rede, wenn auch gelegentlich von Brüdern und Schwestern Jesu die Rede ist (Mk 3,31–35 par.; 6,3 par.) und mehr noch von Jüngerinnen und Jüngern. Zwar wird in der katholischen Kirche ein «Fest der heiligen Familie» gefeiert, die Vorbild sein soll für jede christliche Familie, doch das mutet um so sonderbarer an, als es gerade die katholische Kirche ist, die die Familie Jesu nicht als normale Familie anerkennt.

Jesus selbst blieb, soweit die Evangelien dies zu erkennen geben, ehelos. Damit setzte er sich über ein fundamentales, wenn auch nicht unbestrittenes[3] Gebot des Judentums hinweg (s. o. S. 237f.).[4] Sein öffentliches Leben verbringt er mit aus ihren Familien herausgerissenen Männern und Frauen (vgl. Lk 8,2f.) und stellt damit einen Gegensatz zwischen Familie und Nachfolge her. Daß sich unter den Jüngern und Jüngerinnen Jesu Ehepaare befunden hätten, ist nicht ersichtlich.

Zwar scheinen außer Johannes alle Jünger Jesu verheiratet gewesen zu sein, aber ihre Frauen und Kinder treten nie in Erscheinung. Eine gewisse Ausnahme ist einzig die Schwiegermutter des Petrus (Mk 1,29–31 par.). Wohl ist es ein Gemeinplatz der christlichen Verkündung, Jesus habe durch seine Teilnahme an einer Hochzeit und die dabei geleistete Weinspende die Ehe geehrt und geheiligt (Joh 2,1–11); indes gilt das Interesse dieser Erzählung nicht der Hochzeit, sondern der durch das Wunder Jesu offenbar werdenden

3 Eine Ausnahme machten die Essener. Sie lebten zwar nicht ausschließlich ehelos, jedoch hatte der Zölibat in ihren Reihen zumindest Priorität.

4 Ob dies der Hintergrund der von den Schriftgelehrten an Jesus gerichteten Frage ist, welches das *erste* Gebot im Gesetz sei (Mk 12,28)? Für Jesus ist das erste Gebot nicht die Ehe, sondern die Liebe. – Es wird vermutet, daß Jesus mit dem Wort von den «Eunuchen um des Himmelreiches willen» (Mt 19,12) vor allem seine eigene Lebensweise rechtfertigen will.

Epiphanie Gottes. Die Hochzeit ist nur Kulisse, und so hat denn der Evangelist auch kein Wort weder für das Brautpaar noch für die Wirkung, die das Weinwunder auf die Hochzeitsgäste machte. Ebenso ist in den Gleichnissen zur Wachsamkeit und Bereitschaft (Mt 22,1–14; 25,1–13) das Hochzeitsmahl nur Bildrahmen, aus dem keine Wertung der Ehe herausgelesen werden kann.

Die Ehe selbst scheint Jesus gar nicht interessiert zu haben, ja er äußert eher Vorbehalte gegen sie: Sie kann den Menschen davon abhalten, der Berufung zum Reiche Gottes zu folgen (Lk 14,20), und im Hinblick auf die bevorstehende Endzeit kann sie geradezu einer Leichfertigkeit gleichkommen (Lk 17,27, vgl. Mk 12,25 par.). Jahwe selbst war im Begriff, sich mit seinem Volk zu vermählen (Mt 25,1–12), da spielte die irdische Ehe keine Rolle mehr. Jedenfalls muß es wegen des Reiches Gottes Menschen geben, die freiwillig auf die Ehe verzichten (Mt 19,12.29; Lk 18,29).

Paulus: «Besser heiraten als brennen»

Konkret zum Thema Ehe wird *Paulus,* freilich in überwiegend negativem Sinn. Das läßt sich etwa auf die Kurzformel bringen: War für den Juden seiner Zeit die Ehe *geboten,* so ist sie für Paulus *erlaubt.* In seiner grundsätzlichen Äußerung 1 Kor 7,1–9 bezeichnet er die Ehe ausdrücklich als bloßes «Zugeständnis» (V. 6) für jene, denen die Gabe der Enthaltsamkeit nicht gegeben ist. Es ist kaum ersichtlich, wie Paulus diese Haltung mit seinem biblisch-jüdischen Herkommen vereinbaren kann. War es nach Gen 2,18 «nicht gut», «daß der Mensch allein sei», so ist es nun nach Paulus «für den Menschen gut, keine Frau zu berühren» (V. 1), und er wünscht deshalb, «daß alle Menschen so wären wie ich», nämlich ehelos (V. 7). Aber wegen der Prostitution *(porneia,* vgl. S. 129–134), das heißt: um ihr nicht zu verfallen, «soll jeder seine eigene Frau haben, und jede soll ihren eigenen Mann haben» (V. 2). Ist die Ehe von zwei Möglichkeiten auch die schlechtere, so bewahrt sie doch vor noch Schlimmerem: «Es ist besser zu heiraten als zu brennen» (V. 9). Der Erreichung dieses Zieles dient die «eheliche Pflicht»: «Der Mann leiste der Frau die Pflicht, und ebenso die Frau dem Mann» (V. 3). Wer schon das Übel der Ehe auf sich nimmt, muß auch dessen Konsequenz, die Preisgabe der Freiheit, auf sich nehmen: «Die Frau verfügt nicht (mehr) über ihren eigenen Leib, sondern der Mann. Ebenso verfügt der Mann nicht (mehr) über seinen eigenen Leib, sondern die Frau» (V. 4). Und weil trotz allem immer noch die Gefahr der Prostitution droht, ist diese Pflicht unabdingbar. Die Eheleute dürfen sich davon in gegenseitigem Einvernehmen nur «auf Zeit» dispensieren, und zwar um sich dem Gebet zu widmen. Würde die Enthaltsamkeit länger dauern, bestünde die Gefahr, daß «der Satan» sie in ihr Gegenteil verkehrte (V. 5).

Das Wort Liebe kommt in diesem Paulinischen Traktat über die Ehe – dem einzigen im Neuen Testament! – nicht vor. Die Ehe ist für Paulus ein reines Rechtsinstitut, in dem die Liebe keine Rolle spielt.[5] Der Verfasser des neutestamentlichen «Hohenliedes der Liebe», das im gleichen Brief steht (Kap. 13), scheint von der Liebe zwischen Mann und Frau keine Ahnung gehabt zu haben. Und man merkt es diesen Texten an, daß sie deshalb so einseitig und unbefriedigend sind, weil der Autor nicht selbst die Erfahrung gemacht hat, daß Sexualität Ausdruck höchster Liebe sein kann.

Ähnlich wie den Männern empfiehlt Paulus auch den Jungfrauen und den Witwen, so zu bleiben, wie sie sind (1 Kor 7,25–40). Heiraten sie jedoch, so tun sie nichts Unrechtes. «Wer seine Jungfrau[6] verheiratet, tut gut, wer sie nicht verheiratet, tut besser» (V. 38).

5 Das Kirchenrecht ist Paulus hierin treu gefolgt. In dem von 1917 bis 1983 gültigen Rechtsbuch der lateinischen Kirche (CIC) kam in den 131 Artikeln (Canones), die von der Ehe handeln, das Wort Liebe nie vor. In dem seit Ende 1983 geltenden Codex findet es sich immerhin zweimal: Es wird eine liturgische Form der Eheschließung gefordert, «durch die zum Ausdruck kommen soll, daß die Ehegatten das Geheimnis der Einheit und der fruchtbaren Liebe zwischen Christus und der Kirche darstellen und daran teilnehmen» (Can. 1063, 3°), und es wird damit gerechnet, daß ein Ehegatte dem anderen aus «christlicher Liebe» (caritate christiana motus) seinen Ehebruch verzeiht (Can. 1152 § 1). Mit der ehelichen Liebe hat das allerdings wenig zu tun.

6 Angeredet ist wohl der Vater einer jungfräulichen Tochter.

Diese pessimistische Einstellung kann freilich aus der Erwartung des Apostels vom nahen Weltende nicht herausgelöst werden: «Die Zeit ist kurz, ... die Gestalt dieser Welt vergeht» (V. 29.31). Deshalb ist jetzt schon Verzicht auf die Welt geboten und sollen sogar «jene, die Frauen haben, so sein, als hätten sie keine» (V. 30), sie sollen in innerer Distanz zu dieser Welt leben und sich stets ihrer Kurzfristigkeit und Vergänglichkeit bewußt sein. Dies dürfte auch erklären, warum das Kind, das im Judentum erster Ehezweck war und auch in der Kirche zum ersten Ehezweck aufrücken wird, bei Paulus nicht in den Blick kommt.

Darüber hinaus findet sich die einzige direkt Paulinische Äußerung zur Ehe in 1 Thess 4,4f. Es ist jene die Frau diskriminierende Mahnung, jeder (Mann) solle «sich sein Gefäß erwerben in Heiligung und in Ehren, nicht in Leidenschaft der Begierde wie die Heiden, die Gott nicht kennen». Paulus betrachtet also die Begierde *(epithymia),* wie später Augustinus die concupiscentia, als etwas Heidnisches und deshalb Verwerfliches.

Ehe als Gleichnis

Zum erstenmal fällt im Zusammenhang mit der Ehe das Wort Liebe im indirekt Paulinischen Kolosserbrief. Dieser enthält eine sogenannte «Haustafel» (3,18–4,1), worunter die Fachsprache eine Art Katechismus für das christliche Verhalten in der Welt versteht, dessen Form die junge Kirche von der hellenistischen Philosophie und von dem griechisch sprechenden Judentum übernahm. Die ersten Anweisungen dieser Haustafel richten sich an die Frauen, die Männer und die Kinder. Sie fordern in nüchterner Kürze: «Ihr Frauen, seid den Männern untertan, wie es sich schickt im Herrn! Ihr Männer, liebt eure Frauen und seid nicht bitter gegen sie! Ihr Kinder, gehorcht den Eltern in allem! Denn das ist wohlgefällig im Herrn» (3,18–20).

Ausführlicher wird der wenig jüngere Epheserbrief, der sich im Gedankengut stark an den Kolosserbrief anlehnt. Das Hauptaugenmerk des Verfassers gilt der Stellung Christi in Kosmos und Kirche. Der erhöhte Christus thront im Himmel, wo er zur Rechten Gottes sitzt und wo ihm alle Chöre überweltlicher Kräfte, Mächte und Gewalten unterworfen sind (1,20–22). Deshalb spielen die himmlischen Sphären in dem Brief eine zentrale Rolle. Vom Himmel aus wird das Heilsgeschehen auf der Erde geplant und durchgeführt (1,3–6; 3,8–11), ja es ist sogar schon im Himmel vorhergebildet. Der himmlische Christus ist der Prototyp des neuen Menschen auf Erden (4,24), sein individueller Leib weitet sich aus im Leib der Kirche (4,10–16). Selbst die irdische Autorität ist nichts anderes als eine Abschattung der himmlischen Autorität Gottes (3,15). So ist es nicht verwunderlich, daß auch die Ehe von Mann und Frau – erstmals wird hier (5,22–33) im Neuen Testament ihr Sinn thematisiert – als Abbild der himmlischen Ehe zwischen Christus und der Kirche verstanden wird[7], wobei der Verfasser an das prophetische Bild der Ehe zwischen Jahwe und Israel anknüpft (s. o.). Dabei hat sich freilich das Bild in bemerkenswerter Weise verschoben. War bei den Propheten der Bund Jahwes mit Israel ein Abbild des Ehebundes zwischen Mann und Frau, so ist nun umgekehrt die menschliche Ehe ein Abbild des Ehebundes zwischen Christus und der Kirche.

Um das Wesen der Ehe zu definieren, greift der Verfasser, wie dies auch Jesus tat, auf Gen 2,24 zurück: «Deshalb wird der Mensch Vater und Mutter verlassen und sich an seine Frau binden, und die beiden werden *ein* Leib sein» (V. 31). Was jedoch mit dieser Aussage gemeint ist, könne erst im Licht des Christusgeschehens verstanden werden: Die damit angesprochene Ehe ist ein großes (d. h. wichtiges) «Mysterium» im Hinblick auf Christus und die Kirche. «Mysterium», in der lateinischen Bibel mit *sacramentum* übersetzt, hat hier nicht den Sinn von Geheimnis, sondern nähert sich dem von Paulus gebrauchten Begriff *typos* (Vorherbild). In kühner theologischer Kombination erklärt also der Verfasser, Gott habe die Ehe von Anfang an nicht um ihrer selbst willen gewollt, sondern um der Kirche willen. Die Kirche

7 E. Käsemann, RGG³ II, 518.

war es, die Gott mit der Ehe im Sinn hatte, ihrer Vorbereitung sollte die Ehe dienen.[8]

Aus diesem Verhältnis, das zwischen Christus und der Kirche aufgestellt wird, werden Folgerungen für das Verhalten der Eheleute abgeleitet. Den Frauen geziemt Unterordnung unter den Mann, weil er ihr Haupt ist. Zur Begründung dieser Forderung muß der Verfasser nun freilich das Bild vom himmlischen Ehebund in das Bild vom menschlichen Körper abwandeln: Christus ist nicht nur der Ehemann der Kirche, sondern auch ihr Haupt und diese sein Leib, der sich dem Haupt unterordnet (V. 22–24).

Mit Recht nennt Helga Kühlmann das eine «hierarchisch bestimmte Symbolik der Geschlechterdifferenz»[9]. Theologische Maßstäbe aber müssen für Mann und Frau gleichermaßen gelten und dürfen nicht der Menschenwürde widersprechen. Daß es – zum Glück – auch dafür Belege gibt, zeigen Stellen wie Eph 5,1; Röm 13,8, Phil 2,1–4; Gal 6,1. Für die Männer ergibt sich daraus: «Darum sind die Männer verpflichtet, ihre Frauen so zu lieben wie ihren eigenen Leib» (V. 28).

Wie diese Liebe praktisch aussehen kann, deutet der Verfasser freundlich an, wenn er – nun wieder im Bild des Ehebundes – betont, Christus wolle seine Kirche schön und ohne Runzeln, was konsequenterweise wohl auch bedeuten muß, daß es vom Mann abhängt, ob die Frau schön und ohne Runzeln bleibt.

Die letzte Äußerung zum Thema finden wir, jetzt außerhalb des Corpus Paulinum, im 1. Petrusbrief (3,1–7). Wiederum haben wir es mit einer «Haustafel» zu tun. Die Männer werden ermahnt, mit ihrer Frau als dem «schwächeren Gefäß» – das Wort klingt hier weniger hart als in Thess 4,4 (s. o.) – «in Einsicht» zusammenzuleben und ihm Ehre zu erweisen, «damit euren Gebeten nichts im Wege steht»,

8 Vgl. P. Benoit, DBS VII, 203; H. Schlier, Der Brief an die Epheser, Düsseldorf [7]1971, 262.

9 H. Kühlmann, Theologisch und zukunftsfähig von Ehe und Familie denken, in: C. Gestrich (Hg.), Geschlechterverhältnis und Sexualität, Beiheft 1997 zur BThZ 14, 1997, 75–93, hier 82.

womit das gemeinsame Gebet der Ehegatten zu einem bestimmenden Gut der Ehe erhoben wird. Die Unterwerfung der Frau unter den Mann wird umgekehrt damit begründet, daß diese seine Bekehrung bewirken kann (offenbar ist an eine Mischehe einer Christin mit einem Heiden gedacht): «...damit auch die, die dem Wort nicht glauben, durch den Wandel der Frauen ohne ein Wort gewonnen werden» (V. 1). Erlangt anderswo im Neuen Testament die Frau ihr Heil im Kindergebären (1 Tim 2,15: «sie wird gerettet durch das Kindergebären»), so bewirkt sie hier das Heil ihres Mannes durch ihre Liebenswürdigkeit.[10] Bis heute soll ja die Frau diesen zähmenden, kultivierenden Einfluß auf den Mann ausüben.

Das Feilschen um den Zweck der Ehe

Enthalten die neutestamentlichen Schriften somit mancherlei Aussagen über Wesen der Ehe und Verhalten in der Ehe, so schweigen sie sich über den Zweck der Ehe völlig aus.[11] Eine um so größere Beachtung hat die Zweckfrage seit Augustinus in der Kirche gefunden.[12] Für Augustinus ist die Fortpflanzung des Menschengeschlechts der einzige *Zweck* der Ehe, der dann sogar die in sich sündhafte Lust entschuldigt (vgl. S. 57f.), während er die *Güter* der Ehe in die triadische Formel faßt: *proles, fides, sacramentum* (Nachkommenschaft, Treue, «Sakrament»). Er findet diese drei Güter verwirklicht in der Ehe Marias mit Josef: «Die Nachkommenschaft erkennen wir im Herrn Jesus selbst; die Treue, weil kein Ehebruch; das Sakrament, weil keine Scheidung.[13] Bedeutet *fides* also für Augustinus die eheliche Treue, die aber auch die Lebensgemeinschaft einschließt, so steht *sacramen-*

10 Näherhin als Milde, Ruhe und Unerschrockenheit umschrieben (V. 4.6).

11 Wenn wir vom paulinischen Schutzmittel gegen die Prostitution absehen.

12 Proles und fides, mehrmals auch in umgekehrter Reihenfolge; Übersicht bei Schmitt 232f.

13 «Prolem cognoscimus ipsum Dominum Jesum; fidem, quia nullum adulterium; sacramentum, quia nullum divortium» (De nupt. et concup. n. 13; PL 44, 421).

tum für das unauflösliche und zugleich monogame Eheband. Anderswo spricht Augustinus von «coniunctionis inseparabilis sacramentum» (dem «geheimnisvollen Zeichen der untrennbaren Vereinigung»).[14] Gibt es die ersten beiden Güter in jeder, auch in einer heidnischen Ehe, so ist das dritte, *sacramentum,* der christlichen Ehe vorbehalten. Das *sacramentum* des Augustinus hat somit nichts zu tun mit dem Begriff des Sakraments, wie er sich seit dem 12. Jahrhundert herausgebildet hat.

Diese Formel des Augustinus hat die Ehetheologie der lateinischen Kirche bis zur Enzyklika «Casti connubii» Pius' XI. (1930) beherrscht. Dabei wurde jedoch übersehen, daß Augustinus die Güter der Ehe in aufsteigender Wertung aufzählt. «Sacramentum» ist für ihn nicht das letzte, sondern das erste Gut der christlichen Ehe, das, was sie gerade zur *christlichen* Ehe macht, während die katholische Tradition das erstgenannte, die Nachkommenschaft, an die erste Stelle gerückt hat. Unter ausdrücklicher Berufung auf die «Proles-fides-sacramentum-Lehre» des Augustinus erklärt «Casti connubii»: «Die erste Stelle unter den Gütern der Ehe nimmt also das Kind ein» (DS 3704).

Wiederum war es Thomas von Aquin, der schließlich die Lehre von den Zwecken der Ehe fest begründete. Fortan wird unterschieden zwischen den *Gütern* der Ehe – es sind die auch von Thomas übernommenen Augustinischen *proles, fides, sacramentum* (Suppl. qu. 49, art. 2) – und den *Zwecken* der Ehe.[15] Unter diesen ragt als Hauptzweck (finis primarius) die Erzeugung und Erziehung von Kindern (procreatio et educatio prolis) heraus, während als Nebenzwecke (fines secundarii) die gegenseitige Hilfeleistung (mutuum adiutorium)

14 Ebd. n. 23, col. 427. Näherhin definiert Augustinus das *sacramentum:* «Huius procul dubio sacramenti res est, ut mas et femina connubio copulati quamdiu vivunt inseparabiliter perseverent» (ebd. n. 11, col. 420). Die *sanctitas sacramenti* besteht darin, daß es «nefas est etiam repudio discedentem alteri nubere, dum vir ejus vivit» (De bono conjug. n. 32; PL 40, 394). Zur «incroyable diversité de sens» von *sacramentum* bei Augustinus s. Schmitt 215–233 (Zitat 215).

15 Zu der nicht immer klaren Unterscheidung zwischen Zwecken und Gütern der Ehe bei und nach Augustinus s. Krempel, bes. 51 f.

und das Heilmittel gegen die Begierde (remedium concupiscentiae) genannt werden.[16]

Trotz gewissen, seit Alphons von Liguori (1696–1787) sich anbahnenden Modifizierungen konnte sich diese Sicht der Ehezwecke bis Ende der zwanziger Jahre dieses Jahrhunderts unangefochten halten. Von da an meldeten sich mehrere Stimmen zu Wort, die in der liebenden Vereinigung der Ehegatten den ersten Zweck der Ehe sehen wollten. Das größte Aufsehen erregten die Arbeiten von Doms.[17] Er unterscheidet zwischen «Sinn» und «Zweck» der Ehe. «Ehe ‹ist› zunächst etwas tief Sinnhaftes in sich selbst, bevor sie ‹zu etwas› ist, was sie nicht selbst ist» (94). «Treten ... Mann und Weib zur Sexualgemeinschaft in der Ehe zusammen, so ist ihr Blick gegenseitig aufeinander gerichtet, nicht auf einen Dritten, den Nachkommen» (24). Doms geriet mit dem kirchlichen Lehramt in Konflikt, ebenso der in die gleiche Richtung stoßende, mit Thomas von Aquin argumentierende B. Krempel.[18]

Eine entscheidende Wende brachte erst das 2. Vatikanische Konzil. In der Pastoralkonstitution «Gaudium et spes» widmet es zunächst einen Artikel (49) der ehelichen Liebe, die «das Wohl der ganzen Person umgreift» und die durch den Vollzug der Ehe «in besonderer Weise ausgedrückt und verwirklicht» wird. Damit wird erstmals, unter Ausklammerung der Zweckfrage, der eheliche Akt in seinem eigenen Wert und als singulärer Ausdruck der Liebe gewürdigt. Erst im nächsten Artikel (50) kommt die Konstitution auf die Fruchtbarkeit der Ehe zu sprechen. Diese veränderte Sicht hat sich auch im neuen Kirchenrecht niedergeschlagen, in dem die Ehe als Lebensgemeinschaft definiert wird, die auf das *Wohl der Ehegatten* (dieses wird zuerst genannt) und auf die Zeugung und die Erziehung der Nachkommenschaft hingeordnet ist (Can. 1055 § 1). Damit hat

16 So der von 1917 bis 1983 gültige Kodex des Kirchenrechts (CIC): «Matrimonii finis primarius est procreatio atque educatio prolis; secundarius mutuum adiutorium et remedium concupiscentiae» (Can. 1013 § 1).

17 Vom Sinn und Zweck der Ehe, 1935.

18 Die Zweckfrage der Ehe in neuer Beleuchtung, 1941.

ein leidvoller Irrweg, der die katholische Kirche über Jahrhunderte hinweg belastete, ein Ende gefunden, hoffentlich für immer.

In einigen neueren Katechismen wird nicht mehr dogmatisch nach den Ehezwecken gefragt, sondern pragmatisch nach dem Bild einer gelebten Ehe. So ist nach dem Evangelischen Erwachsenenkatechismus (Hannover [3]1976) die Ehe «ein durch Gottes Willen vorgegebener *Lebensraum*, in den Mann und Frau eintreten; eine Lebensform, die dem gemeinsamen Leben und der Liebe Halt und Gestalt gibt, die aber auch in lebendiger Übernahme immer wieder neu gewonnen werden muß». Zur Ehe gehören «Liebe, Sexualität, der Wunsch nach Kindern, Treue, Gegenseitigkeit, gemeinsame Aufgaben, Beziehungen zu anderen Menschen und Einrichtungen, Beziehungen zur Kirche». «*Sexualität* ist in der Ehe um so beglückender, je weniger auch die anderen Strukturelemente vernachlässigt werden ... Nicht jede Begegnung wird von personaler Hingabe erfüllt sein. Wo ein grundlegendes Einverständnis beider Partner da ist, da wird Sexualität nicht verkrampft, sondern ein freies Spiel sein» (575–577).

Auch die «Glaubensverkündigung für Erwachsene. Deutsche Ausgabe des Holländischen Katechismus» von 1968 geht nicht mehr auf die Ehezwecke ein. Sie betont die geschichtliche Entwicklung der Ehe. Sie ist «die Geschichte eines langsamen Fortschreitens: In wachsendem Maße wird die Ehe zu der Verbindung *eines* Mannes mit *einer* Frau. Damit hängt dann zusammen, daß die Hingabe immer stärker zu einem persönlichen Ausdruck der Liebe wird und daß die Ehepartner immer mehr gleichrangig werden. Parallel dazu zeichnet sich eine Entwicklung ab, die gerade in unserer Zeit deutlich zu erkennen ist: Die Familie löst sich aus der festen Verflechtung mit Stamm oder Verwandtschaft. Zu *zweit* geht man durchs Leben; dieses Abenteuer hat seine eigene Innigkeit und Tiefe. Eine Entwicklung, die ebenfalls in unserer Zeit besonders deutlich wird, ist, daß man die Kinderzahl nicht mehr den blinden Kräften der menschlichen Fruchtbarkeit überläßt, sondern sie bewußt selbst lenkt» (435).

Schwerer tut sich der im Auftrag der Deutschen Bischofskonferenz herausgegebene Katholische Erwachsenenkatechismus (1985). Er nennt als Wesenseigenschaften der Ehe die Einheit in einer personalen Gemeinschaft, die Fruchtbarkeit und die unauflösliche Treue (392–394). Zwar wird die Beziehung zwischen den Eheleuten zuerst genannt, aber Fortpflanzung und Unauflöslichkeit werden eigens betont.

Wenn auch der Katechismus der Katholischen Kirche (1993) im Sinne des 2. Vatikanums formuliert: «Durch die Vereinigung der Gatten verwirklicht sich der doppelte Zweck der Ehe: das Wohl der Gatten und die Weitergabe des Lebens. ... Die eheliche Liebe zwischen Mann und Frau steht somit unter der doppelten Forderung der Treue und der Fruchtbarkeit» (597), so muß man es doch als bemerkenswert empfinden, daß er wieder auf den «doppelten Zweck der Ehe» zurückgreift. Er fällt damit hinter die übrigen Katechismen zurück.

20. «Du sollst nicht die Ehe brechen»

Ein Kavaliersdelikt?

In der gesamten Theologiegeschichte wurde der Ehebruch als schweres Vergehen verurteilt. Heute ist er zum Kavaliersdelikt geworden. Er fällt weder gesellschaftlich noch moralisch auf. Weder der Staat noch die Kirche haben hier noch einen entscheidenden Einfluß.

Seit 1969 ist der Tatbestand Ehebruch aus dem deutschen Strafgesetzbuch gestrichen (eine kaum mehr angewandte Strafklausel kennt noch das schweizerische Strafgesetzbuch Art. 214). Allerdings berechtigt Ehebruch zur Scheidung. Aber das ist auch die einzige Konsequenz, die er noch haben kann. Der Ehebruch, den der Jurist feststellt, ist ja nur der Endpunkt einer vorangegangenen Entfremdung. Was sich wirklich zwischen den Ehepartnern zugetragen hat, darüber kann man von außen nicht urteilen.

Andererseits hat der Ehebruch auch moralisch einen anderen Stellenwert. Zum einen ist nicht jeder Seitensprung ein Ehebruch. Sonst hätten heute nicht mehr als die Hälfte aller verheirateten Männer und mehr als ein Viertel aller verheirateten Frauen außereheliche Beziehungen. Offenbar hat das für die Ehen, in denen diese Menschen leben, keinerlei Bedeutung. Wenn etwa jemand monatelang unterwegs ist und dabei gelegentlich ins Bordell geht, so hat das mit einer inneren Bindung an die Prostituierte oder gar einem Zerbrechen der Ehe nichts zu tun. Er sucht kein neues Verhältnis zu einer anderen Frau, und er hat auch keine Distanz zu seiner Frau, er ist sich deshalb keinerlei Schuld gegenüber der ehelichen Frau bewußt.

Denn Ehebruch hängt nicht nur vom vollzogenen Geschlechtsverkehr ab. Auch wenn im sexuellen Bereich nichts vorgekommen ist, kann die Ehe zerbrochen sein. Ein Bruch geschieht nämlich dann, wenn einer der Partner sich innerlich vom anderen abwendet, wenn er seinen inneren menschlichen Standort verlagert. Nicht selten können nebeneheliche Beziehungen sogar die Ehe stabilisieren.

Das scheint schon bei den Eheleuten in Schunem der Fall gewesen zu sein (2 Kön 4,8–37, s. o. S. 66f.). Die Ehe der reichen Leute war spannungslos und langweilig geworden. Es fehlte an Abwechslung und Anregung. Da war eine Außenbeziehung von einem der Partner abzusehen. Die Frau freundet sich mit dem Propheten Elischa an. Zwar erfahren wir nichts über einen sexuellen Kontakt. Daß aber die Beziehung stark erotisch ist, läßt sich aus ihrem Verhalten schließen. Beide verstehen und ergänzen sich gut. Die Frau sorgt für Elischas leibliches Wohl, verwöhnt ihn und schenkt ihm Geborgenheit, er ist für sie der Interessante und Vielgereiste, durch den sie am Leben der weiten Welt teilnimmt, und er regt sie geistig und spirituell an. Der Mann der Schunemiterin duldet diese Beziehung, aus welchen Gründen auch immer. Und damit gibt er der Frau die Chance, sich zu entfalten und weiterzuentwickeln. In einem solchen Prozeß muß der Mann nicht unbedingt der Verlierer sein. Es konnte eine belebende Wirkung auf die Ehe von dieser Beziehung ausgegangen sein. Eine Katastrophe muß eine Dreiecksgeschichte nicht unbedingt sein.[1]

Israel steht nicht allein

Natürlich ist diese Profanierung des Ehebruchs eine extrem andere Sicht, als wir sie von der Kultur der Bibel her gewohnt sind. Die semitischen Völker waren und sind bis heute hinsichtlich ehelicher Treue hypersensibel, freilich – dies muß von vornherein festgehalten werden – nur was das Verhalten der *Frau* angeht. Denn die Frau gilt als Besitz des Mannes[2], dieser wird im alten Israel ihr *ba^cal*, ihr «Herr»

1 Siehe dazu K. Elliger, Paare in der Bibel, München 1996, 147–162.
2 Anders W. Groß, a. a. O. 83.

genannt. Wer sich an «seiner» Frau vergreift, vergreift sich an seinem eifersüchtig bewachten und gehüteten Eigentum. Im Grund ist die israelitische Frau nie in ihrem Leben ein freier Mensch. Vor der Ehe gehört sie ihrem Vater, in der Ehe ihrem Mann.

Aus dieser Vorstellung ergeben sich zwei wichtige Konsequenzen:

1. Zur ehelichen Treue ist nur die Frau verpflichtet. Der verheiratete Mann kann nicht nur mehrere Frauen gleichzeitig haben, er kann auch mit seinen Mägden oder mit Frauen außerhalb seines Hauses verkehren (s. o. S. 227–229). Verboten sind ihm nur verheiratete Frauen, weil er sich damit den Besitz eines anderen Mannes aneignet.

2. Daraus ergibt sich, daß von ehelicher *Treue* in dieser Vorstellungswelt nur sehr bedingt die Rede sein kann. Die Ausschließlichkeit, die die Frau dem Mann schuldet, gründet nicht in der sittlichen Haltung persönlicher Bindung, sondern in einem Besitzverhältnis, das keinen fremden Zugriff zuläßt. Ob die Frau ihren Mann liebt oder nicht, ist für ihre Ehe bedeutungslos.

Israel steht mit dieser Denkweise nicht allein, vielmehr in grundsätzlicher Übereinstimmung mit den Völkern des Alten Orients und der alten Welt überhaupt. So lauten bei diesen die Sanktionen für den Ehebruch ähnlich wie in Israel (s. u.).[3] Nach dem *altbabylonischen* Gesetz des Hammurapi (ca. 1700 v. Chr.) sollen die beiden in flagranti ertappten Sünder den Tod durch Ertränken finden. Dem Ehemann ist es jedoch unbenommen, seiner Frau zu verzeihen; in diesem Fall wird sie auch vom König begnadigt (§ 129). Die Strafe des Ertränkens soll auch eine Frau treffen, die sich ihrem Mann verweigert, weil daraus auf eheliche Untreue geschlossen wird (§ 143).

Ist der Strafvollzug in Babylonien Sache der öffentlichen Gewalt, so ist er in den *mittelassyrischen* Gesetzen (um 1300 v. Chr.) weitgehend dem Ermessen des betrogenen Ehemanns überlassen. Ehebruch wird dort somit nicht als eine öffentliche, sondern als eine private Angelegenheit behandelt.

3 Vgl. W. Kornfeld, L'adultère dans L'Orient antique, in: RB 57, 1950, 91–109.

Auch bei den indogermanischen *Hethitern* stand nur der Ehebruch der Frau unter Strafe. Bei der Behandlung des Deliktes stellen wir jedoch eine Entwicklung von der privatrechtlichen zur öffentlich-rechtlichen Sphäre fest. Nach dem älteren Recht konnte der Ehemann die Frau und ihren Geliebten in eigener Vollmacht töten, freilich nur, wenn die Tat «im Haus» begangen worden war. Hatte sie sich «im Gebirge» ereignet, so wurde Vergewaltigung präsumiert (vgl. Dtn 22,23ff., s. o. S. 213–215). Nach späterem Recht hatte der Mann die beiden Schuldigen zur öffentlichen Gerichtsstätte zu bringen und dort entweder ihren Tod zu verlangen oder ihre Begnadigung zu beantragen.[4]

Selbst bei den alten *Ägyptern,* bei denen die Frau sich einer viel größeren Freiheit erfreute als im übrigen Alten Orient, wird Ehebruch, soweit die Quellen das erkennen lassen, nur bei der Frau festgestellt.[5] Das Vergehen wurde gerichtlich verfolgt. Indes scheinen die Strafen milder gewesen zu sein als anderswo. «Lastet einer Frau der Ehebruch an, so kann der Mann sie ohne güterrechtliche Auseinandersetzung verstoßen.»[6]

Zwar genoß auch bei den *Griechen* der verheiratete Mann einen viel größeren sexuellen Freiraum als seine Frau. Dennoch bestand in alter Zeit ein Tötungsrecht des betrogenen Mannes nur gegenüber dem Geliebten seiner Frau, nicht ihr selbst gegenüber, und es durfte nur in Gegenwart mehrerer Zeugen ausgeübt werden.[7] Mehr und mehr bürgerten sich jedoch andere Strafen ein (öffentliche Anprangerung, Geldbuße), wie auch außereheliche Beziehungen des Mannes nicht immer als selbstverständlich hingenommen wurden.

In *Rom* lag in der vorkaiserlichen Zeit die Initiative gegen die Ehebrecherin und ihren Liebhaber weitgehend in der Hand des Mannes und der Familie der Frau, ging aber mit Augustus auf den Staat über. Die Lex Julia de adulteriis (18 v. Chr.) verbietet grund-

4 Reallexikon der Assyriologie II, 301f.

5 Sch. Allam, Lexikon der Ägyptologie I, 1174f.

6 Allam ebd.

7 G. Delling, RAC IV, 669–672.

sätzlich (es gibt Ausnahmen) die Tötung des Ertappten durch den Ehemann, fordert aber, daß dieser sich von der Ehebrecherin scheide. Verschärfungen treten durch christlichen Einfluß 326 unter Konstantin und 543 und 556 unter Justinian ein.[8]

Strenges Gesetz

Die Strenge, die das Alte Testament gegenüber der Ehebrecherin an den Tag legt, steht somit in der antiken Welt nicht singulär da, zumal die Praxis erheblich milder gewesen zu sein scheint als die Theorie (s. u.). Eine Besonderheit ist freilich im Denken Israels unübersehbar. Denn obwohl auch andere altorientalische Völker ihre Gesetze auf den Willen der Gottheit zurückführten, wurde doch nirgendwo der Ehebruch so eindeutig als eine Sünde gegen Gott angesehen wie in Israel. Elementar ist das Verbot «Du sollst nicht die Ehe brechen» (Ex 20,14; Dtn 5,18). Es steht in den «Zehn Geboten», dem Dekalog, in dem das alte Israel die Grundregeln zusammengefaßt hat, die es für unerläßlich erachtete, damit menschliches Leben glücken kann. Und zwar steht das Gebot dort an bevorzugter Stelle, es bildet, zusammen mit dem Verbot des Tötens, den Anfang der zweiten Reihe von Geboten, die die zwischenmenschlichen Beziehungen regeln. Beiden Vergehen wurde demnach eine für die menschliche Gemeinschaft ähnlich destruktive Bedeutung zugesprochen. Die beiden Gebote scheinen im damaligen Judentum austauschbar gewesen zu sein. Mehrere alte Textzeugen stellen das Verbot des Ehebruchs an die Spitze der zweiten Reihe, und es ist sicher kein Zufall, daß wir an den sechs Stellen, an denen im Neuen Testament der Dekalog angeführt wird, dreimal die Reihenfolge Mord – Ehebruch (Mt 5,21.27; 19,18; Mk 10,19), dreimal die Reihenfolge Ehebruch – Mord (Lk 18,20; Röm 13,9; Jak 2,11) finden.

Aber da ist noch ein grammatikalischer Punkt zu beachten: Ob-

8 G. Delling, ebd. 672–675.

wohl, wie wir gesehen haben, nach israelitischem Verständnis nur die Frau und nicht der Mann die eigene Ehe brechen konnte, scheint durch die Formulierung des Verbots die Verantwortung doch vor allem dem Mann aufgebürdet zu werden. Die hebräische Sprache kennt nämlich zwei verschiedene Imperativformen, je nachdem, ob ein Befehl sich an einen Mann oder an eine Frau richtet. Das Dekalogverbot des Ehebruchs richtet sich an den Mann. Ob wir darin bereits ein fortgeschrittenes sittliches Empfinden erkennen dürften?[9]

Weil der Dekalog den Fortbestand des Volkes zum Ziel hatte, stand auf der Übertretung eines jeden der Zehn Gebote die Todesstrafe, also auch auf Ehebruch. Der Missetäter wird dabei wie ein Krebsgeschwür behandelt, das entfernt werden muß, um das Leben des Volkskörpers zu retten. Das meint die öfters wiederkehrende Formel: «So sollst du das Böse aus deiner Mitte (oder aus Israel) ausrotten» (Dtn 13,5 u. ö.; 17,12 u. ö.). So im Gesetz über den Ehebruch: «Wenn ein Mann dabei ertappt wird, daß er bei einer verheirateten Frau liegt, so sollen alle beide sterben: der Mann, der bei der Frau gelegen hat, und die Frau. So sollst du das Böse aus Israel ausrotten» (Dtn 22,22).[10]

Da aber im alten Israel die Ehe schon mit der Verlobung begann (s. o.), wurde der Umgang mit einer Verlobten mit der gleichen Sanktion bedroht: «Wenn ein jungfräuliches Mädchen einem Mann verlobt ist, und es trifft sie ein Mann in der Stadt und legt sich zu ihr, so sollt ihr die beiden zum Tor jener Stadt hinausführen und sie zu Tode steinigen, das Mädchen, weil es in der Stadt nicht (um Hilfe) ge-

9 Wurde der Dekalog früher für das älteste Gesetz Israels gehalten, so neigt die neuere Forschung dazu, darin eine relativ späte «Kurzformel» des gesamten überlieferten Gesetzesmaterials zu sehen.

10 Die Art der Todesstrafe wird hier nicht genannt. Späteres rabbinisches Recht verstand darunter Erdrosselung, handelte es sich um eine Priestertocher, Verbrennung (vgl. Epstein 1948, 201–212; StB II, 519–521). Ohne Kasuistik und ohne Spezifizierung der Todesart wird das Gesetz über den Ehebruch in Lev 20,10 wiederholt: «Wer die Ehe bricht mit der Frau seines Nächsten, der soll des Todes sterben, der Ehebrecher und die Ehebrecherin.»

schrien hat, und den Mann, weil er die Frau seines Nächsten erniedrigt hat. So sollst du das Böse ausrotten aus deiner Mitte» (Dtn 22,23f.).

Das Verhalten des Mädchens, das nicht um Hilfe schrie, wird als Einwilligung interpretiert. Ereignet sich jedoch dasselbe auf freiem Feld, wird auf Vergewaltigung geschlossen, weil der Hilferuf des Mädchens nicht gehört werden konnte (s. S. 213). Deshalb soll in diesem Fall die Strafe nur den Mann treffen (Dtn 22,25–27), ein Rechtsdenken, dem wir bereits in den hethitischen Gesetzen begegnet sind (s. o.).

Humanes Verfahren

Freilich finden wir in der ganzen Bibel keinen Beleg dafür, daß die Todesstrafe der Steinigung je vollzogen worden wäre.[11] Dasselbe gilt auch vom sogenannten Eifersuchtsopfer, einem in Num 5,11–31 beschriebenen und für die Frau in höchstem Maß demütigenden Ritual (s. o. S. 72). Ein solches Verfahren, wie es auch bei anderen Völkern üblich war, wurde durchgeführt, wenn sich Schuld oder Unschuld eines Beklagten nicht durch Beweise oder Zeugenaussagen klären ließen. Es war ein Gottesurteil, das rechtskräftig war und auf dem Glauben beruhte, daß der Unschuldige in der Probe, die er zu bestehen hatte, von Gott selbst geschützt war. Die Gottesurteile wurden zwar vom Vierten Laterankonzil (1215) verboten. Dennoch wurde zum Beispiel die Wasserprobe noch bei den Hexenprozessen eingesetzt. In biblischer Zeit wird es für eine von ihrem Mann des Ehebruchs verdächtigte Frau angeordnet. Dabei ist es gleichgültig, ob die Frau den Ehebruch wirklich begangen hat oder ob der Mann nur fürchtet, sie könnte ihn betrogen haben. Die Eifersucht des Mannes war von jeher bei befürchteter sexueller Untreue am größten, wäh-

11 Im späteren rabbinischen Recht kam noch die den Juden fehlende Rechtshoheit erschwerend hinzu. Vgl. H. McKeating, Sanctions Against Adultery in Ancient Israelite Society, in: Journal for the Study of the Old Testament 11, 1979, 57–72.

rend für die Frau die emotionale Untreue schwerer wiegt. Für sie ist Zuwendung, Fürsorge und Interesse lebenswichtig. In jedem Fall soll die Frau vor den Priester geführt werden. Dieser soll nach magischem Ritual in einem Tongefäß Wasser mit dem Staub des Heiligtums mischen, der Frau die Haare auflösen und sie mit einem Fluch beschwören. Diesen Fluch soll er aufschreiben und ihn dann in bitteres Wasser wischen. Nun muß die Frau dieses Wasser trinken. Ist sie unschuldig, schadet ihr das Wasser nichts, ist sie aber schuldig, so befällt sie «bitteres Weh», ihr Bauch schwillt an, ihre Hüften fallen ein, sie wird schwer krank. Auch wenn wir es hier mit einem sehr alten,vielleicht sogar vorisraelitischen Ritual zu tun haben, das als magischer Rest in die Bibel hineingeriet, so besaß dieser Prozeß doch Rechtsgültigkeit.

Wie auch immer es um die Anwendung des alten Brauches bestellt gewesen sein mag, in späteren Zeiten zielte die Bestrafung des Ehebruchs sicher mehr auf Ehrverlust ab. Nach Spr 6,33 erwarten den Ehebrecher «Schläge und Schande», die Ehebrecherin riskiert, nackt ausgezogen und öffentlich angeprangert zu werden (vgl. Jer 13,26f.; Ez 16,36–39; Hos 2,4f.). Dennoch scheint es, daß Ehefrauen sich ungehindert der Prostitution hingeben konnten. Wovor die Bibel jedenfalls viel mehr warnt als vor der Todesstrafe, ist der Unfriede, die Not, das Zerwürfnis und die Zerrissenheit, selbst der materielle Ruin, in die der Ehebruch führt. Das ist der «Tod», den vor allem die Sprichwörter (5,3–5) an die Wand malen:

> Von Honig triefen die Lippen der Fremden[12],
> glatter als Öl ist ihr Mund.
>
> Zuletzt aber ist sie bitter wie Wermut,
> scharf wie ein zweischneidiges Schwert.
>
> Ihre Füße gehen hinunter zum Tod,
> ihre Schritte streben der Unterwelt zu.

12 Gemeint ist die Ehefrau eines anderen.

Solche und ähnliche Warnungen lassen erkennen, daß zumindest in späterer Zeit Ehebruch offenbar nichts Seltenes war, ja die Sprichwörter lassen beinahe an einen nationalen Notstand denken (vgl. insbesondere Spr 7,6–23 als die realistische Schilderung der Kniffe, mit denen die lüsterne Frau zu ihren Zielen zu kommen weiß). Aber schon die Propheten klagen, das Land sei voll von Ehebrechern (Jer 7,9; 23,10; Hos 4,2; Mal 3,5), und da sind Priester und Propheten nicht ausgeschlossen: «Sie verüben Ehebruch und wandeln in Lüge, sie sind mir wie Sodom und wie die Bewohner von Gomorra» (Jer 23,11–15).

«Auch ich verurteile dich nicht»

Die Evangelien beschäftigen sich mit dem Ehebruch nur insofern, als Jesus die Ehescheidung dem Ehebruch gleichstellt (s. S. 281 ff.). Von einer Polemik Jesu gegen den Ehebruch, wie wir sie in den ältesten Weisheitsschriften und bei den Propheten finden (s. o.), wissen die Evangelien nichts zu berichten.[13] Daß das Dekalogverbot des Ehebruchs jedoch im allgemeinen Bewußtsein gegenwärtig war, zeigt schon seine sechsfache Zitierung in den neutestamentlichen Schriften (s. o.). Thematisiert wird jedoch Jesu Verhalten einzig in der Szene mit der Ehebrecherin Joh 8,2–11. Zwar wurde die Erzählung erst von späterer Hand in das Johannesevangelium eingefügt; sie dürfte aber dennoch auf einen historischen Vorfall zurückgehen.[14]

13 Wohl bezeichnet Jesus die Gesellschaft seiner Zeit als «ehebrecherisches Geschlecht» (Mt 12,39; 16,4; Mk 8,38), aber das ist im Sinne des prophetischen Bildes von der Untreue gegenüber Gott zu verstehen.

14 Die Perikope scheint um das Jahr 100 entstanden und zu Beginn des 3. Jh. in das Johannesevangelium eingefügt worden zu sein; vgl. U. Becker, Jesus und die Ehebrecherin, Berlin 1963. Freilich wird in neuerer Zeit wieder für die Johanneische Echtheit der Perikope plädiert. Ihre Aufnahme in das Evangelium stieß jedoch auf Schwierigkeiten, weil ihr Inhalt den Vorstellungen der Tradenten widersprach; vgl. J. P. Heil, The Story of Jesus and the Adulteress Reconsidered, in: Bb 72, 1991, 182–191; G. R. O'Day, John 7,53–8,11: A Study in Misreading: JBL 11, 1992, 631–640.

Von den «Schriftgelehrten und Pharisäern» wird eine Frau vor Jesus geschleppt, die in flagranti ertappt worden ist, und Jesus soll entscheiden, ob die im Gesetz vorgeschriebene Strafe der Steinigung an ihr vollzogen werden soll.[15] Daß die Ankläger zur Hinrichtung der Sünderin bereits entschlossen sind, ergibt sich daraus nicht notwendig, zumal die Juden unter römischer Herrschaft nicht berechtigt waren, ein Todesurteil zu vollstrecken (vgl. Joh 18,31). Vielmehr wollen die Jesus feindlich gesinnten jüdischen Religionsführer ihn, angesichts seiner bekannten Vorliebe und Nachsicht für die Sünder, herausfordern, sich über das mosaische Gesetz und damit über Gottes Gebot hinwegzusetzen. Bevor Jesus sein für die Ankläger beschämendes, für die Frau erlösendes Wort spricht: «Wer von euch ohne Sünde ist, werfe als erster einen Stein auf sie», schreibt er auf die Erde, und dasselbe tut er nachher noch einmal. Damit kann schwerlich etwas anderes gemeint sein, als daß Jesus es ablehnt, den Richter zu spielen. Seine Antwort entwaffnet die Ankläger, und das Evangelium vermerkt ausdrücklich, daß die Ältesten von ihnen als erste den Schauplatz verließen. Das Gerichtsverfahren endet mit einem Freispruch Jesu für die Frau: «Auch ich verurteile dich nicht.» Freilich verbindet Jesus ihn mit der Mahnung: «Sündige fortan nicht mehr!»

Jesus qualifiziert damit die Tat der Frau, den Ehebruch, unzweideutig als Sünde. Er nimmt die Tat nicht auf die leichte Schulter. Er weiß aber auch – und seine Antwort an die Gegner macht dies deutlich –, daß es im menschlichen Leben ohne Sünde nicht abgehen kann.

15 Da das Gesetz die Strafe der Steinigung ausdrücklich nur für Verlobte festsetzt (s. o.), wird von manchen Auslegern vermutet, es handle sich in der Szene um eine Verlobte. J. Blinzler (Die Strafe für Ehebruch in Bibel und Halacha, in: New Testament Studies 4, 1957/58, 32–47) verneint dies, weil die Strafe durch Erdrosselung nicht vor dem 2. Jh. n. Chr. nachweisbar sei und im mosaischen Gesetz die Steinigung die reguläre Todesstrafe ist, auch wenn dies nicht ausdrücklich gesagt wird.

Eine Frau begehren, was heißt das?

Einige Schwierigkeiten bereitet der Sinn des Jesuswortes in der Bergpredigt: «Ihr habt gehört, daß gesagt ist: Du sollst nicht die Ehe brechen. Ich aber sage euch: Jeder, der eine Frau anschaut, um sie zu begehren, hat mit ihr in seinem Herzen schon die Ehe gebrochen» (Mt 5,27f.).

Jesus setzt selbstverständlich die alttestamentlich-jüdische Vorstellung von Ehebruch voraus, wonach die beteiligte Frau verheiratet sein mußte. Deshalb ist sinngemäß zu übersetzen: «Wer eine *Ehefrau* anschaut ...»[16]

Oft wird die Meinung vertreten, das mosaische Gesetz habe nur die äußere *Tat* des Ehebruchs verboten, das Gesetz Jesu verbiete bereits die *Gesinnung,* das begehrende Verlangen nach einer fremden Frau. Diese Argumentation muß schon daran scheitern, daß es Jesus in den sogenannten Antithesen der Bergpredigt ja gar nicht darum geht, ein neues, vollkommenes *Gesetz* an die Stelle des alten zu setzen, sondern ein richtiges *Verständnis* des alten Gesetzes an die Stelle des falschen.[17] Überdies konnte das 10. Gebot des Dekalogs, «Du sollst die Frau deines Nächsten nicht begehren» (Dtn 5,21; vgl. Ex 20,17), gewiß keinem der Zuhörer Jesu unbekannt sein. Neu an der Lehre Jesu ist also nicht das Verbot des Begehrens, sondern die gleiche moralische Gewichtung von *Begehren* und *Tun.*

Aber schon der zweifellos vorliegende Bezug auf den Dekalog macht es unmöglich, beim «Begehren» nur an ein Wünschen und Wollen, an eine Gesinnung zu denken. Denn alle Gebote des Dekalogs beziehen sich auf feststellbare Delikte. Eine Gesinnung kann aber nicht von einem Gericht festgestellt und mit dem Tod bestraft werden. Es kommt noch hinzu, daß das hebräische Zeitwort für «begehren» *(ḥamad)* nicht das bloße Wünschen und Wollen meint, sondern bereits den Beginn einer Tat, «die tätlichen Machenschaften, die

16 So z. B. die Zürcher Bibel, leider nicht die EÜ.

17 «Meint nicht, ich sei gekommen, das Gesetz oder die Propheten aufzulösen. Ich bin nicht gekommen aufzulösen, sondern zu erfüllen» (Mt 5,17).

einer anwendet, um in den Besitz des Nächsten zu gelangen»[18]. «Begehren» bedeutet grundsätzlich «etwas unternehmen». Das gilt auch für das Jesuswort: «Wer eine Ehefrau anschaut, um sie zu begehren, hat mit ihr in seinem Herzen schon die Ehe gebrochen.»

«Anschauen, um zu begehren»[19] ist etwas anderes als «lüstern ansehen» (Einheitsübersetzung) oder «mit begehrlichen Blicken ansehen»[20]. Das «Anschauen» hat bereits eine Konsequenz. Das ergibt sich auch aus der Analyse der griechischen Wörter für «begehren» und «anschauen».

a) Das hier gebrauchte Wort für «begehren» *(epithymein)* bedeutet im Neuen Testament zwar nicht immer, aber meistens «etwas Unerreichbares begehren», z. B. Mt 13,17 («Viele Propheten und Gerechte haben begehrt zu sehen, was ihr seht, und haben es nicht gesehen»), Lk 15,16 («er [der verlorene Sohn] begehrte, seinen Bauch mit den Schoten zu füllen, die die Schweine fraßen, und niemand gab sie ihm»), Lk 17,22 («Es werden Tage kommen, da ihr begehren werdet, auch nur einen Tag des Menschensohnes zu sehen, und ihr werdet ihn nicht sehen»).

Dabei hat «begehren» deutlich den Sinn von «haben wollen» und nicht nur «mit Wohlgefallen oder Lust betrachten». Sonst könnten im 10. Gebot nicht neben der Frau auch Ochs und Esel genannt werden. Es kann also Mt 5,28 nicht das spontane Sich-hingezogen-Fühlen zu einer verheirateten Frau gemeint sein, sondern nur der Entschluß, sie haben zu wollen. An mehreren Stellen des Neuen Testaments wird außerdem deutlich, daß «begehren» den Anfang eines Tuns mit einschließt.[21] Das Eigentum eines anderen begehren heißt

18 J. J. Stamm, Der Dekalog im Lichte der neueren Forschung, Bern ²1962, 57. «Die Begehrensverbote … bekämpfen alle Pläne und Machenschaften, die Frau des Nächsten sich auf die Dauer anzueignen …»: F. L. Hossfeld, Art. Dekalog AT; NBL Lfg. 3, 1990, 403.

19 So schon die alte Luther-Bibel: «Wer ein Weib ansieht, ihrer zu begehren.»

20 Das Neue Testament in heutigem Deutsch I, Rom 1997.

21 Das ergibt sich schon daraus, daß «begehren» im Zusammenhang mit lauter eindeutigen Tatsünden genannt wird (wie Röm 13,9: ehebrechen, töten, stehlen, begehren). 1 Kor 10,6 wird das gierige Fleischessen der Israeliten in der Wüste «begehren» genannt.

also konkret etwa die Leiter aufstellen, um durch das Fenster einzusteigen. Eine Frau begehren heißt dann etwa mit ihr ein Rendezvous vereinbaren.

b) Mit «anschauen» *(blepein)* ist, im Unterschied zu «sehen» *(horan),* das zielgerichtete Hinschauen gemeint. Dabei ist zu bedenken, daß in unserem Fall der verheirateten Frau im damaligen Judentum etwas Unerreichbares anhaftete (Ehebruch war jedenfalls viel «schwieriger» als heute bei uns), so daß sich der Mann mit einem Teilerfolg, mit einer Ersatzbefriedigung begnügen mußte. «Um sie zu begehren» heißt also: um wenigstens etwas von ihr zu haben, wenn das Ganze schon nicht zu haben war.

Die rabbinischen Quellen belegen diesen Sinn «pars pro toto» durch ungezählte Beispiele, etwa: «Wer den kleinen Finger einer Frau berührt, ist wie einer, der eine gewisse Stelle berührt» oder: «Wer auf die Ferse eines Weibes blickt, ist wie einer, der auf die Schamteile blickt, und wer auf die Schamteile blickt, ist wie einer, der ihr beiwohnt» oder: «Wer hinter einer Frau einen Fluß durchschreitet, hat keinen Teil an der zukünftigen Welt.»[22] Mögen uns solche Sätze auch prüde erscheinen, sie decken den Hintergrund auf, vor dem Jesu Wort zu verstehen ist. Jesus will somit nicht die *Gesinnung* der *Tat* gleichsetzen, wie oft geäußert wird, sondern die *begonnene* Tat der *vollendeten* Tat. Wer sich auf den Weg zum Ehebruch begibt, hat die Ehe schon gebrochen.

Von Paulus nur beiläufig erwähnt

Überraschen muß, wie wenig Beachtung Paulus, der sich so ausführlich zur Prostitution äußert (s. o. S. 169–171), dem Ehebruch schenkt. Das Hauptwort «Ehebruch» kommt bei Paulus nie vor. Einmal (Röm 2,22) gebraucht er, ohne sich weiter auf das Thema einzu-

22 Beim Durchschreiten des Flusses muß die Frau ihr Kleid hochheben. Diese und weitere Beispiele bei StB I, 299–301.

lassen, das Zeitwort «ehebrechen» unter anderen Beispielen jüdischen Gesetzesungehorsams, einmal (Röm 13,9) in der Aufzählung der Dekaloggebote, die im Liebesgebot ihre Erfüllung finden, einmal, ebenfalls ohne dabei zu verweilen, das Wort «Ehebrecher» (1 Kor 6,9) in einem dem Apostel bereits vorgegebenen Katalog von Lastern, die vom Reich Gottes ausschließen.[23] Im Hebräerbrief (13,4) werden Prostitution und Ehebruch als Feinde der ehrbaren Ehe genannt («Unzüchtige und Ehebrecher wird Gott richten»). Obwohl hier beide gleichwertig nebeneinanderstehen, scheint sich die junge Kirche mit der Prostitution schwerer getan zu haben als mit dem Ehebruch. Die Unterscheidung zwischen Prostitution und Ehebruch läßt aber auch vermuten, daß der Umgang mit Prostituierten beim verheirateten Mann (ähnlich wie im Judentum) nicht als Ehebruch betrachtet wurde.

Für die Kirche war Ehebruch immer schwere Sünde. Denn die Liebe, die durch das Sakrament der Ehe als geheiligt galt, bedeutete immerwährende Treue, die unvereinbar war mit Ehebruch und Ehescheidung. Dennoch wurde die Sünde des Ehebruchs durch die Buße vergeben. Insofern störte sie das Gemeindeleben nicht auf irreparable Weise. Anders die Ehescheidung, der wir uns nun zuzuwenden haben. Auch sie widerspricht, wie der Ehebruch, einer Weisung Jesu, schafft aber einen Dauerzustand und hat deshalb schwerwiegende kirchenrechtliche Folgen.

23 «Offenbar liegt geprägte Tradition vor. Die Ausdrucksweise ... ist gemein-christlich, nicht paulinisch» (H. Conzelmann, Der erste Brief an die Korinther, Göttingen 1969, 128).

21. Der Notstand Scheidung

Ehe in der Krise

Niemand wird heute bezweifeln, daß sich die Ehe in einer Krise befindet, die sich nicht nur kirchlich, sondern auch politisch, gesellschaftlich, psychologisch und ethisch auswirkt. Ja man kann sagen, die Ehe als Phänomen überhaupt wird in Frage gestellt. Und sofern man sie als intensivste Form des Zusammenlebens betrachtet, darf man annehmen, sie sei immer krisenhaft gewesen, noch genauer: Sie sei der Ort, an dem sich immer Strukturveränderungen, gleich ob sie den einzelnen oder die Gesellschaft betrafen, am deutlichsten und gravierendsten zeigten.

Solange es die Ehe gibt, so lange gibt es auch ihr Scheitern. Allerdings wurde eine Scheidung in der Praxis sehr unterschiedlich bewertet und vollzogen. Je nach den politischen, kulturellen und religiösen Verhältnissen eines Landes änderten sich auch die Gesetze. Ein kurzer Abriß mag das verdeutlichen. Wie das alte Israel, so kannte und kennt auch das Judentum das Recht auf Scheidung. Im Christentum gab es zwei Tendenzen. Die Kirche behandelte in Theologie und Gemeindepraxis die Ehescheidung zwar von Anfang an restriktiv (s. u.), die staatliche Gesetzgebung aber kam den kirchlichen Forderungen nur zögernd nach. Die christlichen Kaiser übernahmen zunächst weitgehend das römische Recht, das den Mann unter dieselben Bedingungen stellte wie die Frau und auf der Basis der Gleichberechtigung stand. Mißbilligt wurde die einseitige Aufkündigung des Ehevertrages, während gegenseitiges Einverständnis noch bis ins 6. Jahrhundert als Grund zur Scheidung ausreichte. Um 1200 jedoch setzten sich die kirchlichen Vorstellungen durch: Die Ehe wird nun ganz von der Kirche vereinnahmt. Diese allein bestimmt seitdem darüber, wann eine Ehe geschlossen, wann sie geschieden ist. Gleichzeitig wird die Ehe zum Sakrament erhoben, und das bedeutet, daß sie grundsätzlich unauflöslich ist.

Die Säkularisierung der Ehe durch die Reformation indes leitet die erneute Trennung von kirchlicher und staatlicher Ehegesetzgebung und die Einrichtung der Zivilehe ein. Die Aufklärung verstärkt diese Tendenz, und durch das Reichspersonenstandsgesetz vom 6. 2. 1875 wird die Ehescheidung erstmals in Deutschland allgemein zugelassen, was freilich an der Haltung der katholischen Kirche nichts änderte. Dennoch lassen sich heute Eheleute ungeachtet ihrer Konfessionszugehörigkeit scheiden, wenn auch religiös Gebundene etwas zögernder als Ungebundene. Außerdem hat die Frau im Scheidungsrecht die gleichen Rechte wie der Mann. Das nutzt sie auch aus: Zwei Drittel aller Ehescheidungen werden heute von Frauen beantragt. Darin darf man gewiß einen Beweis dafür sehen, wie unfrei sich die Frau in der Ehe fühlt, wie einseitig zugunsten des Mannes die Rollen immer noch verteilt sind.

Die Krise der Ehe manifestiert sich in den Scheidungen. Sie nehmen insgesamt zu. Nach dem Statistischen Bundesamt wurden 1996 3,6% mehr Ehen geschieden als im Vorjahr. Dieser Trend geht weiter. Die Scheidungspraxis hat sich vom Veto der Kirche genauso weit entfernt wie die Empfängnisverhütung. Sie ist zu einer rein profanen Angelegenheit geworden. In der vermehrten Ehescheidung wurde nicht selten eine Gefährdung der Ehe, der Familie und der gesellschaftlichen Grundlagen des Staates überhaupt gesehen. Soziologen allerdings sind entgegengesetzter Meinung: Eine Erschwerung von Scheidung und Neuverheiratung erscheint ihnen geradezu als «Desorganisationsfaktor» für Ehe und Familie. Aber es gibt noch viele andere Gründe, warum die Ehe in die Krise geraten ist. Die Lebenserwartung ist höher. Eine Ehe, die früher im Schnitt 10–15 Jahre dauerte, muß heute 40 oder 50 Jahre gelebt werden. In dieser Zeit kann eine Ehe langweilig werden, oder die Partner entwickeln sich auseinander. Diese Tendenz wird verstärkt durch die Individualisierung. Zudem hat die Frau durch Bildung und Beruf einen hohen

Grad von Unabhängigkeit erreicht. Sie ist weder emotional noch finanziell auf ihren Mann angewiesen.

Das aber bedeutet zum einen eine Änderung des Kräftespiels in der Ehe. War es bislang üblicherweise der Mann, der die Frau wirtschaftlich, physisch und psychisch beherrschte, so kann es heute durchaus andersherum sein. Immer schon konnte ja auch die Frau als die «Schwächere» ihren Mann unterdrücken, zum Beispiel durch die Entwicklung psychosomatischer Symptome, durch das Festhalten an ihren Hilflosigkeiten oder ihrer Opferrolle, die für den Mann unerträglich werden können. Um eine Balance herzustellen, müßten beide aus innerer Überzeugung ihre eigene Rolle in der Partnerschaft übernehmen. Zum anderen aber scheint es so, daß wir an einer gesellschaftlichen Strukturänderung nicht vorbeikommen. Dieselbe Industriegesellschaft, die die Ehe aus der Arbeitswelt herausgelöst und sie zu einer idealen Lebensform der Liebe gemacht hat, müßte sie jetzt durch eine «Entkoppelung von Arbeit und Existenzsicherung» und eine «Rücknahme der gesellschaftlichen Dauermobilität»[1] aus ihrer Krise befreien.

Schmidt und nicht nur er, das darf ergänzend hier gesagt werden, stellt die etwas provokative Frage, ob es überhaupt Heterosexualität gebe. Er meint damit, daß wir allzu selbstverständlich unter dem «machtvollen Vorurteil Monosexualität leben und, betrachtet man unser Verhalten und Fühlen, so tun, als sei Monosexualität, die eingeschlechtliche Ausrichtung, ehernes Gesetz» (Schmidt 113). Hingegen spreche vieles dafür, sich davon zu lösen und die Partnerwahl davon abhängig zu machen, welche Sehnsüchte und Wünsche der andere erfüllen kann. Damit wird nicht nur die heterosexuelle «Natur» des Menschen in Frage gestellt, sondern auch die Ehe als die natürlichste Lebensform. Ihr Leitbildcharakter löste sich auf (s. o. S. 101–104).

Im Unterschied zu früheren Zeiten ist die Ehe heute mit sehr vie-

1 S. dazu R. Ammicht-Quinn, Art. Ehe, in: Wörterbuch der feministischen Theologie, hg. v. E. Gössmann, E. Moltmann-Wendel u. a., Gütersloh 1991, 67–73.

len emotionalen Ansprüchen und Erwartungen befrachtet. Je höher aber die Ansprüche sind und je schneller ihre Erfüllung erwartet wird, um so niedriger ist die Frustrationsgrenze und um so größer die Bereitschaft, eine Ehe aufzulösen, wenn sie nicht hält, was man sich von ihr verspricht. Jeder Konflikt kann sie scheitern lassen.

Scheitern gehört zum menschlichen Leben

Kein Lebensweg verläuft geradlinig. Jeder Mensch geht Um- oder Irrwege. Ein entscheidender Faktor ist außerdem die Entwicklung. Niemand kann mit zwanzig Jahren voraussehen, wie er mit vierzig Jahren sein wird, was ihm dann wichtig ist, welche Einflüsse ihn bis dahin prägen. Der Weg von der Heirat bis zur Scheidung kann sich quälend über Jahre oder gar Jahrzehnte hinziehen. Meint man zunächst, aufkommende Schwierigkeiten seien da, um überwunden zu werden, so nehmen später Enttäuschung und Resignation zu, der Kampf um die Beziehung läßt nach, und die Überzeugung setzt sich durch, daß nichts mehr zu verlieren und nichts mehr zu retten ist. Der endgültigen Trennung gehen meistens viele Enttäuschungen, Auseinandersetzungen, Kleinkriege und Abschiede von Hoffnungen, Wünschen, Sehnsüchten und Illusionen voraus. Scheidung ist dann für beide Partner oft der einzige Schritt, um zu überleben.

Was nötig wäre, um mehr Ehen zu retten, wäre die Fähigkeit und Bereitschaft, Konflikte miteinander zu lösen, nicht in symbiotische Beziehungen zu geraten, sondern auf eine gesunde Relation von Nähe und Distanz, Selbständigkeit und Gemeinsamkeit zu achten. Aber das haben die wenigsten gelernt. 30% der Jugendlichen leben heute mit geschiedenen oder getrennt lebenden Elternteilen zusammen. Sie alle haben schon früh die Erfahrung gemacht, daß Liebe brüchig ist. Sie tragen die Lebens- und Partnerunfähigkeit schon in sich und werden entweder versuchen, es selbst besser zu machen, was häufig scheitern muß, oder sie werden der Knechtschaft der Ehe entrinnen und als Single in Freiheit leben.

Unauflöslich, aber nicht ohne Ausnahmen

In der katholischen Kirche des lateinischen Ritus gilt heute eine gültig geschlossene und vollzogene Ehe zwischen zwei Getauften als ausnahmslos unauflöslich. Sie kann allein durch den Tod eines der beiden Ehegatten ein Ende finden (zu den zugelassenen Ausnahmen s. u.). Zwar erlaubt die Kirche den Ehegatten unter bestimmten Voraussetzungen, sich zu trennen. Die Trennung bedeutet in der Regel die zivilrechtliche Scheidung und Wiederverheiratung eines oder beider Partner. Diese neue Ehe wird jedoch von der Kirche nicht als gültig anerkannt.[2] Theoretisch leben ihre Partner in einem permanenten Zustand der schweren Sünde und sind vom Empfang der Sakramente (Buße/Eucharistie) ausgeschlossen.

Dieser Sachverhalt wird heute allgemein als eine Diskriminierung des unschuldigen Opfers einer Scheidung angesehen. Kündigt ein Partner dem anderen den Ehebund auf, weil er sein Glück in einer neuen Beziehung gefunden hat, wird es als unzumutbar empfunden, daß der zurückbleibende Partner für sein ganzes Leben «ehelos» bleiben soll, zumal wenn er die Last der Erziehung der Kinder übernehmen muß. Kein besonnener Seelsorger wird in einem solchen Fall dem Betroffenen verbieten, eine neue Ehe einzugehen, ihm sogar oft dazu raten. Es verbleibt jedoch das Odium, daß diese Ehe von der offiziellen Kirche als illegal betrachtet und behandelt wird. Hier dürfte heute die größte Not der katholischen Ehemoral liegen, und die «seelsorgliche Betreuung wiederverheirateter Geschiedener» ist ein Thema, das in Pastoraltagungen und -zeitschriften unermüdlich behandelt wird. Ein heute üblicher Weg besteht darin, daß der einzelne Seelsorger den wiederverheirateten Geschiedenen erlauben kann, zur Kommunion zu gehen, sofern dadurch in der Gemeinde kein Ärgernis entsteht (also z. B. in einer anderen Gemeinde oder im privaten Kreis). Aber bedeutet dieses Zugeständnis nicht, daß die Betroffenen

2 Wobei merkwürdigerweise «ungültige» Ehen oft glücklicher sind als «gültige» (vgl. HK 40, 1986, 20ff.).

als von Christus angenommen betrachtet werden? Und ist das nicht das Entscheidende, das die kirchenrechtliche «Gültigkeit» der Ehe zu einer reinen Formalität erstarren läßt?

Ein von den drei oberrheinischen Bischöfen Oskar Saier (Freiburg), Karl Lehmann (Mainz) und Walter Kasper (Rottenburg-Stuttgart) am 10. Juli 1993 erlassenes, mit äußerster Vorsicht formuliertes Hirtenwort «Grundsätze für eine seelsorgliche Begleitung von Menschen aus zerbrochenen Ehen und von Wiederverheirateten Geschiedenen in der Oberrheinischen Kirchenprovinz», wonach wiederverheiratete Geschiedene nicht in jedem Fall von der Eucharistie ausgeschlossen sein sollten[3], wurde von Rom mißbilligt.[4] «Rom reagierte normativ und unklug. ... Die von den drei Bischöfen mit pastoraler Einfühlung gezeigten Wege wurden normativ korrigiert. In gewundenen Formulierungen haben die Bischöfe nachgegeben.»[5]

Indes kennt das heute (seit 1983) geltende Recht der lateinischen Kirche zwei Möglichkeiten, eine gültig geschlossene Ehe aufzulösen.

1. Der Papst kann aufgrund der ihm von Jesus Christus übertragenen Binde- und Lösegewalt «aus gerechtem Grund» eine zwischen *Getauften* rechtmäßig geschlossene, aber nicht vollzogene Ehe (matrimonium ratum non consummatum) lösen (can. 1142 § 2). Merkwürdigerweise ist dabei nur maßgebend, daß *nach* der Eheschließung kein Verkehr stattfand. Geschlechtsverkehr vor der Ehe ist für diese päpstliche Dispens kein Hindernis.[6] – Als Widerspruch muß dabei empfunden werden, daß nach heutiger katholischer Lehre die Ehe

3 Text in HK 47, 1993, 460–467.

4 Kongregation für die Glaubenslehre «Über den Kommunionempfang von wiederverheirateten geschiedenen Gläubigen» (15. 10. 1994) und Antwort der drei Bischöfe an die in der Seelsorge Tätigen «Zur Seelsorge an Wiederverheirateten Geschiedenen» (Oktober 1994); beide Texte in: HK 48, 1994, 565–571.

5 W. Böckenförde, Anzeiger für die Seelsorge, 1995, 122f. Zum ganzen Vorgang vgl. A. Auer, Zur Seelsorge mit wiederverheirateten Geschiedenen, in: ThQ 175, 1995, 84–96.

6 Nach dem alten, bis Oktober 1983 geltenden Kirchenrecht wurde ein matrimonium ratum non consummatum auch durch die feierliche Ordensprofeß eines Partners gelöst (Can. 1119). Diese Möglichkeit besteht nach dem neuen Recht (Can. 1142) nicht mehr.

durch das Jawort der beiden Partner zustande kommt. Für die Auflösung jedoch ist der Nachweis entscheidend, daß die Ehe nicht vollzogen wurde.[7]

2. Eine zwischen *Ungetauften* (naturrechtlich) gültig geschlossene Ehe kann aufgelöst werden durch das sogenannte «Privilegium Paulinum» (can. 1143–1147; s. u. S. 291 f.).

3. In der Praxis behält sich der Papst außerdem die Vollmacht vor, eine gültig (aber nicht sakramental) geschlossene Ehe, bei der mindestens *ein Teil ungetauft* ist, «zugunsten des Glaubens» (in favorem fidei) aufzulösen (auch «Privilegium Petrinum» genannt). Ein «Vorteil für den Glauben» kann zum Beispiel angenommen werden, wenn einer der Partner einen Katholiken heiraten will.[8]

Im ersten und im dritten Fall haben jedoch die Eheleute keinen Anspruch auf die päpstliche Dispens, «denn die Dispenserteilung ist ein reiner Gnadenakt der Kirche. Diese Gnade kann der Hl. Vater ... in einzelnen Fällen gewähren, aber auch versagen» (Wegan 1983, 11). Sie wird vor allem dann versagt, wenn sie bei den Gläubigen «Verwunderung» hervorrufen würde.

Flucht in die Ungültigkeit

Die einzige Möglichkeit, die Anerkennung einer zweiten Ehe zu erlangen, besteht im Normalfall darin, daß die Ehegatten sich von dem zuständigen kirchlichen Gericht bestätigen lassen, ihre erste Ehe sei von Anfang an *ungültig* gewesen («Nullitätserklärung»). An der Ungültigkeit kann schuld sein ein Defekt, der sich auf das *Wesen* der Ehe bezieht, zum Beispiel: mangelnder Ehewille, fehlende Frei-

7 Zur Geschichte der Diskussion über die Rolle, die der Vollzug der Ehe für ihre Unauflöslichkeit spielt, s. R. Weigand, Das Scheidungsproblem in der mittelalterlichen Kanonistik, in: ThQ 151, 1971, 52–60, und J. Gaudemet, Le lien matrimonial. Les incertitudes du Haut Moyen-Age, in: Revue de Droit Canonique 21, 1971, 81–105.

8 Das offizielle Kirchenrecht spricht von dieser Möglichkeit nicht. Näheres darüber z. B. bei Wegan 1993, 250–257.

heit, physische oder moralische Eheunfähigkeit (Ausschluß von Kindersegen) oder ein *Formfehler* beim Abschluß der Ehe. Es versteht sich, daß im gegebenen Fall die betroffenen Eheleute sich an jeden Strohhalm klammern, um die Annullierung ihrer Ehe zu erreichen, sofern sie sich kirchlich gebunden wissen oder gar ihre materielle Existenz von der kirchlichen Anerkennung ihrer zweiten Ehe abhängt (zum Beispiel Bedingung für den Verbleib im kirchlichen Dienst).

Die allgemein wachsende Zahl von Ehescheidungen bewirkt aber nicht nur eine Vermehrung der Anträge auf Nullitätserklärung. Gleichzeitig ist auch die Praxis der kirchlichen Ehegerichte viel großzügiger geworden. Für die bundesdeutschen Diözesen liegen keine Angaben vor, werden doch die Ehenichtigkeitsprozesse als geheime Verschlußsache behandelt. Man rechnet, daß in etwa zwei Dritteln aller anhängigen Fälle auf Ungültigkeit erkannt wird.[9] Der Untertitel eines Artikels der Zeitschrift Publik-Forum, «Die Unauflöslichkeit ist nur noch Fiktion», ist bezeichnend. Man kann sich in der Tat des Eindrucks nicht erwehren, daß die Feststellung der Nichtexistenz einer Ehe weitgehend als Hintertür dient, um einerseits das Prinzip der absoluten Unauflöslichkeit der Ehe durchzuhalten und gleichzeitig unschuldig Betroffenen das größtmögliche Entgegenkommen zu zeigen.[10] So wurden denn in der jüngsten Zeit die Gründe, die eine Ehe ungültig machen, erheblich vermehrt.[11] Das neue Kirchenrecht und die derzeitige Praxis der kirchlichen Ehegerichte kennen an die vierzig Mängel, die eine Nullitätserklärung begründen können, unter anderem: schwerer Mangel des Urteilsvermögens über die wesentlichen Rechte und Pflichten der Ehe; Unfähigkeit, die Pflichten der

9 Vgl. HK 40, 1986, 396.

10 Ähnliches spielt sich seit Jahren auch auf dem Gebiet des Zölibats ab, wo Freiheiten toleriert werden, die früher unweigerlich die schärfsten Disziplinarmaßnahmen nach sich gezogen hätten, wenn nur nach außen das Zölibatsgesetz gewahrt bleibt.

11 Siehe besonders Wegan 1993; eine ähnliche Entwicklung beobachten wir in der griechischen Kirche, wo die ursprünglich auf Ehebruch begrenzte Möglichkeit der Wiederverheiratung «auf eine beträchtliche Anzahl weiterer Fälle ausgedehnt» wurde (Rousseau 325).

Ehe zu übernehmen; Drogensucht.[12] In der Praxis haben also die Annulierungen den Charakter von Scheidungsverfahren. Daß dadurch – ebenso wie in der Zölibatsfrage – in der kirchlichen Öffentlichkeit eine Atmosphäre der Heuchelei, der Unehrlichkeit und Unglaubwürdigkeit geschaffen wird, liegt auf der Hand.

Wäre es da nicht hilfreicher, Bibel und Geschichte zu befragen, statt an einem unumstößlichen dogmatischen Prinzip festzuhalten? Sowohl das Neue Testament als auch ein Jahrtausend Geschichte der lateinischen Kirche zeigen, daß man mit dem Problem der Ehescheidung auch anders umgehen konnte. Und bis heute befolgt die griechische – auch die mit Rom vereinigte – Kirche eine andere Praxis.[13] Mit Recht wird deshalb davor gewarnt, die Fragestellung einseitig vom Standpunkt der lateinischen Kirche aus anzugehen, da diese nur ein Teil der Gesamtkirche sei (Löbmann 11). So hat denn auch das Votum, das der melkitische (d. h. griechisch-katholische) Patriarchalvikar von Kairo, Elias Zoghby, am 29. September 1965 in der Konzilsaula abgab, zunächst großes Aufsehen erregt, wurde später allerdings weitgehend totgeschwiegen.[14] Er beklagte, daß die Kirche die unschuldig Geschiedenen in ihrer Not allein lasse, ihnen keine Lösung ihres Problems anzubieten habe und sie zu einer ungültigen Ehe außerhalb der Kirche geradezu nötige, und er forderte, daß die Ehedisziplin der lateinischen Kirche sich von der östlichen inspirie-

12 Es wäre nicht verwunderlich, wenn manche Eheschließende in dieser Fülle von Möglichkeiten geradezu eine Einladung sähen, beim Abschluß der Ehe einen Vorbehalt zu machen, der ihre Ungültigkeit bewirkt, um sich die Möglichkeit einer neuen Ehe offenzuhalten (vgl. Zirkel/Limbeck, bes. 37–78). Heute wird in zuständigen Kreisen sogar davon gesprochen, daß es mehr nichtige als geschiedene Ehen gebe, vgl. R. Puza, Die gescheiterte Ehe, in: ThQ 175, 1995, 97–108, hier 99. «Das hieße, daß die Ehevorstellung des Kirchenrechtes der heutigen Situation überhaupt nicht mehr entspräche» (ebd.).

13 Zur Theorie und Praxis der griechisch-orthodoxen Kirche (und zu abweichenden Randerscheinungen) s. E. Mélia, Le lien matrimonial à la lumière de la théologie sacramentaire et de la théologie morale de l'Eglise Orthodoxe, in: Revue de Droit Canonique 21, 1971, 180–197.

14 Es wurde auch nicht in die Konzilschronik des Lexikons für Theologie und Kirche (Konzilsband III, 648) aufgenommen.

ren lasse, damit das Konzil, im Geiste Johannes XXIII., zu einem Konzil des Erbarmens und nicht der Verurteilung werde (Text bei Rolin).

Die Lehre der Väter

Über die Lehre der alten Kirche zu Ehescheidung und Wiederheirat gibt es eine ganze Reihe von Untersuchungen, die freilich zu gegensätzlichen Ergebnissen kommen.[15] Dies dürfte daher rühren, daß manche Äußerungen von Kirchenvätern eine unterschiedliche Deutung zulassen. Überdies scheint nicht immer genau genug beachtet zu werden, ob ein frühchristlicher Schriftsteller ein allgemeines Prinzip verteidigt oder ob er den besonderen (von Matthäus gemeinten) Fall des Ehebruchs voraussetzt (Nautin 1974, 8f.). Schließlich kann die Absicht eines Historikers, die Praxis der lateinischen Kirche zu legitimieren, auf das Ergebnis seiner Untersuchung nicht ohne Einfluß bleiben.

Während nach Moingt im 4. und 5. Jh. einzig Hieronymus und Augustinus bei vorliegendem Ehebruch dem unschuldigen Partner eine Wiederheirat *verbieten,* stellt Crouzel (1971)[16] fest, daß bei diesem Tatbestand unter allen altchristlichen Schriftstellern allein der sogenannte Ambrosiaster (ein unbekannter Verfasser eines Kommentars zu den Paulusbriefen, 2. Hälfte 4. Jh.) *ausdrücklich* – und dies nur dem Mann – eine zweite Ehe *erlaube.* Zwar sei nach der Mehrzahl der Kirchenväter der unschuldige Gatte verpflichtet, sich vom ehebrecherischen Partner zu trennen. Hingegen ließen sich nach Crouzel vom 2. bis zum 5. Jahrhundert mehr als zwanzig Zeugen anführen, die sich formell gegen eine Wiederheirat Geschiedener wendeten. Nach Reynolds (173–226) hingegen war vor Hieronymus und Augustinus, mit denen die Wende einsetzt, Tertullian der einzige Vertreter dieser strengen Richtung.

Zugunsten der orientalischen Praxis führt Rousseau außer Origenes

15 Aus der neueren Zeit sind vor allem die Arbeiten von Crouzel, Löbmann, Nautin, Rousseau und Stockmeier zu nennen.

16 Vgl. auch Crouzel 1966, 1969 und 1974.

(s. u.) vor allem Epiphanius von Salamis auf Zypern (ca. 315–403) und Basilius von Kappadokien (ca. 330–379) an. Nach seiner Auffassung ließen sich noch weitere Texte für die griechische Tradition beibringen, die jedoch auch für eine abweichende Deutung in Anspruch genommen werden (328). Epiphanius erklärt wörtlich: «Wenn ein Mann nach einer unter Berufung auf Unzucht, Ehebruch oder einen (anderen) schwerwiegenden Grund *(kakes aitias)* vollzogenen Scheidung sich mit einer zweiten Frau verbunden hat, so klagt ihn das Wort Gottes nicht an, es schließt ihn nicht aus der Kirche und aus dem Leben aus, sondern übt Nachsicht mit seiner Schwachheit.»[17]

So kommt denn Stockmeier in seiner gedrängten, aber doch die einschlägigen Zeugnisse erörternden Übersicht zum Ergebnis: «Man kann nicht daran vorbeigehen, daß mehrere Kirchenväter mit Rücksicht auf Mt 5,32; 19,9 nicht nur eine Scheidung, sondern auch eine Wiederverheiratung für möglich hielten.» Sie ließen sich dabei von dem Bestreben leiten, «in einem Milieu, das Scheidung und Wiederverheiratung relativ großzügig handhabte, die Idealforderung Jesu in die Wirklichkeit des Lebens umzusetzen» (51).

Ein Jahrtausend Ehescheidung

Wichtiger noch als die doktrinären Stellungnahmen der Lehrer dürfte die *Praxis* der Kirche sein. Sie zeigt, daß die Teilkirchen immer wieder Kompromisse fanden, um die Forderung Jesu nach Unauflöslichkeit den Erfordernissen und Bedürfnissen des konkreten Lebens anzupassen. So erwähnt *Origenes* (gest. 254) in seinem Matthäus-Kommentar, es sei zu seiner Zeit die Gewohnheit eingerissen, «daß einige Kirchenvorsteher einer Frau zu Lebzeiten ihres Mannes eine Wiederheirat erlaubt hätten»[18]. Zwar macht Origenes deutlich, daß

17 Panarion, Haer. 59,4; vgl. Nautin 1983 und Stockmeier 49.

18 GCS Orig. X (Leipzig 1935), 340f. Zur Exegese des Textes s. vor allem Rousseau 232–325. Bemerkenswert ist, daß sich Origenes für die Toleranz der Kirchenvorsteher nicht auf die *porneia*-Klausel (s. u.) beruft. Offenbar wurde in seiner Zeit auch in anderen Fällen eine Wiederheirat erlaubt.

diese Praxis im Widerspruch zur Schrift stehe. Indes fügt er hinzu, das Zugeständnis sei nicht ohne Grund *(ou men pante alogos)* gemacht worden, denn mit Rücksicht auf die menschliche Schwäche und um Schlimmeres zu verhüten, sei es besser, solche schriftwidrigen Verbindungen zuzulassen. Damit waren in der griechischen Kirche die Weichen für eine von der lateinischen Kirche abweichende Rechtslage zugunsten der Geschiedenen gestellt[19]: Seit dem 5. Jahrhundert gestattet die griechische Kirche für beide Geschlechter im Falle des Ehebruchs die Wiederverheiratung.

Im Westen nahmen sich im 4. und beginnenden 5. Jahrhundert auch lokale Konzilien des Themas an. Von besonderer Wichtigkeit ist für die lateinische Kirche die Entscheidung der *Synode von Arles* (314)[20], die – bei grundsätzlicher Anerkennung des Rechts auf Wiederverheiratung – bestimmt, daß selbst jungen Männern, die ihre Frauen beim Ehebruch ertappt haben, der *Rat* erteilt werde, zu deren Lebzeiten keine neue Ehe einzugehen.[21] Diese Eingrenzung auf den Mann zeigt einen Rückschritt gegenüber der im 2. und 3. Jahrhundert unter dem Einfluß des römischen Rechts praktizierten Gleichberechtigung von Mann und Frau.[22] Indessen läßt sich zeigen, daß die Kirchen des Westens bis zum Ende des 4. Jahrhunderts den wiederverheirateten Geschiedenen zwar eine Buße auferlegten, sie aber hernach, ohne die Bedingung, sich zu trennen, wieder zur Eucharistie zuließen (s. bes. Cereti 1977). Im 5. Jahrhundert entscheidet dann *Augustinus* die Debatte zugunsten der absoluten Unauflöslichkeit der Ehe. Dennoch erlaubt noch im 8. Jahrhundert der (als Hei-

19 «Zusammenfassend kann man sagen, daß Origenes für die Ehedisziplin der griechischen Kirche in ähnlicher Weise ein Klassiker geworden ist wie Augustinus für die lateinische Kirche» (Löbmann 79).

20 Die Synode von Arles war kein Provinzialkonzil, sondern ein allgemeines Konzil der abendländischen Kirche (Nautin 1973, 353).

21 «De his qui coniuges suas in adulterio depraehendunt – et idem sunt adulescentes fideles et (non) prohibentur nubere – placuit ut, quantum possit, consilium eis detur, ne alias uxores, viventibus uxoribus suis, licet adulteris, accipiant.» Zur Exegese des Textes s. vor allem Nautin 1973.

22 Für das 2. Jahrhundert bezeugt dies z. B. Hermas mand. IV, 1,8.

liger verehrte) Papst Gregor II. (715–731) in einem an den heiligen Bonifatius als Bischof von Mainz gerichteten Schreiben dem Mann, dessen Frau krankheitshalber zur Leistung der «ehelichen Pflicht» nicht mehr fähig ist, eine neue Ehe einzugehen. Dasselbe gewährt Papst Eugen II. (824–827) dem Mann, der das Opfer der Untreue seiner Frau geworden war (Nautin 52–54). Rechtlich endgültig festgeschrieben wurde die heute geltende Praxis der lateinischen Kirche im 12. Jahrhundert durch den Kirchenrechtler *Gratian,* dessen umfassendes Werk *Concordantia discordantium Canonum* «im Laufe der folgenden Jahrhunderte die denkbar größte Autorität bekommen sollte. Gratian zeigte sich als erklärter Gegner jeglicher Interpretation, die einer Wiederheirat nach dem Ehebruch des Partners günstig war» (Rousseau 329). Das Konzil von Trient (1545–1563) schließlich legte die katholische Lehre von der Ehe in definitiver Weise fest. Immerhin kam es der griechischen Kirche insofern entgegen, als es nicht deren Praxis verurteilte, sondern nur die Behauptung, die Lehre von der ausnahmslosen Unauflöslichkeit der Ehe sei eine Irrlehre.[23]

Ehe – ein Ort absoluter Verläßlichkeit?

War es also immer schwierig, die Unauflöslichkeit der Ehe durchzusetzen – das ging oft nur mit Ausnahmen, Verheimlichungen und Tricks, die letztlich die Kirche unglaubwürdig machten –, so liegt heute das Dilemma offen zutage. Die Kirche will die dauerhafte Bindung der Eheleute, kann aber notgedrungen am konkreten Scheitern nicht mehr vorbeisehen. Ist die Unauflöslichkeit also eine Utopie? Und das Festhalten daran mit einer dauernden, aber zwecklosen Begründungsarbeit verbunden? Es spricht ja auch, selbst theologisch gesehen, einiges gegen eine solche Normierung.

23 DS 1807; vgl. Rousseau 330. Näheres über die Konzilsdebatte bei Dupont 115–122; P. Fransen, Das Thema «Ehescheidung nach Ehebruch» auf dem Konzil von Trient 1563, in: Concilium 6, 1970, 343–348.

Zunächst einmal sei die Frage erlaubt, ob die Ehe, die sogar von den deutschen Bischöfen auf ihrer Frühjahrsversammlung 1997 nicht mehr als eine einmalige Entscheidung, sondern als lebenslanger Prozeß verstanden wurde, überhaupt durch einen Rechtsbeschluß der Kirche erhalten werden kann. Die Kirche spricht im Namen Gottes. Aber will Gott wirklich dieses Urteil? Das Kirchenrecht erhebt weiterhin Sanktionen über die Geschiedenen, die ihr ganzes weiteres Leben beeinträchtigen. Ist das nicht viel grausamer als die Verurteilung durch ein weltliches Gericht? Denn hier handelt es sich nicht um Verbrecher, sondern um ein menschliches Versagen. Der Tod allerdings, ausgerechnet er, erlaubt dann eine Wiederheirat.

Eine weitere Frage führt uns wieder zur Grundeinschätzung der Sexualität zurück. Wenn die Sexualmoral der Kirche verlangt, die Geschiedenen sollen in einer folgenden Beziehung wie Bruder und Schwester zusammenleben, so ist wiederum die Sexualität das letzte Kriterium. Sie ist wichtiger als eine lebensfördernde, personale Liebe.

In der Moraltheologie taucht zudem ein anthropologisches Argument auf, das die Unauflöslichkeit der Ehe begründen soll: «Es muß im Leben Orte unbedingter Verläßlichkeit geben, die nicht von vornherein durch zeitliche Vorbehalte und Bindungskautelen relativiert sind.»[24] Es ist gewiß richtig, daß der Mensch «Orte unbedingter Verläßlichkeit» braucht. Jeder Mensch wünscht sich eine «Heimat», in der er ohne Zwänge, ohne Vorsicht und Vorbehalte ganz er selbst sein kann. Er sucht einen Ort, wo er Geborgenheit und Nähe findet, wo er Verständnis und Vertrauen tauscht. Aber muß das, kann das die Ehe sein?

Das anthropologische Konzept versteht Menschsein als Teilsein.[25] Der Mensch kann deshalb auch sein Menschsein nur zum Teil und in Teilen verwirklichen. Freunde decken zum Beispiel immer nur Teilbereiche des Lebens ab. Mit dem einen lebt man mehr den gesel-

24 E. Schockenhoff, Sexualität und Ehe. Moraltheologische Überlegungen zu ihren anthropologischen Grundlagen, in: StZ 215, 1997, 435–448, hier 447.

25 Vgl. G. Bachl, Die Differenz der Geschlechter, in: Der beschädigte Eros. Frau und Mann im Christentum. Freiburg 1989, 19–40.

ligen Alltag, mit dem anderen führt man intellektuelle Gespräche, der dritte versteht die spirituellen Bedürfnisse. Glücklich kann sich preisen, wer im Verlauf seines Lebens immer wieder einen Menschen hat, bei dem er sich aufgehoben weiß. Glücklich natürlich der Mann oder die Frau, der/die in einer liebevollen Beziehung diesen Menschen findet. Aber der Mensch ist nicht fest genug verwurzelt im Lebensgrund, er sucht Geborgenheit und Glück sein Leben lang, ohne sie zu finden. Und so heiratet er auch einmal, zweimal, hält an seinen Erwartungen fest und wird doch nie heil. Denn zwischen den Menschen, vor allem zwischen Mann und Frau, liegt auch jene Fremdheit und Unbekanntheit, die sie unverfügbar machen. Deshalb kann ein Mann eine Frau nie ganz verstehen, und umgekehrt wird es ähnlich sein. Bestimmte Qualitäten sind nicht teilbar und auch niemandem adäquat mitteilbar. Diese in der Einzigkeit des Menschen begründete Barriere ist unüberwindlich. Das «weiß» der Mensch aus einer inneren Erfahrung heraus. Diese existentielle Grunderfahrung macht ihn unabhängig und ist notwendig, damit er er selbst sein kann. Erst danach kommt das gelernte Wissen, die Religion, die Schrift. Ihnen liegt immer ein eigenes Vorverständnis voraus, das seinen Ausdruck findet in Mythen, Bildern und Metaphern. Aber der Mensch kann diese Bilder und gelebten Erfahrungen nicht festhalten. Sie sind flüchtig. Erfahrung und Erleben sind also nicht das Letzte. Auch die sexuelle Erfahrung, das sexuelle Glück sind, obwohl sie die Grenzen des menschlichen Bewußtseins sprengen, ihn transzendieren, nicht das Letzte, wonach der Mensch sich sehnt und wonach er strebt. Unsere Partnerschaft, unsere Sexualität ist eingebunden in die Endlichkeit und wird uns nie endgültige Erfüllung, Geborgenheit und Verläßlichkeit gewähren.

Der letzte Grund geht über alles Vorhandene, über alle materielle und denkbare Wirklichkeit hinaus. Diesen tiefsten Grund kann der Mensch nur in sich selbst finden. Es ist das, was die Mystiker mit dem «Wesen» beschreiben. Ekkehard spricht vom Seelenlicht. Und dieses ist identisch mit der Seinswirklichkeit, die man religiös Gott nennen kann. Wie sollte es möglich sein, das Göttliche im anderen zu finden, im Partner, im Ehepartner? Das hieße, ihn zu vergöttern. Jede Überhöhung eines Menschen, jede Idealisierung oder absolute Liebe macht abhängig. Und sie beraubt beide Menschen oder Partner ihrer Freiheit und Würde. Woran du dein Herz hängst, da ist dein Gott, sagte Luther. Sein protestantisches Denken («die Ehe ist ein weltlich Ding») gab den weltlichen Ordnungen ihren weltlichen Raum ohne den Anspruch auf Unauflöslichkeit und Sakramentalität.

Das Leben ist in allen Bereichen brüchig. Hat nicht – auf einer metaphorischen Ebene – Jahwe selbst mit seinem durch einen ewigen Bund anvertrauten Volk Israel die ganze gemeinsame Geschichte hindurch Enttäuschungen, Untreue und Ehebruch erfahren? Und das ist ein Spiegel der Realität.

22. Was sagt Jesus zur Ehescheidung?

Die wichtigsten Zeugnisse für das Bemühen der jungen Kirche, zwischen der Idealforderung Jesu (s. u.) und den Schwierigkeiten des Lebens einen Ausgleich zu finden, sind jedoch die biblischen Texte mit ihrer wechselhaften Entwicklung selbst.

Von der Haltung Jesu zur Ehescheidung handeln vier evangelische Texte sowie ein Pauluswort im 1. Korintherbrief.

Die Forderung der Bergpredigt

Die neue Auslegung, die Jesus in der Bergpredigt vom mosaischen Gesetz gibt, hat ihre Auswirkungen auch auf den Bereich der Ehe. Das alte Gesetz sah die Möglichkeit vor, daß ein israelitischer Mann seiner Frau einen Scheidebrief ausstellte und sie entließ. Jesus distanziert sich von dieser Konzession und erklärt: «Es ist gesagt: Wer seine Frau entläßt, gebe ihr einen Scheidebrief. Ich aber sage euch: Jeder, der seine Frau entläßt, außer wegen Unzucht, gibt sie dem Ehebruch preis[1], und wer eine Entlassene heiratet, bricht die Ehe» (Mt 5,31 f.).

Es ist unschwer zu sehen und wohl auch unbestritten, daß von allen fünf einschlägigen Texten[2] dieser der Rede Jesu am nächsten kommt. Dafür sprechen vor allem drei Gründe: Zum einen wird hier *jüdisches* Recht vorausgesetzt und nicht, wie andernorts (s. u.), römisches Recht. Außerdem bedient sich Jesus hier der Lehrweise der Gesetzeslehrer seiner Zeit, die den Schrifttext, den sie auslegen wollten,

1 Wörtlich: «macht, daß mit ihr die Ehe gebrochen wird».

2 Mt 5,31 f.; 19,9; Mk 10,2–12; Lk 16,18; 1 Kor 7,10 f.

einführten mit der Formel «Es ist gesagt» und alsdann mit der Formel «Ich aber sage euch» ihre Auslegung der Schriftstelle gaben. Und schließlich: Wenn wir die Klausel «außer wegen Unzucht» zunächst ausklammern (dazu s. u.), hat das Jesuswort die vollkommene zweigliedrige Form eines jüdischen Spruchs (vgl. Pesch 11):

> «Jeder Entlassende seine Frau gibt sie dem Ehebruch preis,
> und jeder Heiratende eine Entlassene bricht die Ehe.»

In dem großen literarischen Block Mt 5,21–48 korrigiert Jesus an einer Reihe von Beispielen ein falsches Verständnis des mosaischen Gesetzes, wie es zu seiner Zeit im offiziellen Judentum praktiziert wurde. Dazu gehört in seinen Augen auch die Scheidungspraxis. Die Grundlage des jüdischen Scheidungsrechts bildete (und bildet bis heute) das Gesetz Dtn 24,1–4. Aus welcher Zeit es stammt, läßt sich nicht sicher sagen. In diesem Gesetz wird das Scheidungsrecht bereits als bekannt vorausgesetzt. Die Praxis der Ehescheidung dürfte jedenfalls in Israel auf eine ältere Zeit zurückgehen und ursprünglich ganz dem Belieben des Mannes überlassen gewesen sein (vgl. Neufeld 176–185). Ein verfeinertes Rechtsempfinden, wie es sich dann im 7. Jahrhundert v. Chr. im deuteronomischen Gesetz artikulierte, wollte ungebührlicher Willkür begegnen und knüpfte deshalb die Scheidung an drei Bedingungen: (1) Der Mann muß an der Frau «etwas Schändliches» finden. Was auch immer damit gemeint ist (s. u.), der Gesetzgeber dachte gewiß an etwas Gravierendes. (2) Ein Scheidebrief muß geschrieben[3] und (3) der Frau ausgehändigt werden. Da der betreffende Mann in der Regel nicht selbst schreiben konnte, mußte er einen Berufsschreiber hinzuziehen. Damit verging Zeit, in der der Unmut des Mannes sich legen konnte. Im späteren Judentum mußte der Scheidebrief auch datiert und von mehr als einem Zeugen

3 Der Text des Scheidebriefes dürfte gelautet haben: «Sie ist nicht mehr meine Frau, und ich bin nicht mehr ihr Mann» oder «Du bist jedermann erlaubt» (vgl. Gittin 85b). Daß diese Formel jedoch schon in frühjüdischer Zeit erweitert wurde, zeigt ein in der Wüste Juda gefundener Scheidebrief aus dem Beginn des 2. Jh. n. Chr. (Discoveries in the Judean Desert II, Oxford 1961, Nr. 19).

unterschrieben sein.[4] Damit bekam die Entlassung der Frau einen gewissen öffentlichen Charakter. Alle diese Erschwerungen sollten im Geist des Gesetzgebers dem Schutz der Frau dienen.

Wie weit dieses Ziel erreicht, wie die Ehescheidungspraxis im einzelnen gehandhabt wurde, darüber wissen wir zu wenig. Jedenfalls lassen sich gegensätzliche Tendenzen feststellen. Im 5. Jahrhundert beklagt Mal 2,14–16 den Mißbrauch der Scheidung, und auch in der späten Zeit geht die Grundtendenz des rabbinischen Rechts auf Festigkeit der Ehe.[5] Indes scheint zur Zeit Jesu vieles im argen gelegen zu haben. Zwischen den führenden Gesetzeslehrern und ihren Schulen herrschten empfindliche Meinungsunterschiede darüber, was unter dem «Anstößigen» an der Frau zu verstehen sei. Während eine strengere Richtung darin etwas moralisch Mißfälliges sehen wollte[6], genügte es einer laxeren Richtung nicht nur, daß die Frau dem Mann die Suppe versalzen hatte, sondern auch, daß der Mann eine andere Frau schöner fand als die seine.[7] Es kam vor, daß ein Mann die Ehe nur für eine Nacht schloß. Entsprach die Frau nicht seinen Erwartungen, entließ er sie am nächsten Morgen wieder.

Gegen solche Eigenmächtigkeit und Willkür erhebt Jesus Einspruch. Er schränkt die erlaubte Entlassung der Frau durch den Mann nicht nur auf den im alten Gesetz vorgesehenen Fall des «Schändlichen» ein. Vielmehr erklärt er, jede Ehescheidung, jede «selbstherrliche Absage des Mannes an seine Frau» (Ringeling 93) schließe Ehebruch ein (vgl. Pesch 10–21). Die Praxis seiner Zeit ist in seinen Augen, auch wenn sie sich auf Mose beruft, nicht Erfüllung, sondern Mißachtung des Willens Gottes.

4 Vgl. Gittin 86a. Der in voranstehender Anm. erwähnte Scheidebrief ist vom Ehemann und drei Zeugen unterschrieben.

5 «Wenn jemand sich von seiner ersten Frau scheiden läßt, so vergießt sogar der Altar Tränen über ihn» (Gittin 90b).

6 Der Talmud nennt als Beispiel, daß eine Frau unverschleiert und dürftig bekleidet auf die Straße geht und an einem öffentlichen Ort badet (Gittin 90a b).

7 Nach StB (1,319f.) «wird man sagen dürfen, daß es in der mischnischen Zeit keine Ehe im jüdischen Volk gegeben hat, die nicht kurzerhand vom Manne in völlig legaler Weise durch Aushändigung eines Scheidebriefes hätte gelöst werden können.»

Dabei stützt sich Jesus auf die damalige jüdische Rechtsauffassung, wonach Ehebruch nur dann vorlag, wenn die beteiligte *Frau* verheiratet (oder verlobt) war. Umgang mit einer unverheirateten Frau war nicht strafbar, ob der beteiligte Mann verheiratet war oder nicht. Deshalb bricht nicht der Mann, der seine Frau entläßt, die Ehe. Vielmehr gibt er *sie* dem Ehebruch preis, er macht *sie zur Ehebrecherin,* indem er sie praktisch zwingt, sich als verheiratete Frau mit einem anderen Mann einzulassen. Und indem dieser darauf eingeht, bricht *er* die Ehe dieser Frau.

Nach zahlreichen Auslegern hatte das Scheidungsverbot Jesu den Schutz der Frau und die Respektierung ihrer Würde in der damaligen Welt zum Ziel. Das dürfte indes nur bedingt richtig sein. Gewiß brachte die Weisung Jesu der Frau den Vorteil, daß sie vom Mann nicht mehr nach Lust und Laune entlassen werden durfte. Es brachte ihr aber auch den Nachteil, daß sie unter Umständen ein Leben lang bei einem ungeliebten, brutalen, ehebrüchigen Mann auszuharren hatte, statt durch die Entlassung ein freier Mensch zu werden, der tun und lassen konnte, was er wollte.[8] Wurde die Frau von ihrem Mann entgegen der Weisung Jesu doch entlassen, konnte das Verbot, wieder zu heiraten, für sie verheerend sein[9], ja sie geradezu der Prostitution preisgeben. Das Anliegen Jesu muß weniger vordergründig gewesen sein. Doch darüber später.

Matthäus und seine Gemeinde

Daß die Klausel «außer wegen Unzucht»[10] nicht zum Wort Jesu gehört, wie es ursprünglich überliefert wurde, wird heute von zahlrei-

8 Aufgrund des Scheidebriefs «gehörte sie sich selber» (Qidd 6 b; vgl. Amran 105–107).

9 Vgl. U. Luz, Das Evangelium nach Matthäus I, Einsiedeln/Neukirchen 1985, 271.

10 Das üblicherweise mit «Unzucht» wiedergegebene griechische Wort ist *porneia*. Daß damit nicht ein einmaliger «Seitensprung» gemeint ist, sondern das Verhalten einer Frau, die sich der Prostitution hingibt, wurde oben (S. 129–134) gezeigt. Entgegen ThWNT VI, 579–595, ist das Wort nicht «vieldeutig» (Theobald 116). Die von man-

chen Auslegern eingeräumt (vgl. Theobald 118). Zunächst sprengt die Klausel die regelmäßig gebaute Form des Ausspruchs (s. o.). Schwerer wiegt, daß das Herrenwort durch die Ausnahmeklausel aus dem Rahmen der übrigen fünf sogenannten Antithesen der Bergpredigt herausfällt.[11] In allen anderen Fällen trägt Jesus kompromißlos seinen höheren Anspruch des Gesetzesverständnisses vor:

Ihr habt gehört, daß zu den Alten gesagt ist: Du sollst nicht töten. Wer aber tötet, soll dem Gericht verfallen sein. Ich aber sage euch: Jeder, der seinem Bruder zürnt, soll dem Gericht verfallen sein (5,21 f.).

Ihr habt gehört, daß gesagt ist: Du sollst nicht ehebrechen. Ich aber sage euch: Jeder, der eine Frau anschaut, um sie zu begehren, hat ihr gegenüber in seinem Herzen schon die Ehe gebrochen (5,27f.).

Wiederum habt ihr gehört, daß zu den Alten gesagt ist: Du sollst nicht falsch schwören. Ich aber sage euch: Ihr sollt überhaupt nicht schwören (5,33f.).

Ihr habt gehört, daß gesagt ist: Auge um Auge, Zahn um Zahn. Ich aber sage euch: Ihr sollt dem Bösen nicht widerstehen (5,38f.).

Ihr habt gehört, daß gesagt ist: Du sollst deinen Nächsten lieben und deinen Feind hassen. Ich aber sage euch: Liebt eure Feinde (5,43f.).

Nirgendwo nimmt Jesus seine Forderung auch nur um einen Zoll zurück, er verstärkt sie vielmehr noch durch Beispiele («schlägt dich einer auf die linke Wange, so biete ihm auch die andere dar»; V. 39). Das Wort über die Ehescheidung wäre somit das einzige, in dem Jesus seinen sittlichen Anspruch selbst wieder einschränken würde.

In der judenchristlichen Gemeinde des Matthäus mußte jedoch die Weisung Jesu auf ernsthafte Schwierigkeiten stoßen. Denn eine Frau zu entlassen, bei der etwas «Schändliches» vorlag, wurde in jüdischen Kreisen nicht nur als erlaubt, sondern als göttliches Gebot angesehen, und bei förmlichem Ehebruch, auf dem grundsätzlich die

chen Autoren vertretene Auffassung, es seien damit illegitime Verwandtenehen gemeint, ist abzulehnen.

11 Die Ausnahmeklausel steht nicht nur im Widerspruch zu Mk, Lk und Paulus, sondern auch zu ihrem eigenen Kontext (vgl. Gerhartz 210).

Strafe der Steinigung stand (s. S. 255–257), war die Entlassung der Frau das Mildeste, was ihr Ehemann tun konnte (vgl. im Neuen Testament das Verhalten des Josef gegenüber Maria: «Er gedachte, sie heimlich zu entlassen», Mt 1,19). Ein solches Verhalten schien der Gemeinde des Matthäus dem Geist Jesu nicht zu widersprechen, vielmehr für beide Betroffene eine echte Hilfe zu bedeuten. Für den Mann stellte es eine redliche, wenn man will «christliche», Regelung dar, die Frau bewahrte es vor schlimmerer Strafe. Daß es für den Mann die Möglichkeit einer Wiederverheiratung einschloß, nachdem die Frau ihren Weg gegangen war, muß als selbstverständlich angesehen werden.

Wir müssen aus der Einfügung «außer bei Unzucht» schließen, daß die Gemeinde des Matthäus zumindest in diesem Fall die Ehescheidung und wenigstens für den schuldlosen Mann die Wiederheirat praktizierte und daß somit schon die Urkirche Ausnahmen vom generellen Scheidungsverbot Jesu kannte und machte. «Ganz deutlich bestätigt sich hier, daß Jesu Wort zwar der unbedingte Richtpunkt jeder christlichen Ehe, aber noch nicht selbst wieder Gesetz im engeren Sinn des Wortes ist» (Ratzinger 112).

Das Streitgespräch mit den Pharisäern

Das zwar in den Block der sogenannten Antithesen der Bergpredigt eingebettete, im übrigen aber isoliert dastehende Jesuswort über die Ehescheidung wird von Matthäus im Rahmen eines Streitgesprächs mit den Pharisäern wieder aufgegriffen (19,3–9).[12] Solche Streitgespräche scheinen ein fester Bestandteil der urchristlichen Katechese gewesen zu sein. Die Pharisäer, die Jesus «versuchen» wollen, möchten von ihm wissen, ob es dem Mann erlaubt sei, seine Frau «aus jedem Grund» zu entlassen. Daß die Entlassung nach jüdischem Recht

12 Es legt sich nahe, Mt 19,3–9 vor Mk 10,2–12 zu behandeln, ohne damit die Frage der Priorität zu präjudizieren.

grundsätzlich erlaubt ist, wird dabei vorausgesetzt. Es geht vielmehr um die umstrittene Auslegung des «Schändlichen» oder «Anstößigen» (Dtn 24,1, s. o.), das die Scheidung rechtfertigt. Jesus entzieht der Debatte das Fundament, indem er unter Berufung auf Gen 1,27 und 2,24 erklärt, Mann und Frau würden in der Ehe nach Gottes Schöpfungsordnung *ein* Leib, und er leitet daraus ab: «Was Gott verbunden[13] hat, das soll der Mensch nicht scheiden.» Diesem Schriftargument Jesu begegnen jedoch die Pharisäer ihrerseits mit einem Schriftargument: «Wozu hat denn Mose geboten, einen Scheidebrief zu geben und zu entlassen?» Das ist gut jüdisches Denken, das die Scheidung im Falle unschicklichen Benehmens der Frau als Gebot *(miṣwah)* betrachtete.[14] Für Jesus jedoch ist der Scheidebrief nicht ein Gebot, sondern ein der Schöpfungsordnung Gottes widersprechendes Zugeständnis, das dem «Herzensstarrsinn» der Männer Rechnung trug. Als der neue Mose erklärt Jesus deshalb: «Ich aber sage euch: Wer seine Frau entläßt (außer wegen Unzucht) und eine andere heiratet, bricht die Ehe.»

Dabei fällt auf, daß das letzte Herrenwort erheblich von Mt 5,32 (s. o.) abweicht. Dort wird dem Mann, der seine Frau entläßt, nur angelastet, er gebe sie damit dem Ehebruch preis, ungeachtet dessen, ob er selber wieder heiratet oder nicht (was in der polygamen jüdischen Ehe ohnedies bedeutungslos war). Hier wird angenommen, daß er wieder heiratet, und beides – Entlassung und vor allem Wiederheirat – wird ihm – falls auf seiten der Frau nicht schon Ehebruch vorliegt – als Ehebruch angerechnet. Andererseits fehlt in Mt 19,9 die zweite Hälfte des Logions Mt 5,32: «Und jeder, der eine Entlassene heiratet, bricht die Ehe.»

Man wird sich fragen, was Matthäus veranlaßt hat, das Jesuswort das zweite Mal in einer anderen Fassung zu bringen. In Wirklichkeit stammt jedoch die Abweichung nicht von Matthäus, sondern ist sehr viel späteren Datums. Denn in den ersten drei Jahrhunderten zitieren

13 Buchstäblich: unter ein Joch gespannt.
14 Gittin 90b (s. o.).

sämtliche Kirchenväter des Ostens wie des Westens Mt 19,9 in der Form von Mt 5,32 (mit oder ohne zweite Satzhälfte). Diese Lesart wird noch im 4. Jahrhundert durch den Codex Vaticanus bezeugt, und sie wird von den griechischen Kirchenvätern bis zur Mitte des 5. Jahrhunderts beibehalten. Bei den lateinischen Vätern hingegen ist vom 4. Jahrhundert an die heute geläufige Fassung von Mt 19,9 ziemlich verbreitet.[15] Sie dürfte auf eine Angleichung von Mt 19,9 an Mk 10,11 und Lk 16,18 zurückgehen.

Ursprünglich lautete Mt 19,9 gleich wie Mt 5,32. Matthäus ist sich treu geblieben. Er zitiert das Wort Jesu über die Ehescheidung zweimal in der gleichen Form.

Reaktion auf römisches Recht

Anders verhält es sich bei Mk 10,2–12. Der äußere Rahmen ist zwar der gleiche wie bei Matthäus: ein Vorstoß der Pharisäer, die Jesus, um ihn zu versuchen, die Frage stellen, ob es einem Mann erlaubt sei, seine Frau zu entlassen. Im Unterschied zu Matthäus, wo es um die Bedingungen geht, unter denen der Mann seiner Frau den Scheidebrief geben darf, wird hier die Erlaubtheit der Scheidung überhaupt zur Debatte gestellt. Es geht also nicht mehr um ein jüdisches, sondern bereits um ein christliches Problem.[16] In der Diskussion zwischen den Pharisäern und Jesus spiegelt sich die Kontroverse zwischen der jungen Kirche und ihrer jüdischen und heidnischen Umwelt.[17]

15 Belegt durch Cod. Sinaiticus und p^{25} (4. Jh.).

16 An eine innerjüdische Diskussion kann nur dann gedacht werden, wenn man annimmt, die Pharisäer spielten auf die Essener an, die nach gewissen Zeugnissen sowohl die Polygamie wie die Ehescheidung ablehnten; (vgl. Schubert 25). Mit Sicherheit scheint jedoch aus den angeführten Texten nur die Ablehnung der Polygamie, nicht der Ehescheidung abgeleitet werden zu können (vgl. G. Vermes: Journal of Jewish Studies 25, 1974, 197–202). Bezeichnend ist (u. a.) immerhin, daß die Tempelrolle den Scheidungspassus Dtn 24, 1–4 überspringt (dazu zuletzt M. Wise u. a., Die Schriftrollen von Qumran, Augsburg 1997, 476).

17 Vgl. R. Pesch, Das Markusevangelium, 2. Teil, Freiburg i. Br. 1977, 122.

Im übrigen verläuft das Gespräch im wesentlichen nach dem gleichen Schema wie bei Matthäus, jedoch mit dem Unterschied, daß das entscheidende Wort über die Ehescheidung einer besonderen Jüngerbelehrung vorbehalten wird, womit angedeutet ist, daß Jesu Weisung nicht für «jedermann», sondern für die Jünger Jesu gilt.[18] Es ist wichtig zu beachten, wer die Adressaten Jesu sind. Jesus verbietet nicht *die* Ehescheidung, sondern die Ehescheidung seiner Jünger und Jüngerinnen, an die höhere Ansprüche gestellt werden.[19] Vor allem aber hat die Aussage Jesu selbst einen von Matthäus sehr verschiedenen Wortlaut: «Wer seine Frau entläßt und eine andere heiratet, bricht ihr gegenüber die Ehe. Und wenn sie ihren Mann entläßt und einen anderen heiratet, bricht sie die Ehe.»

Wer vom jüdischen Rechtsdenken her kommt, das den Matthäus-Texten zugrunde liegt, ist bei diesem Bescheid über drei Dinge erstaunt:

1. Wir finden eine andere Vorstellung von Ehebruch vor. Nach Matthäus gab der Mann, der seine Frau entläßt, nur *sie* dem Ehebruch preis. Denn nach jüdischem Recht kann ja der Mann seine eigene Ehe nicht brechen. Genau das aber tut er bei Markus!

2. wird – wiederum im Widerspruch zum jüdischen Recht – mit der Möglichkeit gerechnet, daß die Frau den Mann entläßt. Für den jüdischen Bereich ist diese Praxis lediglich für Ägypten bezeugt, wo sie dem Zivilrecht des Landes entsprach.[20] In der römischen Gesellschaft aber, an die sich das Markusevangelium wendet – es dürfte in Rom geschrieben worden sein –, war sie gültiges Recht, von dem auch ausgiebig Gebrauch gemacht wurde.[21]

18 M. Limbeck, Markusevangelium, Stuttgart ²1985, 140.

19 Vgl. G. Lohfink, Jesu Verbot der Ehescheidung und seine Adressaten, in: ThQ 167, 1987, 144–146.

20 In Palästina wird sie in einem Brief aus dem 2. Jh. n. Chr. erwähnt. Zu der von B. Brooten, Konnten Frauen im alten Judentum die Scheidung betreiben? (Evang. Theol. 42, 1982, 65–80), vertretenen These vom Scheidungsrecht der jüdischen Frau in Palästina s. E. Schweizer, ebd. 294–297; H. Weder, ebd. 43, 1983, 175–178.

21 Vgl. G. Schiemann, Art. Divortium: Der Neue Pauly III, 719f.; G. Delling, Art. Ehescheidung: RAC IV, 707–719. «Praktisch wurde die Ehescheidung mindestens in spät-

3. Bei Markus kennt das Scheidungsverbot keine Ausnahmeklausel. Jede Scheidung und Wiederheirat ist Ehebruch, von welchem Partner sie auch ausgehen mag. Während nach einem Gesetz des Augustus der Mann sogar verpflichtet war, die ehebrecherische Frau zu entlassen[22], scheint Jesus bei Markus selbst für diesen Fall eine Scheidung auszuschließen.

Gesetz der Gemeinde

Auf der gleichen Linie wie Mk 10,11f. liegt auch das Herrenwort Lk 16,18: «Jeder, der seine Frau entläßt und eine andere heiratet, bricht die Ehe, und wer eine von ihrem Mann Entlassene heiratet, bricht die Ehe.»

Das Wort steht bei Lukas, im Unterschied zu Mt 19,9 und Mk 10,11f., nicht im Rahmen eines Streitgesprächs mit den Pharisäern, sondern folgt auf eine Erörterung über die Funktion des alten Gesetzes im Zeitalter des Evangeliums. Für Jesus ist zwar das Gesetz seit Johannes dem Täufer und vor allem seit seinem eigenen Auftreten durch das Evangelium abgelöst, und doch fällt davon kein Häkchen dahin (V. 16f.), was wohl nur bedeuten kann, daß Jesus den wahren, tiefen, vollen Sinn des Gesetzes enthüllt. Daraus folgt bei Lukas für die Ehe, daß sie der freien Verfügung des Mannes entzogen ist.

Lukas hat mit Markus ein Zweifaches gemeinsam: Entgegen jü-

republikanischer Zeit auch durch die Frau vollzogen. ... Die Leichtigkeit der Ehescheidung zog ihre viel beklagte Häufigkeit nach sich» (712f.). Zur Zeit des Neuen Testaments war Scheidung in Rom möglich von seiten des Mannes wie der Frau, mit oder ohne Schuld des anderen Teils, mit oder ohne Begründung und ohne irgendwelche Formvorschrift. Lediglich wenn Kinder da waren, konnte der Mann einen Teil der Mitgift der Frau zurückbehalten, sofern diese die Scheidung verlangt hatte. War die Scheidung vom Mann ausgegangen, hatte er selbst für die Kinder aufzukommen und der Frau die Mitgift zu erstatten (s. Humbert 131–137).

22 Lex Julia de adulteriis, 18 v. Chr.; vgl. o. S. 254f. und P. Csillag a. a. O. (s. Anm. 1, S. 142), 134–137.

discher Vorstellung kann auch bei Lukas nicht nur die Frau, vielmehr ebenso der Mann seine Ehe brechen, und das tut er, wenn er seine Frau entläßt und eine andere heiratet, und hierbei kennt auch Lukas wie Markus keine Ausnahmeklausel.[23] Was jedoch Lukas im Gegensatz zu Markus nicht vorsieht, ist die Möglichkeit, daß die Frau den Mann entlassen könnte. Jedenfalls aber ist Lukas strenger als Matthäus: «In der Kirche des Lukas gilt Jesu Scheidungsverbot offenbar streng als kirchliches Gesetz», wobei freilich auch zu bedenken ist: «Lukas, der Jesu Sendung zu den Sündern in seinem Evangelium besonders hervorgehoben hat, ... dieser Evangelist wäre gewiß nicht einverstanden, wenn Jesu Wort über Ehescheidung gesetzlich, statt in freier Treue ausgelegt würde» (Pesch 58, 60).

Die Ausnahmeklausel bei Paulus

Der älteste Text des Neuen Testaments, der sich mit der Ehescheidung befaßt, ist der um das Jahr 55 geschriebene 1. Korintherbrief. Paulus beruft sich dabei auf ein formelles Gebot Jesu: «Den Verheirateten gebiete nicht ich, sondern der Herr: Die Frau soll sich vom Mann nicht trennen – hat sie sich aber doch getrennt, so soll sie unverheiratet bleiben oder sich mit ihrem Mann aussöhnen –, und der Mann soll die Frau nicht wegschicken» (7,10f.).

Die direkte Berufung auf ein Herrenwort wird dadurch unterstrichen, daß sie von zwei Weisungen eingerahmt wird, bei denen Paulus lediglich seine eigene Autorität ins Spiel bringt. Vorausgehend (V. 8f.) empfiehlt *er* den Unverheirateten und den Witwen, so zu bleiben wie er, also unverheiratet, und die Ehe nur zu wählen, wenn ihnen die Gabe der Enthaltsamkeit nicht gegeben ist. Der *Herr* jedoch verbietet der Frau, die Scheidung vorzunehmen, wobei Paulus wie Markus griechisch-römisches Recht voraussetzt. Möglicherweise

23 Weshalb Lk 16,18 «ganz nach jüdischem Rechtsdenken formuliert» (Schnackenburg 11) oder «noch typischer jüdisch» (E. Schweizer, Das Evangelium nach Lukas, Göttingen 1982, 171) sein soll als Mt 5,31f., ist schwer einzusehen.

hat er einen bestimmten Fall in der Gemeinde vor Augen.[24] Jedenfalls denkt Paulus an Scheidung aufgrund eines Zerwürfnisses, da er von der Frau verlangt, sich mit dem Mann auszusöhnen, wenn sie nicht unverheiratet bleiben will. Ebensowenig hat aber auch der Mann das Recht, die Frau fortzuschicken. Das Herrenwort, auf das Paulus sich beruft, kann schwerlich ein anderes sein als das schon auf die sogenannte Logienquelle zurückgehende, in seinem ältesten Wortlaut aber nicht mehr sicher ermittelbare (Theobald 117–120) Grundwort Jesu Mt 5,32; 19,9. So wie dieses in der Gemeinde des Matthäus, des Markus und des Lukas seine je eigene Interpretation fand, so paßt es Paulus den Verhältnissen der griechischen Stadt Korinth an.

Freilich schränkt Paulus das absolute Scheidungsverbot, für das er sich auf Jesus beruft, im gleichen Atem auch schon wieder ein, und zwar kraft eigener Vollmacht. Wenn in einer Ehe zwischen einem Christen und einem Nichtchristen der «ungläubige» Partner sich weigert, mit dem christlichen die Ehe aufrechtzuerhalten, so ist dieser frei und kann eine neue Ehe eingehen. Paulus bringt damit zum Ausdruck, daß er das Gebot Jesu nicht als starres Gesetz versteht, sondern als einen ethischen Appell[25], der mit den konkreten Forderungen des Lebens in Einklang zu bringen ist. Er trifft eine «Ermessensentscheidung», «wo sich die unter dem Gebot des Herrn stehende Gemeinde und die Welt überschneiden»[26]. Deshalb ist es auch falsch, von einem «privilegium paulinum» zu sprechen, wie dies die katholische Kanonistik bis heute tut. So wenig wie bei Matthäus geht es auch bei dieser Ausnahmeklausel um ein «Privileg», sondern ganz schlicht um die elementare Forderung, daß eine Ehe aufzulösen ist, wenn der eheliche Friede nicht mehr gewährleistet ist. Dieses ist für Paulus das entscheidende Kriterium: «Zum Frieden hat euch Gott berufen» (V. 15).

24 Siehe dazu J. Murphy-O'Connor, The Divorced Woman in 1 Cor 7,10–11: JBL 100, 1981, 601–606, wonach der Vergleich von 7,10f. mit 7,15 zeigt, wie flexibel Paulus in dieser Frage war.

25 «Das Gebot ist a priori nicht gesetzlich entworfen. Eben darum fordert es die Auslegung» (H. Conzelmann, Der erste Brief an die Korinther, Göttingen 1969, z. St.).

26 Luz (Anm. 9, S. 284).

Ethischer Appell statt Gesetz

Die Tatsache, daß dasselbe Jesuswort fünfmal in je verschiedener Fassung überliefert ist, macht es uns unmöglich, eine ursprüngliche, direkt auf Jesus zurückgehende Form zurückzugewinnen. Grundlegend ist das Wort Jesu: *«Was Gott verbunden hat, das soll der Mensch nicht trennen»*, ein Grundsatzwort, das die Gemeinde aus verständlichen Gründen in verschiedener Weise kommentiert und auf ihre konkrete Situation angewendet hat. Das heißt: Alle Jesusworte über die Ehescheidung sind nichts anderes als Ausfaltungen dieses einen Wortes durch die Gemeinde.

Diese Grundaussage Jesu ist freilich, wie in der letzten Zeit von den Auslegern immer wieder hervorgehoben wurde, «kein juristischer Bescheid, sie hat andere Qualität, sie appelliert an den freien Gehorsam des Menschen als des Geschöpfes Gottes»[27]. Wir haben es dabei nicht mit einem *Gesetz* zu tun, sondern mit einem *ethischen Appell.* Sie ist eine Idealforderung, die, wie alle Idealforderungen Jesu («Seid vollkommen, wie euer himmlischer Vater vollkommen ist», Mt 5,48), an der moralischen Hinfälligkeit des Menschen ihre Grenzen findet. Jesus sagt nicht, Mann und Frau *könnten* sich nicht trennen, sondern sie *sollten* sich nicht trennen.[28] Der Kapitalfehler, der in der späteren kirchlichen Praxis begangen wurde, be-

27 «Daß der Apostel konkrete Eheprobleme seiner Gemeinde im Sinn des ‹Herrenworts› in Freiheit zu lösen versucht – im ‹Geist Gottes› (V. 40)! –, besitzt *exemplarische* Bedeutung im Blick auf andere Problemkonstellationen, von denen Paulus noch nichts ahnen konnte, die aber ebenfalls einer pastoralen Lösung bedürfen, wie er sie selbst vorbildlich gesucht hat» (Theobald 113). Pesch 28. Lohfink (1974) mahnt, auf die Sprachintention des Jesuswortes zu achten. Dieses ist eine Provokation mit dem Ziel, «vermeintliches Recht als tiefes Unrecht zu entlarven» (210).

28 Unter Berufung auf Gen 2,24 begründet Jesus seine Forderung damit, daß Mann und Frau in der Ehe *ein* Leib geworden sind. Daraus jedoch ein unlösbares Eheband abzuleiten, geht gewiß zu weit. Mit Bezug auf die gleiche Schriftstelle erklärt Paulus 1 Kor 6,16, wer sich der Prostitution hingebe, werde mit der Dirne *ein Leib,* ohne daß jemand je auf den Gedanken gekommen wäre, zwischen der Prostituierten und ihrem Liebhaber entstehe ein unlösbares Band!

stand darin, aus einem ethischen Appell ein absolutes Gesetz zu machen.[29]

Wir fassen zusammen: Jesus fordert die unbedingte eheliche Treue. Aus dieser Forderung hat die Kirche von Anfang an pastorale Regelungen abgeleitet, mit denen sie versuchte, die Idealforderungen Jesu mit der konkreten Wirklichkeit in Einklang zu bringen. Hierbei wurde schon in apostolischer Zeit eine Ehe für gelöst angesehen und eine neue Ehe erlaubt, wo Treue, Liebe und Friede einseitig aufgekündigt worden waren. Unsere heutige Problematik ist grundsätzlich keine andere, wenn auch Erschwerungen hinzugekommen sind.[30] Müßte also, was damals möglich war – und, wie die Geschichte zeigt, tausend Jahre lang praktiziert wurde (s. o.) –, in einer den veränderten gesellschaftlichen Strukturen angepaßten Form nicht auch heute möglich sein?

29 Dem hält Luz (Anm. 9, S. 284) entgegen, wir hätten es in Mt 5,32 mit einem apodiktischen Rechtssatz zu tun, weshalb denn auch sämtliche frühen christlichen Gemeinden aus Jesu Scheidungsverbot rechtliche Konsequenzen gezogen hätten. Das letzte ist unbestritten, dürfte jedoch nicht bestätigen, daß Jesus einen Rechtssatz formulieren wollte. Müßte man andernfalls nicht auch Mt 5,39 («Ich sage euch: Ihr sollt dem Bösen nicht widerstehen. Vielmehr: wer dich auf die rechte Backe schlägt, dem biete auch die andere dar . . .») als Rechtssatz verstehen? Das wird kaum jemand tun wollen. Auf dem Rechtscharakter der Forderung Jesu insistiert auch Schürmann, der freilich zugleich betont, die kirchliche Praxis könne sich nicht allein auf das Neue Testament berufen.

30 Z. B. die viel höhere Lebenserwartung. Im römischen Reich betrug zur Zeit Jesu die durchschnittliche Lebenserwartung ca. 24 Jahre, heute in Europa 70–78 Jahre. Nimmt man für damals als übliches Heiratsalter bei Männern 18–20, bei Frauen 17 Jahre an, so dürfte eine Ehe in der Regel kaum ein Jahrzehnt bestanden haben. «Man wird mit Fug und Recht annehmen dürfen, daß bei der geringen Lebenserwartung in der Antike die Scheidung schon aus rein zeitlichen Gründen nicht annähernd so häufig gewesen sein kann wie heute» (J. B. Bauer, Bemerkungen zu den mattäischen Unzuchtsklauseln, in: Festschrift H. Zimmermann, Bonn 1980, 23–33, hier 31).

Ein Wort zum Schluß

Es konnte in diesem Buch nicht darum gehen, unter Berufung auf die Bibel eine neue oder gar bessere Sexualethik zu entwerfen. Denn zum einen würde die Bibel damit überfordert. Die Zeiten sind wohl für immer vorbei, in denen sie als die normative Interpretation von wie auch immer gearteten Naturgesetzen galt. Vielmehr sind ihre Aussagen kulturell begrenzt und können deshalb für unsere Verhältnisse nicht als ohne weiteres verbindlich betrachtet werden. Dies gilt vor allem für die Einschätzung der Frau, mit der die Bibel empfindlich hinter unserem Verstehenshorizont zurückbleibt. Zum anderen ist auch Sexualität keine feststehende Größe. Auch sie ist immer kulturell geprägt. Die biblischen Sexualvorschriften wurzeln in der jeweiligen historischen Situation und wenden sich auch an Menschen des eigenen Kulturkreises, sei es nun der Alte Orient, sei es die jüdische, die hellenistische oder die römische Welt. Dasselbe Phänomen wurde zu verschiedenen Zeiten in verschiedenen Räumen verschieden bewertet. Deshalb breitet die Bibel eine Vielfalt von Vorschriften vor uns aus. Von der Polygamie der israelitischen Frühzeit bis zum Sarx-Verständnis des Paulus spannt sich ein Bogen von ungeheurer Weite. Es gibt in der Bibel keine Eindeutigkeit, in vielen ethischen Bereichen nicht und schon gar nicht bei der Sexualität.

Moraltheologie und kirchliches Lehramt sind deshalb außerstande, die traditionelle Sexuallehre aus der Bibel zu begründen, schon gar nicht in jener zusammenhanglosen, «materialistischen» Art, wie sie den Erklärungen offizieller kirchlicher Stellen eigen ist, die Bibelzitate zur Bekräftigung und Garnierung ihrer Postulate mißbrauchen. Denn außer Ehebruch kann kein Sexualverhalten unter Berufung auf die Bibel als sündhaft erklärt werden: weder außereheliche Beziehungen noch Selbstbefriedigung, noch Homosexualität, noch Prostitution. Und auch das Prinzip der absoluten Unauflöslichkeit der Ehe findet in der Bibel keine Stütze. Man mag ernsthafte Gründe haben, etwa die «Ehe ohne Trauschein» abzulehnen, aber man soll es nicht im Namen der Bibel tun. Nicht was die Bibel im

Sexualbereich den Menschen vorschreibt oder verbietet, war deshalb zu zeigen, sondern was sie nicht vorschreibt und nicht verbietet. Die Bibel bietet lediglich die Grundlage ethischen Verhaltens an. Wir finden diese etwa in der Bergpredigt (Mt 5–7), in 1 Kor 13 und noch grundsätzlicher in der sogenannten Goldenen Regel Mt 7,12: «Alles, was ihr wollt, daß euch die Menschen tun, das sollt auch ihr den Menschen tun» – das ist Gottes Wille.

Sind wir deshalb «zur Liebe befreit»? Es scheint so, daß alles möglich ist, alles erlaubt. Wie keine Zeit vorher haben wir die Sexualität als Quelle des Glücks und der Vitalität entdeckt. Sie bringt uns Entspannung und innerlichen Frieden und bricht die Isolierung und die Einsamkeit auf. Heterosexualität, Homosexualität, Eigensexualität sind selbstverständlich, sexuelle Vorerfahrungen werden vorausgesetzt oder doch toleriert.

Wir haben die kirchlichen Normen als restriktiv und lebensfeindlich erkannt. Ihre Durchsetzung ist sinnlos geworden, denn sie sind ohnehin nicht mehr gültig. Wir sind erwachsen geworden in der Auseinandersetzung mit den Normen, manchmal auch gegen sie. Die Zeit doktrinärer Wissenssysteme ist vorbei. Andere Themen werden wichtiger als die Sexualmoral, etwa die Sinnvermittlung, die Verteilung der Lebensgüter, die Sicherung der Natur und des Lebens, die Konfliktlösung unter den Völkern.

Sind wir also, als einzelne und in der Gesellschaft, freier geworden, so sind wir doch nicht völlig frei, und wir können es nie sein. Neue Einschränkungen und Zwänge lösten die alten ab. Auch der Prozeß der Befreiung ist in eine Krise geraten. Wir haben inzwischen die Bodenhaftung verloren. Die genormten Körperbilder und ihre (oft theoretische) Aufspaltung in unzusammenhängende Teile machen die Sexualität verfügbar, aber erlebnisarm. Sexualität und Geschlechterbeziehungen betreffen den sensibelsten Bereich des Menschen, hier erfährt er höchstes Glück, hier wird er am meisten enttäuscht, und hier erhält er die schmerzhaftesten Verwundungen. Unterschiedlich bleibt das (sexuelle) Erleben von Mann und Frau, und es ist unmöglich, diese Unterschiede und die an ihnen erlebte

Einsamkeit aufzulösen. So konnten die Menschen ihrer Befreiung nicht recht froh werden.

Außerdem wird die eigene Freiheit begrenzt durch die Freiheit des anderen. Und auch wenn es heute fast anstößig erscheint, von Normen zu reden – wir brauchen sie wie jede Zeit und jede Kultur. Denn es kann auch heute keine moralische Beliebigkeit geben im Zusammenleben der Menschen. Mögen wir auch im Geist und im Bewußtsein im Laufe der Jahrhunderte große Fortschritte gemacht haben – im affektiven Bereich, zu dem auch Liebe und Sexualität gehören, beantworten alle Menschen ähnliche Fragen mit ähnlichen Antworten.

Was uns allerdings nottut, ist eine Beziehungsethik statt der geforderten Ordnungsethik. Alles ist wichtig, was die Beziehungen unter den Menschen fördert. Da geht es nicht um Autoritäten und Normen, sondern um geprüfte Entscheidungen, die die autonome Person selbst trifft. Es geht um Angebote, nicht um Gebote, und es geht um Hilfestellungen und nicht um Sanktionen.

Worin unterscheidet sich dann noch der Christ vom Nichtchristen, so wird mancher fragen. Darauf gibt der lebenserfahrene Moraltheologe Alfons Auer die Antwort: «Jeder Christ muß so leben, daß er ein Gegenbild zur heutigen moralischen Beliebigkeit darstellt.»[31]

Es bleibt dabei: Gibt es in der Bibel keine Legitimation kasuistischen sexualethischen Verhaltens, so auch keine Legitimation von Permissivität und Beliebigkeit. Bei aller grundsätzlichen Leibfreundlichkeit, vor allem des Alten Testaments, stellt auch die Bibel das Sexualverhalten weitestgehend in die Eigenverantwortung des Menschen. Der Staat hat die Aufgabe, durch Gesetze den einzelnen und die Gesellschaft vor Übergriffen zu schützen. Ethisch-moralisch aber beginnt Sünde dort, wo der Mensch sich selbst oder anderen Schaden zufügt, das heißt verantwortungslos handelt. Was gut und böse

31 A. Auer, Ist die Kirche heute noch ethisch bewohnbar?, in: D. Mieth (Hg.), Moraltheologie im Abseits? Antwort auf die Enzyklika «Veritatis splendor», Freiburg i. Br. 1994.

ist, rein oder unrein, wird nach Jesu Wort im Herzen des Menschen entschieden (Mk 7,20–23). Hier erwächst ihm Unschuld und Schuld.

Anhang

Weiterführende Literatur

Die hier genannten Autoren werden im Buch nur mit Namen und gegebenenfalls mit Erscheinungsjahr zitiert.

Adinolfi, M., Il femminismo della Bibbia, Rom 1981.

Amram, D. W., The Jewish Law of Divorce According to Bible and Talmud, New York [2]1968.

Ariès, Ph./Béjin, A. (Hg.), Die Masken des Begehrens und die Metamorphosen der Sinnlichkeit. Zur Geschichte der Sexualität im Abendland. Aus dem Französischen übersetzt von Michael Bischof, Frankfurt 1984.

Auer, A., Autonome Moral und christlicher Glaube, Düsseldorf [2]1984.

Baltensweiler, H., Die Ehe im Neuen Testament, Zürich 1967.

Bartholomäus, W., Glut der Begierde – Sprache der Liebe. Unterwegs zur ganzen Sexualität, München 1987.

Bartholomäus, W., Unterwegs zum Lieben. Erfahrungsfelder der Sexualität, München 1988.

Bartholomäus, W., Lust aus Liebe. Die Vielfalt des sexuellen Erlebens, München 1993.

Baumann, U., Utopie Partnerschaft. Alte Leitbilder – neue Lebensformen, Düsseldorf 1994.

Baumann, Z., Postmoderne Ethik, Hamburg 1995.

Beck, U./Beck-Gernsheim, E., Das ganz normale Chaos der Liebe, Frankfurt/M. 1990.

Bleibtreu-Ehrenberg, G., Homosexualität. Die Geschichte eines Vorurteils, Frankfurt 1981.

Böckle, F./Köhne, I., Geschlechtliche Beziehungen vor der Ehe. Die Lage bei der studentischen Jugend, Mainz 1967.

Braun, W., Geschlechtliche Erziehung im katholischen Religionsunterricht. Ein Beitrag zur Geschichte der katholischen Religionspädagogik von der Reformation bis zur Gegenwart, Trier 1970.

Brooten, B. J., Jüdinnen zur Zeit Jesu: ThQ 161, 1981, 281–285.

Brown, J. P., The Role of Women and the Treaty in the Ancient World: BZ 25, 1981, 1–28.

Brown, P./Donovam, M. A., Augustine and Sexuality, Berkeley 1983.

Brunner-Traut, E., Die Stellung der Frau im Alten Aegypten: Saeculum 16, 1987, 312–336.

Bujo, B., Die pastoral-ethische Beurteilung der Polygamie in Afrika: Freiburger Zeitschrift für Philosophie und Theologie 31, 1984, 177–189.
Butler, J., Das Unbehagen der Geschlechter, Frankfurt/M. 1991.
Butler, N. N./Lewis, M. I., Alte Liebe rostet nicht. Über den Umgang mit Sexualität im Alter, Bern 1996.
Cancik, Hubert, Zur Entstehung der christlichen Sexualmoral, in: Siems 347–374.
Cantalamessa, R., Etica sessuale e matrimonio nel cristianesimo delle origini, Milano 1976.
Cereti, G., Divorzio, nuove nozze e penitenza nella chiesa primitiva, Bologna 1977.
Clement, U., Sexualität im sozialen Wandel. Eine empirische Vergleichsstudie an Studenten 1966 und 1981, Stuttgart 1986.
Crouzel, H., L' Eglise primitive face au divorce. Du premier au cinquième siècle, Paris 1971.
Crouzel, H., Divorce et remariage dans l'Eglise primitive: Nouvelle Revue Théologique 98, 1976, 891–917.
Csillag, P., Das Eherecht des Augusteischen Zeitalters: Klio 50, 1968, 111–138.
Daniélou, J., Le ministère des femmes dans l'Eglise ancienne: La Maison-Dieu 61, 1960, 70–96.
Dautzenberg, G., u. a. (Hg.), Die Frau im Urchristentum, Freiburg i. Br. 1983.
Davis, N. J. (Hg.), Prostitution. An International Handbook on Trends, Problems, and Policies, Westport 1993.
Denzler, G., Die verbotene Lust. 2000 Jahre christliche Sexualmoral, München 1988.
Doms, H., Vom Sinn und Zweck der Ehe, Breslau 1935.
Dover, K. J., Homosexualität in der griechischen Antike, München 1983.
Drewermann, E., Psychoanalyse und Moraltheologie, Bd. 2: Wege und Umwege der Liebe, Mainz 1983, [8]1991.
Ell, E., Dynamische Sexualmoral, Einsiedeln 1972.
Elliger, K., Paare in der Bibel, München 1996.
Epstein, L. M., Marriage Laws in the Bible and in the Talmud, Cambridge 1942.
Epstein, L. M., Sex Laws and Customs in Judaism, New York 1948 .
Evans Grubbs, J., Law and Family in Late Antiquity, Oxford 1995.
Fietze, K., Spiegel der Vernunft. Theorien zum Menschsein der Frau in der Anthropologie des 15. Jahrhunderts, Paderborn 1991.
Foucault, M., Sexualität und Wahrheit. Erster Band: Der Wille zum Wissen, Frankfurt 1977.
Fraling, B., Sexualethik. Ein Versuch aus christlicher Sicht, Paderborn 1995.
Frevel, Ch., Aschera und der Ausschließlichkeitsanspruch YHWHs. Weinheim 1995, 2 Bde.
Fromm, E., Die Kunst des Liebens, Frankfurt 1972/Stuttgart 1980.
Gaudemet, J., La décision de Callixte en matière de mariage: Studi in onore di U. E. Paoli, Firenze o. J. = 1956, 333–344.

Gaudemet, J., Le mariage en Occident. Les mœurs et le droit, Paris 1987.
van der Geest, H., Verschwiegene und abgelehnte Formen der Sexualität, Zürich 1990.
Gerhartz, J. G., L'indissolubilité du mariage et la dissolution du mariage dans la problématique actuelle: Revue de Droit Canonique 21, 1971, 198–234.
Giddens, A., Wandel der Intimität. Sexualität, Liebe und Erotik in modernen Gesellschaften, Frankfurt 1993.
Gilbert, M., La Bible et l'homosexualité: Nouvelle Revue Théologique 109, 1987, 78–95.
Gilligan, C., Die andere Stimme. Lebenskonflikte und Moral der Frau, München 1984.
Gourevitch, D., Le mal d'être femme. La femme et la médecine dans la Rome antique, Paris 1984.
Gross, W./Hunold, G. W., Die Ehe im Spiegel biblischer und kulturgeschichtlicher Überlieferungen: ThQ 167, 1987, 82–95.
Guth, H.-J., Ehescheidung oder Ehenichtigkeit? Das Eheprozessrecht der römisch-katholischen Kirche in den USA seit dem Zweiten Vatikanischen Konzil, Freiburg Schweiz 1993.
Haag, H./Elliger, K., «Wenn er mich doch küßte». Das Hohelied der Liebe, Solothurn/Düsseldorf ^{3}1994.
Haeberle, E. J., Die Sexualität des Menschen. Handbuch und Atlas, Berlin 1985.
Häring, B., Frei in Christus, Freiburg i. Br. 1979/82, 3 Bde.
Heiler, F., Die Frau in den Religionen der Menschheit, Berlin 1977.
Heinz, H./Mendl, H. (Hg.), Aids. Eine Herausforderung für die Theologie, Augsburg ^{2}1997.
Hermann, A./Herter, H., Dirne: RAC 3, 1957, 1149–1213.
Herter, H., Die Soziologie der antiken Prostitution: JbAC 3, 1960, 70–111.
Hoheisel, K., Homosexualität: RAC 16, 1994, 289–364.
Humbert, M., Le remariage à Rome, Milano 1972.
Jaubert, A., Les femmes dans l'Ecriture, Paris 1979.
Kannitscheider, B. (Hg.), Liebe, Lust und Leidenschaft. Sexualität im Spiegel der Wissenschaft, Stuttgart 1998.
Kentler, H. (Hg.), Sexualwesen Mensch. Texte zur Erforschung der Sexualität, Hamburg 1984.
Kirchhoff, R., Die Sünde gegen den eigenen Leib. Studien zu *porne* und *porneia* in 1 Kor 6,12–20 und dem sozio-kulturellen Kontext der paulinischen Adressaten, Göttingen 1994.
Kornfeld, W./Cazelles, H., Mariage: DBS V, 905–935.
Krempel, B., Die Zweckfrage der Ehe in neuer Beleuchtung, Einsiedeln/Zürich 1941.
Küchler, M., Schweigen, Schmuck und Schleier. Drei neutestamentl. Vorschriften

zur Verdrängung der Frauen auf dem Hintergrund einer frauenfeindlichen Exegese des Alten Testaments im antiken Judentum, Freiburg Schweiz/Göttingen 1986.
Langer, M., Katholische Sexualpädagogik im 20. Jahrhundert, München 1986.
Leipoldt, J., Die Frau in der Antike und im Urchristentum, Gütersloh 1962.
Levinson, P. N., Sexualität im Judentum, in: M. Klöcker/U. Tworuschka (Hg.), Ethik der Religionen, Bd. 1: Sexualität, München/Göttingen 1984.
Levy, L., Die Stellung von Mann und Frau in der Tora: Festschrift 25 Jahre jüdische Schule Zürich, Jerusalem 1980, 15–52.
Licht, H., Sittengeschichte Griechenlands, neu hg., bearb. u. eingel. v. H. Lewandowski, Stuttgart 1959.
Löbmann, B., Zweite Ehe und Ehescheidung bei den Griechen und Lateinern bis zum Ende des 5. Jahrhunderts, Leipzig 1980.
Locher, C., Die Ehre einer Frau in Israel. Exegetische und rechtsvergleichende Studien zu Dtn 22,13–21, Freiburg Schweiz/Göttingen 1986.
Maron, G., Vom Hindernis zur Hilfe. Die Frau in der Sicht Martin Luthers: ThZ 39, 1983, 272–283.
Mieth, D., Ehe als Entwurf. Zur Lebensform der Liebe, Mainz 1984.
Mieth, D., Geburtenregelung. Ein Konflikt in der katholischen Kirche, Mainz 1990.
Mieth, D., Sexualität und Kirche. Eine theologisch-ethische Perspektive, in: «Wir sind Kirche». Das Kirchenvolks-Begehren in der Diskussion, Freiburg i. Br. 1995, 70–90.
Moltmann-Wendel, E. (Hg.), Frauenbefreiung. Biblische und theologische Argumente, München/Mainz 1978.
Müller, M., Die Lehre des hl. Augustinus von der Paradiesehe und ihre Auswirkungen in der Sexualethik des 12. und 13. Jahrhunderts bis Thomas von Aquin, Regensburg 1954.
Müller, W., Homosexualität – eine Herausforderung für Theologie und Seelsorge, Mainz ^{3}1995.
Mundle, I., Augustinus und Aristoteles und ihr Einfluß auf die Einschätzung der Frau in Antike und Christentum: JbAC 22, 1979, 61–69.
Munier, Ch., L'Eglise dans l'Empire Romain (IIe–IIIe siècles), Paris 1979.
Nautin, P., Le Canon du Concile d'Arles de 314 sur le remariage après divorce: Recherches de Science religieuse 61, 1973, 353–362.
Nautin, P., Divorce et remariage dans la tradition de l'Eglise latine: Recherches de Science religieuse 62, 1974, 7–54.
Nembach, U., Ehescheidung nach alttestamentlichem und jüdischen Recht: ThZ 26, 1970, 161–171.
Neufeld, E., Ancient Hebrew Marriage Laws, London 1944.
Neumann, J., Unauflösliches Eheband? Eine Anfrage zum kanonischen Eherecht: ThQ 151, 1971, 1–22.
Niebergall, A., Ehe und Eheschließung in der Bibel und in der Geschichte der alten Kirche, Marburg 1985.

Otwell, J. H., And Sarah Laughed. The Status of Women in the Old Testament, Philadelphia 1977.

Paoli, U. E., Die Frau im antiken Hellas, Bern 1955.

Pesch, R., Freie Treue. Die Christen und die Ehescheidung, Freiburg i. Br. 1971.

Pfürtner, St., Kirche und Sexualität, Reinbek 1972.

Plattform «Wir sind Kirche», Liebe, Eros, Sexualität. «Herderbrief» und Begleittexte, Thaur ²1996.

Puza, R., Die gescheiterte Ehe. Eine Anfrage an die kanonistische Lehre und Praxis: ThQ 175, 1995, 97–108.

Ratschow, C. H. u. a., Ehe, Eherecht, Ehescheidung: TRE 9, 1982, 308–362.

Ratzinger, J., Zur Theologie der Ehe, in: G. Krems/R. Mumm (Hg.), Theologie der Ehe, Regensburg 1969, 81–115.

Rauchfleisch, U., Schwule, Lesben, Bisexuelle. Lebensweise, Vorurteile, Einsichten, Göttingen 1994.

Rauchfleisch, U., Die stille und die schrille Szene. Erfahrungen mit Schwulen im Alltag, Freiburg i. Br. 1995.

Reinsberg, C., Ehe, Hetärentum und Knabenliebe im antiken Griechenland, München 1989.

Reynolds, Ph. L., Marriage in the Western Church. The Christianization of Marriage during the Patristic and Early Medieval Periods, Leiden 1994.

Ringeling, H., Die biblische Begründung der Monogamie: Zeitschr. f. ev. Ethik 10, 1966, 1–102.

Robert, J., Les plaisirs à Rome, Paris 1983.

Rolfes, H., Dienste der Frau in der Gemeinde und das Vollkommenheitsideal, Diss. Tübingen 1984.

Rolin, C., La femme devant le divorce, Tournai 1968 (mit Text der Intervention von Mgr. Zoghby auf dem Konzil).

Rousseau, O., Scheidung und Wiederheirat im Osten und im Westen: Concilium 3, 1967, 322–334.

Schlegelberger, B., Vor- und außerehelicher Geschlechtsverkehr. Die Stellung der katholischen Moraltheologen seit Alphons von Liguori, Remscheid 1970.

Schmidt, G., Jugendsexualität. Sozialer Wandel, Gruppenunterschiede, Konfliktfelder, Stuttgart 1993.

Schmidt, G., Das Verschwinden der Sexualmoral. Über sexuelle Verhältnisse, Hamburg 1996 (zit. Schmidt).

Schmidt, G./Strauß, B. (Hg.), Sexualität und Spätmoderne. Über den kulturellen Wandel der Sexualität, Stuttgart 1998.

Schmitt, E., Le mariage chrétien dans l'œuvre de saint Augustin, Paris 1983.

Schockenhoff, E., Naturrecht und Menschenwürde. Universale Ethik in einer geschichtlichen Welt, Mainz 1996.

Schorsch, E./Schmidt, G. (Hg.), Ergebnisse der Sexualforschung, Köln 1975.

Schroer, S./Staubli, Th., Die Körpersymbolik der Bibel, Darmstadt 1998.
Schubert, K., Ehescheidung im Judentum zur Zeit Jesu: ThQ 151, 1971, 23–27.
Schumann, H.-J. von, Erotik und Sexualität in der zweiten Lebenshälfte, Stuttgart 1980.
Schürmamm, H., Neutestamentliche Marginalien zur Frage der Institutionalität, Unauflöslichkeit und Sakramentalität der Ehe, in: Kirche und Bibel. Festgabe für Bischof E. Schick, Paderborn 1979, 409–430.
Scroggs, R., The New Testament and Homosexuality, Philadelphia 1983.
Seibert, I., Die Frau im Alten Orient, Leipzig 1973.
Sexualität, unter Mitarbeit von B. Datta ... München/Göttingen 1984 = Ethik der Religionen – Lehre und Leben, hg. von M. Klöckner und U. Tworuschka, Bd. 1.
Siems, A. K. (Hg.), Sexualität und Erotik in der Antike, Darmstadt 1988.
Sigusch, V. (Hg.), Sexuelle Störungen und ihre Behandlung, Göttingen ^{2}1997.
van de Spijker, Die gleichgeschlechtliche Zuneigung, Olten 1968.
Stockmeier, P., Scheidung und Wiederverheiratung in der alten Kirche: ThQ 151, 1971, 39–51.
Stoller, R. J., Perversion. Die erotische Form von Haß, Reinbek 1979.
Strecker, G., Homosexualität in biblischer Sicht: Kerygma und Dogma 28, 1982, 127–141.
Sydow, K. von, Die Lust auf Liebe bei älteren Menschen, München/Basel 1992.
Theobald, M., Jesu Wort von der Ehescheidung. Gesetz oder Evangelium?: ThQ 175, 1995, 109–124.
Thraede, K., Frau: RAC 8, 1972, 197–269.
Tissot, S.-A., L'onanisme ou dissertation physique sur les maladies produites par la Masturbation, Lausanne 1760.
Tosato, A., Il matrimonio israelitico, Rom 1982.
Ussel, J. van, Sexualunterdrückung. Geschichte der Sexualfeindlichkeit, Gießen 1977.
Vargas-Machuca, A., Divorcio e indisolubilidad del matrimonio en la Sagrada Escritura: Estudios Biblicos 39, 1981,19–61.
Veyne, P., La famille et l'amour sous le Haut-Empire Romain: Annales 33, 1978, 35–63.
Vogt, H. J., Die Ehe ein Sakrament? Hinweise für eine Antwort aus der frühen Kirche: ThQ 168, 1988, 16–23.
Vögtle, A., Die Tugend- und Lasterkataloge im Neuen Testament, Münster i. W. 1936.
Wegan, M., Ehescheidung. Auswege mit der Kirche, Graz ^{2}1983.
Wegan, M., Ohne Sakrament? Annullierung – Scheidung – Wiederheirat, Wien 1987.
Wegan, M., Ehescheidung möglich? Auswege mit der Kirche, Graz 1993.
Weizer, J., Vom andern Ufer. Schwule fordern Heimat in der Kirche, Düsseldorf 1995.

Wibbing, S., Die Tugend- und Lasterkataloge im Neuen Testament und ihre Traditionsgeschichte unter besonderer Berücksichtigung der Qumrantexte, Berlin 1959.

Wiedemann, H. G., Homosexuelle Liebe. Für eine Neuorientierung in der christlichen Ethik, Stuttgart 1982.

Winter, U., Frau und Göttin, Freiburg Schweiz/Göttingen 1983.

Zirkel, A./Limbeck, M., Kirchliche Ehegerichtsbarkeit und biblisches Rechtsverständnis, Mainz 1981.

Register der Schriftstellen

Autorenregister

Personen- und Sachregister

Verzeichnis der Abkürzungen

BThZ	Berliner Theologische Zeitschrift
BZ	Biblische Zeitschrift
DBS	Dictionnaire de la Bible, Supplément
DH	Denzinger/Hünermann, Enchiridion symbolorum, definitionum de declarationum et rebus fidei et morum, Freiburg i. Br. ^{37}1991
EÜ	Einheitsübersetzung der Heiligen Schrift (1980)
HK	Herder Korrespondenz
JbAC	Jahrbuch für Antike und Christentum
NBL	Neues Bibel-Lexikon
NZZ	Neue Zürcher Zeitung
par.	und Parallelstellen
PL	Migne, Patrologia Latina
RAC	Reallexikon für Antike und Christentum
RB	Revue Biblique
StB	H. Strack/P. Billerbeck, Kommentar zum Neuen Testament aus Talmud und Midrasch, München 1922/28 (und Nachdrucke)
StZ	Stimmen der Zeit
ThQ	Theologische Quartalschrift
ThWAT	Theologisches Wörterbuch zum Alten Testament
ThWNT	Theologisches Wörterbuch zum Neuen Testament
ThZ	Theologische Zeitschrift
TRE	Theologische Realenzyklopädie